白井鐵造と宝塚歌劇

「レビューの王様」の人と作品

白井鐵造訳詞のタカラヅカ愛唱歌「すみれの花咲く頃」の誕生秘話が明らかに！
百年の歴史を刻んだ宝塚歌劇の基礎を作った名演出家・白井鐵造――そのデビューから
黄金期までの作品と生涯をたどり、「レビューの王様」と呼ばれた実像に迫る。
宝塚ＯＧが証言する厳しく徹底した指導ぶり、演出家による称揚も所収して、
白井独特の美学と舞台作りの魅力を浮き彫りにする。

田畑きよ子

青弓社

白井鐵造と宝塚歌劇——「レビューの王様」の人と作品

目次

カバー写真――『花詩集』初演の頃の白井鐵造［阪急文化財団］
装丁――佐々木由美［デザインフォリオ］

はじめに――「すみれ」の花と「リラ」の花

「すみれの花咲く頃」は、宝塚大劇場の開演を告げ、生徒の結婚や退団、卒業生の集いでも歌われる。宝塚歌劇百周年記念式典では大階段に整列した現役生四百六十人が、百周年夢の祭典では卒業生が、白井鐵造訳詞の「すみれの花咲く頃」を大合唱した。この歌は、宝塚歌劇が百周年という大きな節目の年を迎えたいまもみんなに愛され、タカラヅカの歌として歌い継がれている。

そのもとになる歌は、フランツ・デニール作曲の美しい歌で、「白いリラの花が再び咲く頃」というタイトルで、一九三〇年頃のパリで大ヒットしていた。「リラの花咲く頃、恋人たちは、森へ野へと出かけていって、春の悩ましい思いのために狂おしくなる、それが春だ」いうフランス語歌詞の恋の歌は、それからほどなくして、当時フランスに留学していた白井鐵造のかばんに納められて海を渡ったのである。白井は帰国後、「リラ」を「すみれ」と書き換え、歌はたちまち淡く悩ましい初恋の歌に生まれ変わることになった。

二〇一〇年一月九日付の「朝日新聞」の「うたの旅人」で、「すみれの花咲く頃」が取り上げられている。その記事で私は、いまは亡き斎藤鑑三記者と「すみれの花咲く頃」談義で盛り上がった。スミレの花を採用したことに関して「白井は、リラを、故郷の春野町で可憐に咲く日本人になじみやすいすみれの花に代えて訳詞した」「新婚時代テーブルに飾ってあったフリージアの甘い匂いからすみれをイメージした」などといわれたりもするのだが、斎藤記者も私も、それらの仮説には異論があった。では、白井はこの歌にどんな思いを込めたのか。そうした問いに対して、当時大阪にある池田文庫に在職中だった私は、「白井が残した資料を徹底的に調べても答えはない。帰国後、雑誌「歌劇」に「白いリラの花が再び咲く頃」を「菫」に直したと素っ気なく書いているだけ。歌がひとり歩きしている」という見解をもっていた。

白井が「リラ」を「すみれ」に変えた経緯など、ことさら取り上げるまでもないのかもしれない。ところが、斎藤記者が投げかけた問いが、なぜか、ずっと私の心に残っていた。そして、今回、調査を重ねるなかで、あれほど探しても見つけることができなかった情報が、それも、二カ所から届いたのである。一つは、初風諄が「「宝塚グラフ」に、白井先生と私の対談が載っていたと思う」と教えてくれたので、その記事を探してコピーを取ろうとしたときのことである。対談記事の二ページうしろに、「すみれの花咲く頃」の記事があった。ここで、白井は次のように書いている。

宝塚を「星菫趣味」という意味から菫にしたものではない。パリ人はリラの花と同じように非常にすみれの花を愛している。どこの花屋の店にも、街頭の花売りの所にも、冬でもすみれの小さなブーケを売っている。

甘い香りのうす紫の小さなすみれの花のブーケは「パリの花」で、どんな豪華な立派な花束より私は可愛く優しいすみれの花束にパリを感じ、私のパリへの憧れ、思慕が私に帰朝土産の作品にすみれの舞台を作らせ、リラの花をすみれにさしたのである。
それが今「すみれの花咲く頃」は「宝塚の歌」になって、この歌によって宝塚は「すみれ」になった。いつまでも、今も歌われる歌であることは本当に嬉しく、名誉にも思うことである。又そういう欲心もなく発表したものが、こんなに皆に愛され、宝塚を象徴する歌になったことは、反対にもっと大きな嬉しさであるとも思う(1)。

「すみれの花咲く頃」の初披露は、白井の帰朝土産第一回作品『パリゼット』の第九場、花売り婆役の天津乙女が若い頃の甘い恋の想い出に浸りながら歌った。その場だけでも四回も歌われ、スミレは、シャンゼリゼ通りで売られているきれいないい香りの花、恋の記念の花、初恋の花だと印象づけられた。続いて、スミレの花束を描いたカーテンの前で、白と藤色の衣装に紫色の花束を持った十人の少女たちが並んで「すみれの花咲く頃」を合唱した。まさに「すみれ」で満ちあふれた場面だった。

『パリゼット』では、外国帰りの山中と神原を登場させ、「おゝ巴里、不思議な魅惑の都、お前は何を持って斯く迄世界人の心を引きつけるのか」「美しい並木のシャンゼリゼー通りや静かなセーヌの河岸を散歩するとき、自分は今巴里にゐるんだといふ幸福感を感じた(2)」などといったせりふをちりばめて、パリへの憧れや追慕をあふれさせている。まさに、白井自身の感想だったのである。
その劇中歌「すみれの花咲く頃」の「君を思ひ日毎夜毎」「悩みしあの日の頃」「すみれの花の咲くころ　今も心ふるふ(3)」という歌詞をいま一度確認してみると、白井がこの歌にパリへの思いを重ね

写真1　パリ街角のすみれの花屋で、白井鐵造（1929年頃）
（提供：阪急文化財団）

たことがよくわかる。まさに、パリを懐かしみ恋しがっている歌詞なのである。この歌は、劇中で繰り返し歌われ、多くの観客の心をとらえた。帰途につこうとするとき、観客たちはきっとこの紫に彩られた場面を回想しながら、「すみれの花咲く頃」を口ずさんだにちがいない。「春、すみれ咲き春を告げる（略）すみれの花咲く頃、初めて君を知りぬ[4]」という若き日の初恋を追想する歌詞の、この感傷的な雰囲気が多くの人の心になじんだ。歌う人や聞く人にいろいろな思いを抱かせるこの歌の人気ぶりについて、白井が振り返るように記していることも大変に興味深い。

初風諄は、この歌を歌うときはいつも、「宝塚に憧れ、宝塚を夢見ていたころの気持ち」を思い出すという。

二つ目は、「銀座百点」のなかの座談会の記事である。ここで白井は「フランス人は、あのすみれの小さいブーケが好きなんです。花屋でも売ってるし、女学生もつけてるし、場末のバーにランデブーにいくときもパリ娘はみんなつけていく。冬にもあるし、いい匂いだし、安くて庶民的な花で、非常にフランス的な感じで、僕のパリへのノスタルジアの気持ちがあって「すみれ」にしたんです[5]」と答えている。

一九七八年、銀座で初のミュージカル劇場となる博品館劇場ができ、開場を記念して白井がフランツ・レハールの『ほほえみの国』を演出することになった。前掲の記事は、それを記念した座談会で、円地文子や戸板康二、池田弥三郎といった出席者とともに白井が話したものである。

ここで注目したいのが、一九七八年という年には、すでに『ベルサイユのばら』が大ヒットして、宝塚のそれまでの構図が塗り替えられてしまっている時期だということだ。本書のための調査で白井の疎開先だった愛知県豊橋市二川を訪れたとき、現在、白井の墓を管理している村松芳雄が、「「大輪のバラ」に負けて「すみれ」は枯れてしまうのではないか」と不安の声を白井が口にしたことがあった」と言っていたが、『ベルばら』の演出家・植田紳爾の著作『宝塚ぼくのメモランダム』によれば、白井の心配は杞憂だったことがはっきりと示されている。

白井レビューの大作を見ることが出来なければ、『ベルサイユのばら』もあんな形では上演することがなかったでしょうし、『風と共に去りぬ』をあんな風に舞台化することも不可能だったに違いありません。本当の所、宝塚六十年と云う歴史の重みと、伝統の強さがあってはじめて生まれた仕事だったのです。(6)

宝塚は、伝統のなかに新しい息吹を求めながら、様々な挑戦を繰り返して発展してきた歴史がある。白井の音楽劇は次世代にバトンタッチされ、見事に花開いた。それだけでなく、華やかなバラの根元には歴史ある「すみれ」がいまも凜として咲いているのだ。甘い香り、かわいい姿、春に先駆けて咲き、人々に楽しい春の希望を与えるスミレの花は、本当に宝塚にふさわしい花である。「すみれの花咲く頃」という歌にまつわるエピソードを一つ取り上げてみても、宝塚歌劇団にとって白井がどれほど重要な地位にあったかを示すことができる。「レビューの王様」と呼ばれた白井鐵造が、宝塚歌劇史上で果たした役割は計り知れない。改めてその存在意義を明らかにし、白井からのアドバイスを見いだすことによって、百一年目のタカラヅカと、そのきらめく未来が導き出されるにちがいない。

注

（1）「宝塚歌劇名曲集①すみれの花咲く頃〈なつかしの宝塚メロディー〉」「宝塚グラフ」一九七三年一月号、宝塚歌劇団出版部、三〇ページ
（2）『宝塚少女歌劇脚本集』阪神急行電鉄、一九三〇年、二六ページ
（3）同書三三ページ
（4）同書三二ページ
（5）「銀座百点」一九七八年十月号、銀座百店会、七二ページ
（6）植田紳爾『宝塚ぼくのメモランダム』文陽社、一九七八年、一五ページ

第1章　白井鐵造レビューへの道のり――一九一三―二一年

1　音楽への目覚め――「母に楽をさせたい」一心から選んだ道

一九一三年（大正二年）九月、小さな行李を背負い、雨のなか油紙のかっぱを着て、十三歳の少年は浜松の染め物会社に奉公するため家を出ていった。出がけに向かいの家のおばさんが五銭玉と柿三つを餞別にくれたので、その柿をかじりながら山道を歩いた。途中で家のほうを振り返ると、病み上がりの母がしょんぼりと立っていた。このときこぼれた涙が口のなかへ入って、柿をかじっている口のなかがしょっぱくなった。白井鐵造は、自伝『宝塚と私』(1)のなかで、このように記している。

池田文庫在職中、私は白井が遺した資料の整理に携わりその軌跡を調べていた。白井は一九〇〇年（明治三十三年）四月六日、静岡県秋葉山のふもとの犬居村（現・浜松市春野町）で生まれた。鐵造は、タカラヅカに入ってからの名で、本名は虎太郎という。当時は浜松からバスを乗り継いでも三時間はかかる、電気も通らないような山村だった。父親は腕の立つ指し物師だったが、自分が気に入らなければ仕事をしない、酒好きの怠け者だった。白井は病身の母親がやりくりする、その苦労する様子を見て育った。白井は小学校では常に一番か二番という成績で、歌が得意で、学芸会ではいつも独唱を披露していた。担任には進学を勧められたが、家にそんな余裕はなかった。「早く大きくなって、働いて母を楽にしてやりたい」という思いから、染物会社の社員見習いとして働きながら勉強する道を選んだ。浜松へ出るまでの白井は汽車に乗ったこともなければ海も見たことがなかった。

小学校を卒業したばかり、まだ十三歳だった白井の生まれ故郷からの旅立ちは衝撃的だ。まるで芝居に出てくるような哀れな子役そのままであり、悲哀を感じずにはいられない。池田文庫時代に「白井鐵造生誕百年展」（二〇〇〇年十月）を企画したときも、「タカラヅカと巴里」(2)を書いたときもそうだったが、私は白井の不憫な生い立ちに深く感じ入っている。しかし、この先には、宝塚歌劇「レビューの王様・白井鐵造」としてのサクセスストーリーが彼を待っていたのである。

白井が浜松で就職したのは、一九〇〇年（明治三十三年）創業の日本形染という会社で、現在も染色を中心に発展を続けている。白井が籍をおいた記録について問い合わせると、『日本形染百年史』に「宝塚レビューの父 白井鐵造と日本形染」というコラムがあると、ファクスで回答があった。だが、そこには当時の白井の様子についての具体的な描写はなく、ただ「白井鐵造がどんな仕事をしたのか、またどんな人間性を発揮したのかなど今は知る由もないが、日本の舞台芸術史に燦然と輝くこの人物に、たとえ短い間ではあっても若き日の生活舞台を提供できたことは感慨深いものがあります(3)」と書いてあるだけだった。白井が音楽と出合い、音楽の道を志すようになった経緯は見当たらない。しかし、一三年（大正二年）から一七年までの四年間を過ごした日本形染時代の生活のなかに、白井と音楽を結び付けるような何かがあったと思われる。

白井が育ったのは、「村でいちばん偉いのは村長さんと先生」といわれているような時代だった。就職してすぐに、「母を楽にさせてやりたい」一心から、白井は文部省の検定試験を受けて教員になろうと決めた。彼は昼間に働き、夜に試験問題に取り組んだ。独学もさして苦にならなかった。しかし、教員になるためには、筆記のほかに音楽の実技試験を受ける必要があり、楽理や唱歌の実習のため地域の学校の先生たちが集って作っていた合唱グループに入った。また、当時の浜松は、日本楽器製造（現・ヤマハ）を中心とする国産楽器メーカーが設立されるなど音楽が盛んで、彼が住む寄宿舎には当時としては珍しいオルガンが置いてあった。白井は、すべて我流ながら自由に楽器を弾けるチャンスに恵まれた。これこそが、白井と音楽を結ぶ接点であると私は考える。それが一時の興味だけに終わらなかったのは、当時の音楽事情が作用したからだろう。

一八七九年（明治十二年）から、西洋音楽が小学校教育の教材として用いられることになる。歌いやすい小学唱歌の作詞・作曲、また唱歌を指導する教員の技量が求められ、文部省の肝いりで教育音楽への取り組みがおこなわれるようになった。それまで日本にはほとんど存在しなかった西洋音楽が、学校教育の教材として用いられることによって、その発展が促され、日本の音楽事情が大きく変化していったという歴史がここに見られる。白井が師事した音楽家の山本正夫や高折周一、ことに師範学校の音楽教師だった山本は、教育音楽が不備の時代に音楽研究の地歩を築いた人だった。山本は、小学生が歌いやすい音楽教材の必要性を唱え、地方の師範学校の講習会に出向き、音楽教員に対して唱歌の発声法や歌唱法などの専門的な指導を施した。浜松でも、一九一五年（大正四年）四月に県立浜松師範学校が開校して秋の音楽会が年中行事になるなど、師範学校を中心に音楽熱は高まっていった。教員を目指した白井が、西洋音楽に接して、新しい時代の息吹を敏感に感じ取ることができたのは、こうした時代的背景があったからこそではないだろうか。もともと音楽好きだった白井が、未知なる西洋音楽に引かれて音楽の道へ進みたいと考えるようになったことは、時代の趨勢からみてもなんの不思議はない。

2　母親の死、帝劇女優・田中勝代、そして運命の新聞記事

白井は四年間の日本形染での奉公を終えて、十七歳になった。しかし、やっと独り立ちできるようになった彼にはもう、母親はいなかった。彼の母親は、白井が浜松の会社に入った翌年の一九一四年にすでに亡くなっている。白井の心を突き動かしていた「母を楽にさせてやりたい」という責任感はなくなり、将来の目標も失ってしまった。この時期のことを白井は、自伝に「好きなことを

自由にやって悔いなく人生を終わろう、というようなデカダンな気持ちだった」[4]と書いている。その言葉のとおり、それからの白井は、小説家やオペラ歌手、芝居や映画の俳優への道を目指そうとしたり、新派の喜多村緑郎や松井須磨子への憧れを抱いたり、見るもの聞くものすべてに反応し、挑戦していたようだ。白井は何にでも飛び付きやすく、何にでも染まりやすい性格だったといえる。驚いたり、また強く感動したりするこの感受性こそが、のちのパリ留学の際に大きな力となり、豪華絢爛の「夢世界」を築き上げる原動力でもあったのだ。

そのような性格からして、前へ進むための決断はそう難しくはなかったのかもしれないが、最終的に白井の背中を押したのは何だったのだろうか。私は、白井の疎開先の二川で出会った村松芳雄にそう尋ねてみた。白井は苦学時代について多くは語らなかったそうだが、帝劇女優・田中勝代のことはときおり話していたという。

私が白井の故郷の春野町を訪ねたとき、「白井鐵造を顕彰する会」の会員が集まって宴会を開いてくれたのだが、その折、会員の一人から小澤舜次『帝劇女優田中勝代と宝塚白井鐵造』[5]を手渡された。その会員の父親がまとめた書籍だという。これによると、勝代は、白井が働いていた会社の寮のすぐ近くにあった賛天堂病院に生まれ、浜松市立女学校を卒業。女子大学への進学を強く希望するが、兄から近在の開業医へ嫁ぐよう毎日のように説得された。縁談を断固断り続けた結果、兄にひどく叱られたことがもとで、実家の病院を飛び出して上京する。しばらくの間は、同郷の代議士の書生を務めながら、目白の女子大学に通学していたが、家からの送金もなく、現在と違って女性のアルバイトもない時代だったため、経済的に困窮していたらしい。

一九〇九年（明治四十二年）、帝国劇場が附属技芸学校を設けて女優の養成を始めた。勝代はこの第一期生募集に応募して合格している。同期の女優陣は森律子や村田嘉久子ら十一人である。当時にいたっては、まだ江戸時代からの社会的通念が残り、役者は卑しい職業として蔑視されていた。良家の子女が役者になるなどということはもってのほかで、社会からの非難の声は高く、ひどい扱いを受けることも多かったようだ。医者の家庭に生まれた勝代がそのような職業に身を投じたおかげで、郷里では親も兄も肩身が狭い思いをし、家族との交渉は絶無に近かったという。

白井と勝代は不思議な縁で結ばれていた。同書の著者である小澤舜次は白井家の隣に住んでいた後輩で、幼年時代からよく遊んだ仲だったという。のちに白井は、勝代が舜次の叔母にあたることを知るが、子供心に覚えていた、いつも優しく、しとやかだった小澤の母親は、勝代の姉だったわけである。こんな縁もあって白井は、同書序文に次のように寄稿している。「浜松にいる時分私は、時々賛天堂病院の前を通った、そしていつも田中勝代さんの家と思って憧れの気持ちを持って通った。私は、田中勝代さんに会いたいと思ったことがある。きっと弟子にして欲しいなどと頼みたい気持ちがあったのかもしれない[6]」

白井は、世間の批判を浴びながらも、未知の世界に敢然と飛び込んで当時のモダンガールの第一線で活躍した勝代に憧れた。勝代の強い意志と行動力に敬服し、大きな理想を抱いて新しい道に進んだ勇気に刺激されたにちがいない。

一九一七年、白井に人生の転機が訪れる。「運命の新聞記事」を目にするのである。白井の自伝によると、「高折周一先生夫妻が帰朝して、オペラ団をつくってアメリカへ行くという新聞記事[7]」

とあり、一七年と高折という条件で探してみたところ、一七年六月三十日付の「東京朝日新聞」に、次のような見出しが見つかった。「高折澄子等米国より帰る　▽米国の劇場を回った土産話」。その記事は、以下のような内容である。

私共夫婦は米国バライティ劇場会社の招聘に応じ、三人の生徒を連れて彼地に渡航し全米の各地並に加奈陀を回りました。（略）演奏の場合、バイオリンは私（周一）でコンダクター、又澄子は歌手となりダンスは生徒にさせました、日本人ばかりかういふ風に揃った団体は私共の外には無かったし夫に歌手は日本物の時は日本服、西洋物の時は洋装といふ風であったので意外の好評を博した次第です。又生徒の今村しう子はトー・ダンスの大家ヤング夫人に就て稽古し非常の上達だといって褒められました。[8]

その三年前、一九一四年にアメリカに渡った音楽家の高折周一・寿美子夫妻と三人の生徒は、アメリカ各地の劇場に出演して大喝采を博し、六月二十九日に阿波丸で帰国した。その際に取材を受けた高折のコメントが新聞に載ったわけである。この記事を読んだ白井は、高折に弟子入りを希望する手紙を書いた。勝代の「新しい道に進んだ勇気」に後押しされ、また親孝行の必要がなくなった白井にとって、音楽と結び付いたアメリカという新天地は大きな魅力だったにちがいない。そして白井は、両側にコスモスが咲く坂道をのぼった場所にある、高折の辻堂の別荘で歌の試験を受けたのだった。

一つの新聞記事が白井と高折を結び、さらに山本正夫から岸田辰彌へとつながっていく。そのうえ、その道はやがて宝塚へと導かれるのだから、前掲の記事が白井の運命を決定的なものにしたといっても過言ではない。白井が次のステップへと進むきっかけとなった高折や山本との出会いは、声楽家になるという夢をかなえるための転換点だった。それでは、白井の夢を引き受けてくれた高折とはどんな人物だったのか、また、高折と山本正夫とのつながりはどのようなものだったのだろうか。まずは、白井が最初に師匠と仰いだ高折の人物像を明らかにしていきたい。

3 音楽界の発展に向け新天地を求めた白井の恩人たち
——高折周一・寿美子と山本正夫

白井は、高折周一（以下、高折と略記）について自伝で簡単に紹介している。それによると、高折はイタリアの世界的な名バイオリニスト、E・イザイの直弟子で、東京音楽学校卒業後、夫人の寿美子とともに渡米してアメリカで活躍した人物とある。寿美子はアメリカで世界でも一流というオペラ歌手ジェラルディン・ファーラーに教えを受け、日本人として初めてアメリカの舞台で『マダム・バタフライ（蝶々夫人）』（ジョン・ルーサー・ロング原作、一九一一年）を歌ったプリマドンナである。白井に対し高折は、当座の生活のため、白井に山本正夫という人物を紹介する。山本も東京音楽学校の卒業生で、一九〇三年（明治三十六年）、学生の頃に日本で最初に上演されたオペラ

『オルフェウス』で三浦環らと共演している。白井を紹介された当時の山本は「音楽界」（楽界社）という雑誌を発行していた。山本夫人と高折の妻の寿美子は、東京音楽学校の同期で親友でもあった。(9)

高折夫妻も山本も、明治後期から大正期にかけての日本のオペラ界では、かなり重要な人物だったと思われるが、この白井の記述からは日本楽壇での先駆者という印象が強い。演出家として大成するうえで、白井は彼らから何を学び取り、実際にどういう点が役立ったのだろうか。高折の弟子として過ごした苦学時代を抜きにして、白井の宝塚への道は語れない。白井が自身のキャリア形成期に指導を受けたという高折や山本について、私はかねてより「音楽界」にあたって調べてみたいと心に決めていた。

「音楽界」は、一九〇八年（明治四十一年）から二三年（大正十二年）にかけて刊行された雑誌で、主幹は山本正夫だった。まずは、「音楽界」から高折夫妻と山本の三人に近づいてみたいと思う。

高折は子供の頃から三味線に非常に大きな興味をもっていて、東京音楽学校では、三味線と同じ弦楽器のヴァイオリンを専攻、在学中はヴァイオリンを研究して日本音楽の粋美を見いだすことに明け暮れた。その結果、三味線をヴァイオリンの音色や旋律に近づけようとしてもヴァイオリンに及ばず、三味線を突き詰めればしまいにはヴァイオリンになってしまうという結論にいたってしまった。しかし、高折は日本の旋律は決して西洋に劣るものではないという思いをもっていた。一九〇〇年（明治三十三年）に東京音楽学校を卒業した高折は、東京・神田に音楽講習所を開くかたわら、あちこちの劇場を回って、三曲、長唄などの日本の伝統音楽をヴァイオリンで弾き、かなりの評判を得たようだ。こうして、年来の主張の和洋調和楽のために力を注いだのだった。

明治以降、政治主導で西洋音楽が導入されながらも、当時の音楽界には専門家の意見を発表する場も、音楽の進歩向上を促す場もないことを高折は嘆き、一九〇一年十月、機関雑誌「音楽之友」(楽友社)を創刊した。その記者になり、営業主任になって活動を続けながら、さらに、和洋調和楽を外国人に聞かせてみたい、日本の音楽を外国に輸出したい、西洋音楽の生粋をも研究したい、という大きな夢を抱いた。そしてついに〇五年四月四日、音楽学校時代同期のピアニスト巌本捷治とともに、ろくに旅費ももたずにハワイからアメリカへと旅立ってしまうのである。

音楽学校で高折の三級下の山本正夫は、音楽教師として島根県師範学校に赴任していたが、職を辞して上京、高折に代わり「音楽之友」誌編集やその経営に独力であたることになった。その後、改題や合併を経て、一九〇八年(明治四十一年)一月に「音楽界」第一号の発行にこぎ着けたのである。

その方向性は「新音楽の建設」であり、「最も健全なる音楽の鼓吹者となることを公言する(10)」という発行の辞を第一号で述べている。続く第二の目標は、音楽教育の振興であり、先に述べたとおり、山本が中心となって教育音楽の改善を図るための研究と実践がおこなわれていたこともあって、本誌には音楽教育の論文が多く取り上げられていたり、ときには歌いやすい小学校唱歌の見本となるような楽譜が掲載されていたりと、編集者の並々ならぬ意欲と意図が垣間見える作りとなっている。音楽界に新風を吹き込もうという意欲をもった人たちが、音楽文化の発展を期して企画し刊行した雑誌だったのである。

渡米した高折は、欧米の楽況の通信者となって常に「音楽界」に情報を提供し続けた。高折と山本は「音楽界」を介して強い絆で結ばれていた。こうした縁もあって、高折は信頼できる山本に白井を託したのだろう。

白井の自伝によると高折はイザイの直弟子ということだが、それについて「音楽界」では次のように記述されている。高折が渡米し、サンフランシスコで音楽会を開こうともくろんでいたとき、世界的ヴァイオリニストのイザイを、宿泊していたホテルで知り合った外国人から紹介された。イザイの前で演奏するよう勧められた高折は、『ファウスト』の「序楽」を自信をもって独奏した。演奏後イザイは一言も発せずに一枚の入場券を差し出し、「あした午後の演奏会に来い」と告げたという。翌日の演奏会で、イザイが奏でる音に、高折はまるで強い電気に打たれて失神したかのように感じ、強い挫折感を味わった。後日、紹介者を介してイザイに面会を求め、自分の思い上がりについて謝罪すると、イザイは、「楽器は、もう或一定の年齢を超へたものには駄目である。併し君は幸に鋭敏な人の様であるから、耳の人になったらよからう。ヴァイオリンではとても望はない」(11)、とずいぶん酷なことを高折に伝えた。そして高折は、日本では名手とか天才とかいわれて自信をもって弾いていたヴァイオリンを捨てる覚悟をし、指揮者に転向したのだった。だから、実際のところイザイの弟子というわけではないのである。

高折には行く先々でいろいろと苦労をし、それを「音楽界」にたびたび報告している。世界第一級のピアニスト、イグナツィ・パデレフスキーの演奏を聞いたときは、あまりの演奏のすばらしさに、ピアノに何か仕掛けがあるにちがいないと演奏後に確かめたという。当時の日本の音楽的レベルがどれほど低かったかを思い知らされるエピソードだろう。

そして高折の性格が最もよく表れているのが、アメリカ・ニューヨークのメトロポリタン・オペラハウスで「木戸ご免」を得た話で、「大歌劇四百遍以上」[12]で自慢げに報告している。要約すると次のような内容である。

高折は、メトロポリタン・オペラハウスを訪れ、ジョルジュ・ビゼーの傑作『カルメン』（一八七五年）で有名なソプラノ歌手エンマ・カルベの美しい肉声を聞いて、オペラの魅力にとりつかれた。しかし、高価な入場料を何度も支払って美しい歌をたびたび聞くことは彼には不可能だった。そこで、高折は一文も出さないで観劇をしてやろうと「木戸ご免」を直訴しようと決意した。毎日のようにメトロポリタンの受付に行って交渉したあげく、メトロポリタン・オペラハウスの公演を三年間無料で観劇できるようになった。

高折はそのときのことを、「断はらるれば断はるゝ程益々向見ずの本色を発揮して、とうく木戸ご免の免許を得た[13]」と書いている。向こう見ずで情熱家であり、たとえそれが「馬鹿げたこと」であっても、思いを実現するのに努力を惜しまない高折の一途な性格が見て取れる。和洋調和楽を広めるために洋行を決めた高折だったが、さまざまな音楽遍歴を重ねた結果、洋楽の崇拝者に変わり、もっぱらその研究に没頭することになった。

高折夫人の寿美子は、東京音楽学校声楽科を優秀な成績で卒業した音楽家だったが、これまた夫の周一に負けないほどのひたむきな女性だった。「音楽界」に掲載した「芸術修行の苦心[14]」によると、寿美子は大変に勝ち気で負けん気が強い性格のために通常では想像できないような苦労を重ねている。彼女の手記からその武勇伝をひもといてみると、次のとおりである。

寿美子は十一歳の頃から声楽の道を志し努力を重ねてきたが、親戚から「音楽など習ったって仕方はあるまい。それにお前はとても音楽には向くまい」と言われ、その反抗心から東京音楽学校に入って熱心に声楽の教育を受けた。しかし、今度は外国人教師から発声についてひどく小言を言われる。そこで寿美子は、「よしさらば一番本式に勉強して此の先生を見返してやらう[15]」と、夫が渡米した翌年に単身ニューヨークに渡った。渡米後は、一日もその練習を怠らず、世界の音楽郷とうたわれたニューヨーク音楽院でも優秀な成績だった。しかしここでも、オペラ歌手であり同校の先生でもあったエンマ・イームズに「日本人は到底声楽の出来る国民ではない[16]」と言われたため、この先生を見返すにはそれをしのぐほどの超一流の先生につかなければならないと考えた。そして寿美子は、理想の先生はジェラルディン・ファーラーをおいてほかにない、教えを受けたいと心に願った。しかし、世界的に名をなしていた超一流の芸術家ファーラーには、近づくことはもちろん、面会を得るなどということは夢のまた夢であり、大統領の紹介状でもないかぎり面会は許されないような時代だった。しかし、寿美子は何度も何度も足を運び、そしてついにその熱意が伝わって、とうとう一分間の面会が許された。そのために高折夫妻は六年間の月日を費やし、異郷の地で数万円の負債を抱えたという。

面会の日、夫妻は必死で頼み込み、寿美子は首尾よくファーラーの家の門に入った。ファーラーは貧しい家の出で、寿美子と同じような境遇にあったために、この向こう見ずな異国の門下生を特別にかわいがったらしい。寿美子の学費は免除され、諸経費もファーラーが立て替えてくれたという。気長に親切に、そして専門的な教育を受けた寿美子は、最後の実技試験にも合格し、プロの歌手として出発することになった。そして、門出を祝うかのように世界のひのき舞台であるメトロポリタン・オペラハウスで舞台を体験することになったという。この出演を手に入れた陰には、大師匠ファーラーの推薦があったことはいうまでもない。寿美子がメトロポリタンの舞台に立ったのは一九一一年（明治四十四年）三月九日のことだったと、高折は「歌劇初陣記」(17)に書いている。さらに、寿美子の実際のデビューの経緯についても、「歌劇初陣記」に報告している。

寿美子のプロとしての初舞台は、一九一一年六月二十六日からの一週間、フィフス・アベニュー・シアターでおこなわれた。大オペラ歌手のエンリコ・カルーソーやファーラーなどの初舞台もこの劇場だったというから、寿美子はオペラ歌手として相当の実力があったと思われる。高折は寿美子の出演について、興行会社に次の三条件を提示した。

一、他の出演者同様にスミ子の劇場出入りを表門よりさせること
二、指揮者はスミ子自身のコンダクターを採用のこと
三、場の内外は全部日本式の装飾を用い電気看板はスミ子一人の名を出すこと(18)

興行会社にとってはずいぶんと乱暴でとっぴな要求だったため、一カ月間の協議の結果、一と三は今回限りということで許可が下りた。しかし、「自身のコンダクターを採用する」という第二の条件が実はいちばん問題だった。アメリカ音楽界にはユニオン（組合）があって、どのような名士

であってもこれに所属しないかぎり指揮はできないという規定がある。さらに日本人がユニオンに加入するなど絶対に許されないという、人種の壁が立ちはだかった。何百回交渉に通ったかわからないと高折は書いているが、結果として指揮台にのぼるときには日本の礼服で登壇すること、寿美子が出演する一幕だけは純日本風の場面にすることを条件にして、この破天荒は今回限り許されたのである。

当時の欧米で、芸術家の地位は神様・帝王などと称されるほど高く、その階級意識の強さは、まるで封建時代のようだったという。ファーラーの指導のもと、超一流のオペラ歌手に成長した寿美子であっても、日本人だから、東洋人だからという理由だけで、ワンランク下に見られてしまう。高折が交渉に奮闘した裏には、西洋人の芸術家と肩を並べて活躍できる地位にまで寿美子を引き上げたいという願いが込められていたと考えられる。

こうして、寿美子は大きな舞台に立つことで高い俸給をもらうようになり、夫妻はアメリカ演芸会社に所属し、やがて寿美子はマダム・スミ子の名で高折周一の編曲・指揮による楽曲を演奏するコンサートツアーに出るまでになった。ツアーはボストン、フィラデルフィア、ワシントン、シカゴを巡演し、ヨーロッパのイギリス・ロンドン、フランス・パリ、ドイツ・ベルリン、オーストリア・ウイーンを経てアメリカに帰る予定の長い楽旅だった。ところが、連続する旅興行の影響で寿美子は疲れてしまい、一九一三年（大正二年）には一時帰国している。

ここで注目すべきは、この一時帰国中に帝劇で歌劇『蝶々夫人』の一部などが上演されていることである。アメリカ演芸会社が契約の例外として帝劇出演だけは許可したため、寿美子は一九一四年（大正三年）一月に帝劇興行（一日から二十五日まで）に出演し、アメリカで最も得意としていたレパートリーを見せたのだった。「音楽界」一九一四年一月号には、「歌はんとするはマダム・バタフライの抜粋なり。大向ふ物としてチェリー、及びゲイシャ歌劇の一節を歌ひ呉れよとの同座よりの注文あり」[19]と書かれている。『チェリー』は日本の箏曲『さくらさくら』を西洋風に編曲し、フルオーケストラの伴奏を付けたものだったらしい。『ゲイシャ歌劇』の一節は日本の民謡として長きにわたって欧米でも親しまれていた歌であり、高折周一の編曲・指揮で日本の音楽の特徴が最もよく表現された西欧曲だったという。

ここまでが、高折夫妻の一回目の留学談である。次いで、二回目の渡米についてみてみよう。当時二人にはまだアメリカ演芸会社との契約が残っていたため、寿美子の体調が回復次第直ちに再渡米する予定だった。ところが、体調は思うように回復せず、高折は新人のオペラ合唱隊員を一般募集し、育成して同行させようと考えた。「朝日新聞」一九一三年十月二十一日付で、次のような募集記事が掲載されている。

過般帰朝したオペラ歌手高折周一、同寿美子二氏は紐育演劇会社の依嘱に依り歌劇女優の募集をして居る、応募資格は十五歳より二十五歳迄の教養ある女子に限り、今月二十九日迄に府下巣鴨町一八八一歌劇協会へ申込む可しと[20]

全国から届いた入学願書は百三十九通に達し、かなりの反響があった。とはいえ、なかには音階さえ知らない少女もいたらしい。ちなみに、女生徒の第一の採用条件が「音声の素質」、第二は「健康と品行」だった。特訓を重ねて生徒たちをアメリカに同伴させたのだったが、「余が一生の不覚」[21]と題した高折の記事によると、この同行が大変な事態を招いたようだ。全体の要点をまとめると次のようである。

一九一三年（大正二年）に寿美子の病気が原因で帰国する際、在留日本人やアメリカの名士たちは、「今度の帰朝は又と得難き好機なれば、再渡米の際には必ず後継者たるべき子弟を伴ひ来るべし」と熱心に勧めたという。公演の疲れから病に倒れた寿美子の負担を減らし、無理なスケジュールを組まなくてもすむからという理由だったのだろうが、マネージャーからは、「再渡米の際は決して一人たりとも子弟を伴ひ来るなかれ」という忠告を受けていた。高折はこの通告を顧みず、四人の女生徒を同行させる計画を推し進めた。高価な電報料を使ってアメリカにいるマネージャーと交渉し、「四人の女生は一分三十秒時より長く登場せしめさること」「四女生の登場を許可する代償として寿美子の給金中より一週間五百円宛を減ずること」[22]の二条件で契約を結んだ。高折側がこの悪条件をのまざるをえなかったのは、先の渡米で洋楽にすっかり魅せられていた高折の、生徒たちにも西洋の文化や音楽に実際にふれさせ、海外の舞台で経験を積ませたいという強い思いからだろう。旅費や宿泊料、小遣いまですべてが高折の負担となり、さらに旅券の申請にも大変な苦労をともなった。最終的に渡航の手続きがうまくいった裏には、高折が所信を断行するのに努力を惜しまなかったことやアメリカ興行会社が夫妻に絶大の信用を寄せていたこと、高折を後援した実兄の財力的信用があったことがあげられる。

こうして、高折周一と寿美子は海外漫遊オペラ合唱隊を率い、一九一四年(大正三年)十月二十四日、横浜発の汽船サイベリア号で欧米巡演旅行の途に就いたのである。出発前、寿美子や兄弟たちは、欧米まで足手まといを同伴して、とんだ失敗を招くことにならないかと憂慮していたが、案の定、一行の華々しいデビューの初日に事件は起きた。当時アメリカのステージでは出番前に滑り止めとして必ず靴の裏に松ヤニを塗るものだったが、生徒の一人が横着から松ヤニを塗らなかったために、舞台で大の字に倒れるという大失態を演じたのである。これが原因で、高折は一週間五百円の賠償金を支払い、しかも出番はプログラムの最後という興行上最も不名誉な位置に繰り下げられ、演目をことごとく取り替えるはめになった。背景、衣装、小道具の全部を新調し、莫大な代価を払って新たな作曲を依頼したため、多額の損害をこうむった。

興行会社側は、女生徒たちの出場を断ってきたが、高折は頑として受け入れなかった。その結果、大きな代償を払うことになったが、高折の熱い思いがくじけることはなかった。

高折は弟子たちに、失敗を繰り返してでもニューヨークの舞台で経験を積ませればきっと成長する、やがて寿美子のような優秀な人材が育って、そのぶん寿美子の負担も軽減され、そしていずれは将来の日本音楽界の発展につながると考えたのだろう。音楽のためなら万難を排して事にあたり、困難や障害をものともせず突き進んだ、この勇気と行動力には敬服せざるをえない。ところが、ハードなスケジュールに加えてさまざまな心労が影響して、今度は高折が健康を害し、また寿美子が妊娠したため、一九一七年(大正六年)六月二十九日に一行は阿波丸で帰朝した。前述のとおり、白井はこのときの新聞記事を目にしたのである。

当初同行した女生徒は四人だったはずだが、前掲の新聞記事では三人とある。一人は中途で脱落し帰国したか、それともアメリカに残ったのかもしれない。

そして、アメリカ巡演の成果として、生徒として参加した今村静子が、高木徳子に次ぐ二人目のトウダンサーとして名を上げた。アメリカ巡演は確かに成果を上げたのである。

その後、高折夫妻には三度目となるアメリカ興行のチャンスが訪れた。「マダム・スミ子　南米歌劇会社より明年四月より向ふ一ヶ年間出演の申込を受く」[23]といった依頼が届いたという。高折は、今回の帰国を準備期間と位置づけて次のアメリカ興行を実行に移すつもりでいたが、体調の経過が思わしくなく、主治医から約一年間の静養が必要と診断された。そこで高折は、逗子や辻堂に閑居して園芸と養鶏を楽しみ健康回復の日を待ちながら、オペラなどを中心とした文筆活動をおこなうことにしたのだった。「音楽界」には、高折美鷹のペンネームで「辻堂便り」[24]を寄稿している。

寿美子は夫の看病のかたわら女子音楽園の分教場で声楽の指導を開始していた。長年欧米の楽壇で修練を積んだ技術と、高潔な人格を兼ね備えた寿美子の懇切丁寧な教育によって、生徒の声楽技術の向上は目を見張るばかりだったという。毎週火曜日に同教場の窓から聞こえてくる美しい声は、道行く人の足を止めることもあったらしい。

白井は、歌の試験に合格したあと一九一八年（大正七年）頃から約一年間、高折夫妻の指導を受けたが、ファーラーが導いてくれたように、夫妻は懇切丁寧な音楽指導を施したにちがいない。そして、高折はどんな困難にも屈しない「根性」を教えたことだろう。高折は大きな夢を抱き、楽界の開拓に遠大な抱負をもって突き進み、明治から大正前期の音楽発展のために心を砕いた人物だった。好きな歌の道へ進み人生を切り開いていこうと考えていた白井にとって、高折はまたとない指導者だったのである。

4　苦学時代に得た大きな教訓――一九一八―一九年

高折は夢半ばで病に倒れアメリカから帰国したのだったが、白井は高折の病のことを知らずに弟子入りの手紙を出した。その手紙では、夢を熱く語っていたにちがいない。見るもの聞くものすべてが珍しく、何にでも強い関心を示した白井は、アメリカという広大な新天地に未来を夢見ていた。高折と一緒にオペラ団を作ってアメリカで活躍したい……、などと書いたのだろうかと、こちらの想像はふくらむばかりである。高折は、白井の純粋さや懸命さに心を動かされて、白井を弟子にしようとしたのではないかと私は考えている。

高折は、信頼できる山本正夫に白井を託した。山本からは白井宛てに「拝復、高折先生より御相談有りにて候」の書き出しで始まる手紙が届いている。それは、山本家の書生となり、朝晩の雑巾がけや雑誌「音楽界」の仕事の手伝いをしながら、音楽の勉強をしてはどうかという内容だった。修業として、「毎週日曜は講習会に行きて講習会の生徒となること　学費免除」「毎週火曜午后は高折夫人の御授業を受けん」「毎週木曜夜は師範学校の講習科見学　修業の尽力をなす」(25)の三項目が記されている。さらに、小遣いとして一カ月二、三円を支給、一日一、二時間は稽古や自習をするこ

写真2　日本形染で。白井虎太郎（中央）
（提供：犬居すみれ会）

となど、条件が事細かに書かれている。白井にとって、これらの条件は十分に心を動かされる内容だったにちがいない。さっそく上京の決意を山本に知らせたのだろう、その返事が、一九一七年（大正六年）十一月二十七日付で浜松市舩越の日本形染に届いている。

この山本の手紙には、「上京期限は当方は仰など制限をせず、万事貴君の宜しき従はるべし」「充分終を完了せらるべし」「一刻を急ぎて長年の勤勉を無駄に終る等の事は避けられよ」「たつ鳥は跡を濁さず」などと書かれていることから、山本は白井のはやる気持ちを諭していると思われる。白井は自伝に「東京へ行くことは誰にも相談しないで一人で決めて、黙って会社を辞めてしまった」[26]と書いているが、この山本の手紙の内容から察するに、実際は違っていたのではないだろうか。

ここで、白井が四年間の会社勤めにピリオドを打って上京した時期について考えてみよう。写真

2は、白井の故郷の浜松市春野町で「白井鐵造を顕彰する会」を推し進め、その中心となって尽力してきた伊藤晋一郎に提供してもらったものだ。伊藤によると当時日本形染に勤めていた春野町出身の人が写っていることや背景の建物からみて、この写真が日本形染で撮られたことはまちがいないということだ。伊藤はこの写真について「白井の送別会の写真ではないか」と推測している。「まだ下っ端の白井が袴姿で前列中央に座っている」「中央の指導的立場にあると思われる人物は紋付きに袴姿である」ことからそのように考えたそうだ。この写真が送別会に撮られたものだとすると、半袖の人が写っていることや白服を着ている人もいることから、初夏に向かう頃、山本の手紙の言葉どおりに、白井はみんなに見送られて、夢に向かって飛び立ったと考えるのが妥当だろうが、いまとなっては真疑を確かめるすべはない。

白井は、山本家に住み込み、慣れない雑誌社の手伝いや朝晩の雑巾がけなどをしながら、高折寿美子の授業を受け、音楽講習会にも参加した。習ったことは「楽典」とタイトルを付けたノートに書き留めた。このノートには「初学者のために」「音楽とは如何なもの」などについて勉強をした跡があり、舞台人としての心構えなどが多数記録されている。なかでも「歌劇の唄手となるには(27)」の個所がとても興味深い。「音色は良い教師について適当の方法を取り調教を加えさえすれば好くすることもできるが、音量は持って生まれた生来のものであっていくら稽古を積んでも増すことのかなわぬもの」「音量の乏しい者は如何に音色が美しくても大歌劇の歌い手になる資格を第一番に欠いていると申さねばなりません」とある。ほかにも歌劇の歌い手の条件として「辛抱がなくしては不成功」「品行方正は歌い手の条件」「パーソナリティーも条件」「優れた「人品」が備わっていること」などと書かれていて、寿美子が歩んだ苦難の道のりから講義内容を思い返してみると非常に説得力がある。「楽典」ノートの後半には日記風の書き込みがあり、白井が悩みを抱えていたことがわかる。白井に関する資料のなかでこのように愚痴めいた、悩みの記述はあとにも先にも見当たらないので、そっくり記してみよう。

十月二十五日（大正七年）

久しぶりに暖かな日光を見た。風がいっぺんに直ってしまった。

今日から今までのだらけた生活より脱して真面目に勉強し様、自分は自分の周囲に嘲笑の目を持って見ている。奴らを見返してやらなくてはならない事を忘れてはならない。先日小池氏の言ったことを忘れてはならない。

今日午前中は試演会前のために授業無し、田辺尚雄氏の西洋音楽講話を筆記す。午后発声の折、岸田（辰彌）先生に自分の声の出し方が悪いといはれる。成る程先生のを伺うと自分のは悪いがどうしたら先生の様な出方が出来るか分からない。私はすっかり悲観した。又テノールには三種の声の出方があると仰った。自分は晩までその事ばかりに夢中になっていた。

「そのうちに分かる」と先生が言った。いつになったら出来るのやら。

自分が声楽を習うというのが初めから間違かもしれないと、又しても思った。

二十六日

日曜で午前中は何も授業がない、午后ダンスがあった。自分は又脚気になった様だ。思うように動かない、腫があった。

どうしたらば、声楽家になれるか今更自分は分からない。

昨日岸田先生は練習すればうまくなると言った。その練習も只無暗の練習でよいのだろうか。(28)

この記述からは、寿美子だけでなく岸田辰彌からも声楽の指導を受けていたことがわかる。岸田については後述するが、声楽の素質がきわめて優秀で西洋人のような声量の持ち主の岸田を前に、白井は声楽家として自立できるのか思い悩んでいたことがうかがえる。寿美子が言った「音量は持って生まれた生来のもの」という言葉が気にかかっていたのだろう。自分には声楽家になる資質が欠けているのではないか、歌の道に進めるだろうかと、白井は悩んでいた。

実は、寿美子もファーラーに指導を受けたとき、その師との実力の懸隔に悩んだ。前掲「芸術修行の苦心」に寿美子は次のようにつづっている。

孃の前に立てば余りといへば其の懸隔が実に甚しい。今日は愛想をつかされはしまいか、明日は断はられはしまいかと、私も当座は心配でく〵生きて居る空もありませんでしたが、同情深き孃には少しもそんな気合いもなく、気永く親切に面倒を見て教へて下さいましたので、私も終にはいくらか自分で信ずる所が出来ました。(29)

寿美子の声楽の指導は、尊敬する師ファーラーから教わったように、いつも親切で丁寧だったにちがいない。こうした指導法は白井の悩みをいくらか解消したことだろう。しかし、当然のことながら、寿美子は人一倍厳しくもあった。この頃の白井は、山本家での雑誌の編集の手伝いに掃除に買い物など、雑用に追われて忙しく、ピアノも好きなときに自由に使わせてもらうというわけにはいかなかったから、練習ができないままで授業を受けたことがあった。そう言い訳をしたら、寿美子から次のような注意を受けたという。「時間は自分で作ればいくらでも出来る。庭を掃除しながらでもお使いに行く時道を歩きながらでも、しようと思う心があればどこでも出来る[30]」

この言葉に寿美子の根性がにじみ出ている。彼女の苦労談を知っていると、この言葉はさらに重い。ファーラーから寿美子へ、そして白井へと、努力の大切さ、そして困難にもくじけない強い心根が伝えられた。宝塚の白井鐵造となってからも、寿美子の教えは深く大きな教訓として心に刻み込まれていたことだろう。声楽家としてのキャリア形成期に、白井が寿美子の指導を受けたことは非常に重要な意味をもっている。

このように、白井は努力して大きな夢に向かって進んでいたが、前述のとおり高折の病気は長引き、アメリカ行きの話は具体化しないまま立ち消えのような状態になっていた。そこで、山本正夫から岸田辰彌の弟子になることを勧められたようである。一九一九年（大正八年）春のことだった。

一九一九年（大正八年）十一月二十五日、高折周一は結核のために亡くなった。「音楽界」には、当時の主幹、平戸大の「嗚呼高折周一君」という追悼文が掲載され、高折の業績をたたえて「我が楽界の偉大なる損失である[31]」と追悼文は結ばれている。

さらに不幸なことに、しばらくして寿美子は長男を流感で亡くしてしまう。傷心の寿美子は高折周一の一周忌をすませてから、一九二〇年十二月に京都大学の矢野仁一教授と再縁、その後は矢野寿美子として不定期の演奏活動とともに後進の指導にあたったという。

5 岸田辰彌の弟子として、激動の時代を生きる
——浅草オペラで初舞台、男子専科から奇術団で旅回り

高折が亡くなり、白井が次に師と仰いだのは岸田辰彌だった。故郷をあとにした一九一三年（大正二年）から岸田に会う一九年までの約五年間は、折しも大正デモクラシーや大正ロマンと呼ばれた時代で、日本の音楽界と歌劇の発展は目覚ましく、かつ大きな動きがあった時期にあたる。岸田もまた、その大きなうねりのなかにいた。まずは岸田の人物像と経歴を明らかにしておこう。

貧しい家の生まれだった白井と異なり、岸田辰彌は、一八九三年（明治二十六年）九月十八日、時代の先駆者であり「明治の怪傑王」と呼ばれた岸田吟香の五男として生まれた。父・吟香はジェームス・カーティス・ヘボンとともに日本初の本格的な和英辞書『和英語林集成』（上海・美華書館印刷、一八六七年）を編纂した。またジョセフ・ヒコらと日本初の民間新聞「新聞紙」を発行し、のちには日本初の従軍記者として台湾出兵に同行して現地で取材をおこなった。液体目薬を日本で初めて販売した人物でもある。子供にはそれぞれに乳母を付け、銀座通りを催し物の行列が通ると

き、通りに面した自宅の二階から家中の者が見物できるよう、家にバルコニーを設けた。吟香の芸術の才能は、日本近代美術史上屈指の洋画家となった四男の劉生と帝劇へ進んだ五男の辰彌に受け継がれていったようだ。辰彌は、幼少期から兄たちとともに教会の日曜学校に通い、賛美歌の合唱やオルガンの響きを耳にして音楽に親しんだ。その日曜学校には、東京音楽学校出身の山本正夫が訪れ、歌唱指導をおこなった。この出会いが、山本と岸田辰彌の縁を結んだのである。山本が白井に岸田への弟子入りを勧めたのは、この縁に加えて、岸田には帝劇歌劇部二期生という輝かしい経歴があったからだと思われる。

帝劇歌劇部は、帝国劇場開場の半年後、一九一一年（明治四十四年）八月に設置され、一二年（大正元年）には歌劇部を強化するためにイタリア人の舞踊振付家ジョヴァンニ・ヴィットーリオ・ローシーが招聘された。ローシーのスパルタ教育は有名で、歌劇部の公演を一手に引き受け、部員たちを鍛えるため厳しい指導をおこなった。岸田辰彌や花房静子、天野喜久代、石井行康、高田春夫（雅夫）、櫛木亀二郎らは二期生として一三年六月に入部した。「音楽界」には、この二期生の男子十二人と女子六人の氏名とその肩書が記されている。それによると、のちに白井と関わりをもつ人物たちの前歴は、「石井（二四）尋常小学校卒業、東京音楽院へ入学、櫛木（二〇）中学校卒業後、東京音楽学校入学中、岸田（二二）東京学院三年修業、音楽研究中[32]」とある。

岸田の帝劇での初舞台は、喜歌劇『天国と地獄』（オッフェンバッハ作曲、一九一四年）のマルス役であり、部員としての修業が終了した一九一五年（大正四年）からは、喜歌劇『戦争と平和』（小林愛雄作、一九一五年、のちに『ブン大将』に改められてから通俗化した）のグロッグ男爵、『ボッカチヨ』（ツエル／ゼネー作、一九一五年）のレオネットなどを演じたが、こうしてみてみると、岸田は帝劇歌劇部（一九一四年二月から洋楽部に改める）の代表的作品に出演している。しかし、帝劇は入場料が高いうえに文化の需要という意味では時期尚早で、結果として観客に受け入れられず、喜歌劇『古城の鐘』（プランケッテ作曲、一九一六年）の公演を最後に解散した。同歌劇部の解散後、ローシーが独力で赤坂ローヤル館を開場して本格的なオペレッタを始めたが、こちらも失敗に終わっている。

歌劇部の解散後、浅草でいくつかのグループによって各種各様の歌劇団ができた。積極的な活動を進めたのはいわば作者や演出家側で、実際に歌い踊る人たちは、帝劇歌劇部出身者やローシーがローヤル館で育てた人物たちだった。ことに、歌えてダンスができる岸田辰彌は、歌劇団の設立には欠かすことができない人材だったにちがいない。帝劇歌劇部解散の情報をいち早く得て、元部員の獲得に乗り出したのが伊庭孝だった。伊庭はアメリカ帰りのトウダンサー高木徳子と手を組んで、帝劇オペラとは違った、歌とダンスとドラマがある和製ミュージカル一座・歌舞劇協会を組織した。そして、帝劇一期生の沢モリノ、小島洋々、二期生の岸田、石井行康、天野喜久代、花房静子、三期生の杉寛を取り込んだ。第一回公演は、川上貞奴一座との合同興行として一九一六年（大正五年）十月一日から甲府の桜座でおこなわれている。

その後、岸田が関わった主な公演を増田敬二『日本のオペラ』[33]によりながらみてみると、有楽座の「子供日」というのがある。日本で最初にお伽話を劇化して舞台に乗せたのは、「オッペケペー節」で人気を博したり新演劇を興したりするなど当時の演劇界では異色の存在だった川上音二郎で、一九〇三年（明治三十六年）に東京の本郷座でおこなわれた。帝国劇場に先駆けて〇八年に日本の近代的劇場として開場した有楽座が、こうしたお伽物の公演に目をつけ、有楽座子供日と称して日曜日と祝日には劇場主体の子供向けのお伽歌劇風のものを上演したようだ。これが上流家庭の子女の人気を集めていたという。一時は中断していたようだが、浅草オペラ時代になって復活した。その中心人物となったのが岸田辰彌だった。一七年（大正六年）十一月の子供日に上演した岸田辰彌作・出演の『眠り草』は、岸田、花房静子、鈴木花子ほかの出演で好評だったという。これに気をよくした岸田は、いつも有楽座に出演するグループをセントラル・オペラと名付けて、一八年六月八日から、赤坂のロイヤル館で旗揚げ公演をおこなった。『仮装舞踏会』『眠り草』『公女ニーナ』の演目で、その評価については、同書に再録された「都新聞」一九一八年六月十二日付で言及されている。

総じてお伽歌劇と歌遊びを混合した様なものでまだまだ批評の何のと云ふ処まで往っては居らぬ。歌ひ手は足りない、岸田花房及唐木が相当に歌へる、其外はもう一と皮も二皮も剝かねばならぬ。岸田は声量がある、併し癖がとれない又た締が足らぬ(34)

この評からは、白井が羨望の念をもったように、岸田は声量や歌のうまさが群を抜いていたということがわかる。しかしこのセントラル・オペラも、長くは続かず解散した。

当時の浅草オペラは離合集散が激しく、歌劇団が乱立していたが、岸田辰彌もそのなかの一人だった。先の歌舞劇協会が一九一八年（大正七年）九月に有楽座で公演すると知ると、岸田はこの公演にも加わった。歌舞劇協会では舞踊劇『沈鐘』（ゲルハルト・ハウプトマン原作、伊庭孝脚色）、また『カルメン』などを上演しているが、岸田は『カルメン』で闘牛士ルーカス役を演じ、高木徳子はカルメン役を演じている。さらに、同年十二月に駒形劇場の永井徳子襲名披露公演にも岸田は出演していて、演目は『沈鐘』『眠り草』『カルメン物語』『オリエンタル・バレー』『ジョイライト』の五作品だった。この公演のあと、伊庭孝と高木徳子の歌舞劇協会一行は関西を経て九州巡業をおこなったが、この巡業中に徳子が倒れ、一九年三月末に逝去した。

中心的スターの徳子の急死によって、伊庭は、一座の再建を図るため、元帝劇歌劇部の高田雅夫とその夫人の高田せい子や岸田辰彌、花房静子らを中心に、新星歌舞劇団を組織した。この歌舞劇団は松竹の専属となり、東京・大阪・京都・名古屋の四大都市を巡演することになったが、その旗揚げ公演は京都の夷谷座だった。一九一九年五月一日からの公演に向けて、岸田は京都へ向かうことになったのだが、このとき、白井は岸田に同行している。白井は岸田の身の回りの世話をしながら、弟子として修業するという身分だった。

『松竹七十年史』(35)によると、京都での第一回公演は、岸田、高田雅夫、高田の夫人せい子などが出演する昼夜二回興行で、演目は喜歌劇『嘘と誠』（ラビシュ作）、人情劇『無頼漢』（伊庭孝作）、舞踊『ジプシー・ライフ』と『フォックストロット』、歌舞劇『戦争の終始』（伊庭孝作）だった。夷谷座だけで公演は、演目を五回入れ替え、二カ月間続いた。岸田の喜歌劇『名弓』は十一日からお目見えしたが、演目を替えた二回目の興行だった。白井が初舞台を踏んだという喜歌劇『チョコレート兵隊』(バーナード・ショー原作、伊庭孝訳)は、一九一九年六月十九日から登場し、五度目の替わりとして上演された。この作品は、同年八月九日から東京・本郷座でも公演されていて、『本郷座　新星歌舞劇団』(一九一九年八月九日発行、本郷座)によると、主な配役は、宮城信子(ホポフ少佐の妻オウレリア)と原(＝高田)せい子(ホポフ少佐の娘ナジナ)、花房静子(ホポフ家女中マアシア)、伊庭孝(オーストリアの大尉アーメリー)、高田雅夫(ホポフ少佐)、戸山英二郎(アレキシヤス少佐)、兵士大勢である。

『チョコレート兵隊』の筋立ては以下のようなものだった。ナジナ(原)が、ブルガリア兵士に追われたオーストリアの大尉アーメリー(伊庭)を部屋にかくまい、チョコレートを食べさせる。翌朝、家を離れようとするアーメリーに貸し与えた背広のポケットにナジナは、「ナジナより、チョコレート兵隊さんへ」と書いた写真を入れておいた。戦争が終わり、敵将だったアーメリーがホポフ家を訪れ、助けてもらった夜のことを告白してナジナに求婚し、二人は結ばれる。アレキシヤス少佐を演じた戸山英二郎とはのちの藤原義江のことで、ナジナの元恋人役という設定だった。戸山は、この本郷座公演から参加している。

白井は、『チョコレート兵隊』でその他大勢の兵隊役で出演した。二部や三部の大合唱になっている技術的に非常に難しいものだったようだ。白井は歌ばかりでなく、ダンスも披露した。この経験からダンスに興味をもつようになったという。この劇団には高田雅夫がいて、新しい振り付けをしたダンスショーを上演して人気を博していた。高田は、歌劇部時代から歌は得意ではなかったようだが、ダンスの能力には秀でていた。声楽に限界を感じていた白井が、岸田のテノールに及ばないことを自覚し、高田に憧れてダンスに転向を決めたのは自然のなりゆきだった。

岸田は、この夷谷座公演中に宝塚少女歌劇の生みの親である小林一三から強い要請を受け、西洋物専門の指導者として宝塚少女歌劇団に入団することを決めた。帝劇歌劇部出身の岸田の名声は小林の耳にも届いていたのだろうか。ここで帝国劇場について少しふれておくと、この劇場は国民の期待を一身に集めて華々しく開場したが、開場後間もなく新劇に門戸を開き、画期的だったのが、技芸学校を開設して先に述べた田中勝代ら女優の養成に取り組んだことだ。さらに帝劇開場公演で女優陣全員による西洋舞踊『フラワー・ダンス』(一九一一年)が好評を博すと、帝劇歌劇部を発足させてオペラにも意欲的に挑戦した。そして、歌劇部の一期生男子が初登場した日本製オペラ『熊野』(杉谷水代作歌、一九一二年)が上演され、これを観劇した一三は洋楽時代の到来を予感した。この観劇が宝塚少女歌劇の創設に大きなヒントを与えたともいわれているが、実際に小林は一九一四年(大正三年)四月に宝塚少女歌劇を旗揚げし、その四年後の一八年には帝国劇場で初公演をおこなっている。一方、帝劇歌劇部はすでに解散していて、そうしたなか、宝塚が日本のひのき舞台で初の東京進出公演をなしとげたことは、とても大きな意義があったにちがいない。宝塚の発展のためには、岸田のように声楽に優れ、本格的なダンスの指導を受けた人材が求められたのだろう。そのうえ、台本が書けて演出の能力もある岸田に小林が白羽の矢を立てたのは当然だった。帝劇歌劇部は日本のオペラの源流とも称され、浅草オペラをはじめとする日本の音楽劇に与えた影響は計り知れない。

岸田の教えを請いながら、白井は、当時、宝塚少女歌劇とは別に組織されていた選科に入るが、その時期が気にかかる。ここでその時期についてみてみよう。

ここに、夷谷座岸田辰彌内白井虎太郎宛ての一九一九年（大正八年）六月五日付の手紙がある。山本家の書生時代に、白井を優しく導いてくれた山本夫人の孝子からのものだ。「再度の御貴書に対していつも御無礼のみ　ご承知の多忙の生活に加へし私事三十一日より一時ひどく平生の半分とおとろへ　目も悪しく、失礼失礼」と始まる手紙は、「高折様へは貴方が宝塚の方定まりし上お知らせしてみては如何かと」「不都合の時帰り来たれし　さらばその時相談という度と平戸氏とも先生〔山本正夫：引用者注〕は御申して居ります」「度々よく御うわさして居ります、いずれ色々は語り合いて御上京をまち居ます」「御世話下さる御名を御しらせ下され」と続いている。この文面からは、白井が宝塚へ行くことを知らせて相談をもちかけている経緯が見える。初舞台を経験し、これから新しい道が開ける、そのような時期の宝塚行きに、白井はそれほど乗り気ではなかったのだろう。選科の二次募集は九月だったので、一九一九年八月九日からの新星歌舞劇団の東京・本郷座公演にも加わることにした。そのための上京の予定を孝子に伝えたと思われる。上京に際し、病気で伏せっていた高折にも連絡して、新しい道に進む決心を固めたことを報告したのだろうか。手紙の日付からして、白井は五月中には宝塚行きが決まっていたことになるため、岸田についても、同時期の内定が推測できる。二人ともすぐに宝塚へ向かっていないのは、旗揚げしたばかりの新しい劇団に思いを残していたからだと考えられる。それでも、岸田は宝塚入りを決断した。その理由の一つとして、白井が入ることになっていた男子選科の存在に、岸田が心動かされたと考えることも可能だろう。本格的な演劇の道を歩んできた岸田にとって、少女歌劇よりも、小林一三が男女共演の一大新歌舞劇団を作る目的で男優の養成を始めていた選科こそが魅力だった。ここで岸田は、「立派なオペラ団を作ってみたい」と夢をふくらませていたにちがいない。夷谷座公演終了を待って、岸田は一九年六月三十日付で歌劇団に入団した。

なお、新星歌舞劇団が八月下旬の本郷座公演を終了したあと、伊庭孝はこの劇団を離れた。その後の新星歌舞劇団では高田雅夫、田谷力三、清水金太郎が中心になって活躍し、人気も安定して、松竹系の劇場だけを巡演していた。ところが、その後大量の引き抜きにあい、一九二〇年（大正九年）九月六日の公演を最後に解散してしまった。折しも浅草オペラの黄金時代（一九一八―二〇年）が、人々に飽きられて終わりを告げようとしていたまさにその時期に合致する。そして、浅草オペラは二三年の関東大震災で決定的な打撃を受け、二五年秋には完全に消滅した。

岸田は時代の波に飲まれることもなく、元帝劇歌劇部という経歴を生かして浅草オペラ時代を生き延びた。のちに浅草オペラが消滅したことを考えると、宝塚への道を確保した岸田は幸運だったといえるだろう。

そして白井は、名を虎太郎から鐵造に改め、一九一九年九月から宝塚の選科二期生として新しいスタートを切った。恩師の山本らが気にかけていた、選科の指導的立場にあたったのは坪内士行である。士行は坪内逍遥の甥にあたり、早稲田大学を卒業後ハーバード大学に留学して演劇を専攻し、その後イギリスに渡って俳優としての修業を積んだ。こんなトップエリートの士行に、小林が白羽の矢を立てたわけである。坪内は宝塚へ呼ばれた主な理由について、次のように書いている。

小林さんには、前々から「現代の歌舞伎」をつくり上げたいという希望があったので、最初に始めた少女歌劇を幼稚園とすると、その少女が娘になり、やがて一人前の女となる頃には、男女共演の一大新歌舞伎劇団をつくりたい、そのためには今から男優の方も養成しておくべきだ、という考えから、洋行から帰えったばかりの私をともかくも試みに呼んでやらせて見ようとされたのである。[36]

士行によると、「選科生」という名のもとに何十人かの男子を募集して研究や練習が始まったのが一九一九年一月だったという。選科の教師として、演劇講座を久松一聲、日舞は楳茂都陸平、バレエは岸田辰彌、声楽は原田潤が担当した。このとき集まった選科生のなかには、のちに宝塚の演出家になった堀正旗や松竹で活躍した青山圭男、新派の俳優で文筆にも優れていた高橋潤、また東京の松竹歌劇団で音楽の指導にあたった古城潤一郎らがいたという。白井は九月募集の二期生として、ほかの選科生と机をともにした。白井が筆記していたノートから、授業の内容が推察できる。一九年九月十二日から三十日までの時間表からは、ほぼ毎日のように朗読がおこなわれ、西洋演劇や声楽、舞踊、さらに扮装術の授業もあったことがわかる。白井は特に、ダンスの基本ステップや扮装術について図入りで詳しく記述している。伊庭孝や石井漠が訪れて舞踊について講義することもあり、演劇全般について、かなり専門的な講義が続いたようだ。

士行によると、朗読や立ち稽古の台本としては、主に『ハムレット』や『真夏の夜の夢』のようなシェイクスピアの戯曲や、ドストエフスキーの小説を脚色した『罪と罰』など西洋の作品を用いたが、ときには坪内逍遥の『沓手鳥孤城落月』の黒書院の場や、池田大伍の『親友』、倉田百三の『俊寛』などの日本の作品も取り上げ、もっぱらせりふの言い回しに主力を注いだという。ところが、小林一三から突然の解散が言い渡されたようで、宝塚歌劇団日誌によると一九一九年十一月に解散と記されている。士行は、その際のことを次のように書いている。

人一倍鋭く目先きのきく小林さんは、根強い少女歌劇贔屓達の反対に、これはダメだ、時期尚早だったと思われたにそういない。ほとんど抜き打ち的といってもいいほどのす早さで選科生の養成は終止符を打たれたのであった。(37)

白井のノートには一九二〇年二月十日まで記載があることから、実際にはこの頃まで授業が続いたものと思われる。

この頃の白井は、時代の波に翻弄されたというのが正確だろう。初舞台は経験できたものの、彼はただ岸田に付き従っただけであり、自身の意志など出しようもなく身の回りの世話をする雑用係だった。二川の村松によると、師匠格の岸田がすき焼きを食べていても、白井はたくあんだけ、「自力ですき焼きが食べられる身分になれ」というのが岸田の口癖だったらしい。岸田は苦労知らずのエリート肌で、声量もあって天性の素質も持ち合わせている。白井には生まれも育ちも素質も、岸田に勝るものは何一つなかった。しかし、白井は、岸田にはないハングリーさを胸に秘めていたのである。

選科の解散に際して白井の身の振り方を考えてくれたのは、やはり師匠の岸田だった。岸田の帝劇時代の同期生には東京音楽学校卒業の櫛木亀二郎がいた。その縁を頼って、岸田は白井を預けたのである。櫛木は一九一九年十一月に松旭斎天華と結婚し、彼女が出演する舞台の作者兼演出家となっていた。選科の解散時期から見ると、白井は二〇年二月頃からこの松旭斎天華一座に加わり、全国各地を巡演したと思われる。

天華一座については、「朝日新聞」が一九一九年二月六日付に次のような公演告知を載せている。

「連日満員大好評の小天勝改め松旭斉天華一座、演目は斬新大小魔奇術、最新曲芸、自転車曲乗、独唱・合唱、女優ダンス、喜歌劇、悲劇「ベルス」等数種、愈々十一日限、来れ丸の内有楽座」

この告知からもわかるように、当時の奇術ショーのプログラムには、浅草オペラ時代の波に乗って、歌劇や喜歌劇が必ず折り込まれていた。それらの出し物は人気を博したが、あくまでも奇術を引き立てるものだったことはいうまでもない。

天華は、小天勝の名で天勝一座の花形として活躍していたが、一九一六年（大正五年）七月に総勢十六人を率いて台湾、上海、ジャワ、シンガポール、インドなどを巡業した。しかし、この巡演中の一七年五月、セイロンのコロンボで病に倒れる。帰国してからは体調を取り戻し、同年十月から小天勝改め天華として東京の新富座でデビュー。そして、前述の有楽座をはじめ全国の劇場で活躍を続けていた。この劇団に白井が加入したのは二〇年二月と思われるが、天華は同年九月三十日に夭折している。二代目天華として後を継いだのが、天華の義姉にあたる足立鶴子（櫛木の姉）だった。同年十月、東京・辰己劇場での公演を皮切りに、劇団は全国巡業をおこなった。鶴子の欧州仕込みのトウダンスが人気を呼び、二一年九月六日には、京都座で興行をおこなっている。

塩津洋子「関西での〝浅草オペラ〟」によると、出し物は、舞踏『ドナウ河の漣』（イヴァノヴィッチ作）、歌踏劇『ジャンヴァルジャン』『セイラーダンスシッパホイ』、滑稽『エンドレストーイス』、小奇術、滑稽『メーキングラブ』、独唱、セイラーダンス『シッパホイ』、創造サレタル平民的魔奇術、曲芸、学術参考記憶術、滑稽『リブイングチェアー』、大小魔奇術『四大強国分列式』と、かなり盛りだくさんである。出演は松旭斎天華、白井鐵造、宮田秀子、萩原秀長、櫛木亀二郎、新井かな子、高田笑子らだった。(38)

松旭斎天華の奇術ショーは数多くのトリックやアイデアがある豪華な舞台で、白井の将来に大きなプラスになったと思われる。そのうえ、白井はもう一つの幸運に恵まれた。この一座には帝劇歌劇部の指導者ローシーからダンスの基礎を学んだ歌劇部二期生の石井行康（岸田と同期、のちに歌劇団に入団）がいた。そうした好条件もあり、白井は一年半ほどの巡業中、ダンスの基礎をみっちり習得できたのである。京都座公演の頃にはダンスが相当に上達していたと思われる。一九二一年九月の京都座公演では、プログラムにある舞踏『ドナウ河の漣』に出演してバレエなどを踊ったと考えられる。それまで奇術の後見ばかりをしていた白井は、出演者として名前が出ることはなかった。ところがこのときだけ名前の記載があることから、白井が舞踊家として舞台デビューを果たしたという可能性が見て取れるのだ。この京都での公演中、ダンスが苦手だった岸田から、振り付けのアシスタントとして協力してほしいと要請があった。ダンスに転向し、ダンスの技を磨いていたことが次の扉を開いたのである。二一年九月、白井は宝塚音楽歌劇学校の助教授に就任した。二十一歳のときだった。

注

(1) 白井鐵造『宝塚と私』中林出版、一九六七年、二四ページ
(2) 田畑きよ子「タカラヅカと巴里」、津金澤聰廣/近藤久美編著『近代日本の音楽文化とタカラヅカ』所収、世界思想社、二〇〇六年
(3)『日本形染百年史』日本形染、二〇〇〇年、四二ページ
(4) 前掲『宝塚と私』二八ページ
(5) 小澤舜次『帝劇女優田中勝代と宝塚白井鐵造』春野町郷土研究会、一九八一年
(6) 同書二二ページ
(7) 前掲『宝塚と私』二九ページ
(8)「東京朝日新聞」一九一七年六月三十日付
(9) 前掲『宝塚と私』二九―三二ページ
(10)「音楽界」一九〇八年一月号、楽界社、一〇ページ
(11) 高折周一「邦楽の尊重より西楽の崇拝へ 二」「音楽界」一九一三年八月号、音楽社、一九ページ
(12) 高折周一「大歌劇四百遍以上」「音楽界」一九一四年一月号(高折氏号)、音楽社、三四―三五ページ。高折周一「邦楽の尊重より西楽の崇拝へ 三」(「音楽界」一九一三年九月号、音楽社、一八―二一ページ)にも報告している。高折氏号は、「本誌の前身たる「音楽之友」の創刊者たる高折周一氏は、夫人寿美子と共に帝劇の一月興行に於てマダム・バタフライを演ぜんとす。本誌は此の

好機会を以て本誌を高折氏に献し茲に高折号を発刊せり」と発行意図が書かれている。前掲「音楽界」一九一四年一月号、一〇ページ。この高折氏号には、高折周一「歌劇マダム・バタフライ」や寿美子「唱歌者について」などの論考が多数収められている。

(13)同誌三四ページ

(14)高折寿美子「芸術修行の苦心」「音楽界」一九一三年六月号、音楽社、三四―三八ページ

(15)同誌三四ページ

(16)同誌三四ページ

(17)美鷹「歌劇初陣記」「音楽界」一九一二年二月号、音楽社、五六―五九ページ。美鷹は高折周一のペンネーム。

(18)同誌五七ページ

(19)前掲「音楽界」一九一四年一月号、一一ページ

(20)「音楽界」一九一四年三月号（音楽社）二四ページ、「音楽界」一九一四年四月号（音楽社）四三ページにも掲載されている。

(21)高折周一「余が一生の不覚」「音楽界」一九一五年三月号、音楽社、一七―二一ページ

(22)同誌一七ページ

(23)「音楽界」一九一八年一月号、音楽社、八〇ページ

(24)高折美鷹「辻堂便り」「音楽界」一九一八年二月号、音楽社、五一―五二ページ

(25)山本正夫から白井鐵造に宛てた手紙（一九一七年十月頃か）。学費免除とは、山本正夫が白井を引き受ける条件は白井が苦学生として音楽の勉強に励むことだったので、山本家の雑務や雑誌「音

楽界」の編集助手などの労働のかわりに、音楽講習会の授業料や寿美子の声楽のレッスン料は免除したことを指す。
(26) 前掲『宝塚と私』三二ページ
(27) 白井鐵造の「楽典」ノートに、唱歌園長高折寿美子「歌劇の唄手となるには」(「女の世界」一九一八年十月号、実業之世界社)を書き写している。
(28) 白井鐵造の「楽典」ノートから。
(29) 前掲「芸術修行の苦心」三七―三八ページ
(30) 前掲『宝塚と私』三三ページ
(31) 平戸大「嗚呼高折周一君」「音楽界」一九二〇年一月号、音楽社、一八―二二ページ
(32) 「帝劇の歌劇練習生」「音楽界」一九一三年八月号、音楽社、六八ページ
(33) 増田敬二『日本のオペラ』民音音楽資料館、一九八四年
(34) 同書三六八ページ
(35) 『松竹七十年史』松竹、一九六四年、四五一ページ
(36) 坪内士行「選科生の養成」「歌劇」一九六四年二月号、宝塚歌劇団出版部、四四ページ
(37) 同誌四五ページ
(38) 塩津洋子「関西での〝浅草オペラ〟その1 公演記録」「年報音楽研究」第十七巻、大阪音楽大学音楽研究所・楽器博物館、二〇〇一年、一八ページ

第2章　デビュー作で生み出した作劇法——一九二一—二九年

白井鐵造は、宝塚音楽歌劇学校から「ダンス助教授を命ず」という辞令をもらい、宝塚入りした。小林一三は、西洋音楽を取り入れた日本の歌劇を作り上げるという理想の実現のため、一流の専門家を次々と招聘していた。音楽スタッフには、安藤弘・智恵子夫妻、原田潤、高木和夫、竹内平吉など東京音楽学校の卒業生が集められ、さらに、日本舞踊の楳茂都流家元子息の楳茂都陸平、ハーバード大学留学中にシェイクスピア劇に出演した経験をもつ坪内士行、日本オペラの源流である岸田辰彌らが教授陣に加わった。

これら超エリートのスタッフ陣に交じって、多少の音楽経験とダンスが踊れる程度で、脚本も書いたことがない白井に何ができるだろう。とはいえ当時、宝塚の西洋作品の担当は岸田と白井だけだったため、経験が少ない白井でも入団当初から次々と作品を発表する機会を与えられた。最初の頃は岸田辰彌の作品の振り付けを手伝いながら、お伽歌劇と呼ばれた軽い作品を中心に演出を受け持つことになった。

白井が宝塚に入って最初に手がけた作品は、一九二二年（大正十一年）一月公演の『まぐれ当り』（岸田辰彌作、月組）という喜歌劇のダンスの振り付けだった。そして、初めて自分で書いた脚本で演出を手がけたのが同年二月公演の童話歌劇『魔法の人形』（白井鐵蔵作、金光子作曲、岸田辰彌振付、花組）である。そのストーリーは以下のようなものである。

玩具屋の主人のコルネリウスは、きれいな人形を作って店のケースに飾り、嵐が吹く夜に魔法をかけると人間になると豪語していた。このことを知った甥のハインリッヒが、恋人のベルタと謀り、嵐の日に魔法を使う男に扮して人形（実は恋人のベルタ）を人間に変えたと偽り、叔父のコルネリウスから騙し取られていた財産を取り戻す、というものである。物語は単純だが、脚本を読んでみて、私は強い違和感を覚えた。というのも、「腹一ぱい食ったか、向ふへ行ってひもじくなるといけねえぞ」「舞踏会へ行ったら力一ぱい踊るんだぞ、他の若えのに負けねえようにな」「やい〳〵何をぐづ〳〵してゐやがるんだ時間がねえんだぞ」「嬉しいなお父つあん」(1)など、童話歌劇には向かないようなせりふが並んでいたからである。まるで大衆芝居のようで、少女が演じるには不釣り合いである。

当時のファンの感想もやはり、「悪ふざけの甚だしいものです」「どこに童話歌劇としての価値がありませう」(2)と、容赦ないものだった。また、批評家は次のように評した。

『魔法の人形』は、お伽歌劇と銘打ってはゐるが、子供たちには充分理解され得さうも無くさりとて大人には馬鹿らしく思はれる。フワウスト博士の魔法だの、一万円の財産横領だの厭なトリックが所々に出て来るので、益々気分が悪くなる。お伽歌劇は甚だ結構だが、こんな中途半端なものは真平だ。子供にもよく解り、そして大人が見ても同じく同化し得るやうなものが望ましい(3)。

そのうえ、次のようなお詫びの告知が出されている。

第二十七脚本集所載二月公演上場の白井鐵蔵氏作『魔法の人形』は小山内薫氏作『人形』(演芸画報及赤い鳥所掲)と同一であることを小山内氏より知照に接しましたから、記してこの所に原作者と諸彦に謹告致します(4)。

このように、白井のデビューはさんざんなものだった。これまで白井が経験を積んできた舞台と、少女だけが演じる舞台には、大きな隔たりがあった。宝塚に入って三、四カ月そこそこで脚本を書くことにも無理があり、少女歌劇の舞台にどんな筋書きが合うかも理解できないままのスタートとなったことも一因だった。宝塚の生みの親である小林一三自身も少女歌劇向きの作品を模索していて、その方策として「歌劇」創刊号から読者投稿欄「高声低声」を設け、ファンの声に耳を傾けようとした。小林は、次のように書いている。

数年来聞き厭きたお世辞よりも悪い方向のお話を聞くのが楽しみであって、そこに我等の進むべき途が啓かれるものと信じて居ります。只だ其方針に就て迷はない点は、『維持し得る歌劇』でなければ駄目だと言ふ事であります。（略）自然に、生育し、発達し、向上せしむるのが目的であって、漸々に、内容の充実した、形式の完美した立派なものに仕度いと祈って居るのであります。(5)

小林の提唱によって、「高声低声」欄には投稿者の率直な感想が寄せられた。なかには酷評も含まれていて、白井は傷つき戸惑ったにちがいない。しかし、このデビュー作のつまずきが、宝塚らしい作品について考えるきっかけとなり、次へのステップアップにつながったともいえる。そして白井は満を持して、第二作『金の羽』（月組、一九二二年）を発表する。

まず、デビュー作で気になっていたせりふに注目してみよう。『魔法の人形』とは異なり、『金の羽』では「俺達の葉をこんなに沢山落とされちゃ裸になってしまうぢゃないか」「みんなは隠れてゐて呉れ給へ」「お兄様、私嬉しいわ」(6)など、少女歌劇らしい言い回しが心地いい。この作品は、魔法使いの継母に城を追い出された王子とエルザ姫が、魔力に勝る金の羽を求めて森に入り、目的を達成して魔女を倒すというストーリーで、風の精や木の精が登場する楽しいお伽歌劇である。

当時の作品評でも、「お伽歌劇としては近来にないよいものである。（略）風の精が出て来て踊る所は中々いゝ。着付といひ振り付と言ひ如何にも風らしい気分が出てゐる。（略）兎に角、未だ若

写真3　お伽歌劇『金の羽』白井鐵造作、月組、1922年
（提供：阪急文化財団）

い白井氏の作品としては上出来だ。お伽歌劇の貧弱になってゐる目下の宝塚に、氏がこの方面に努力せられんことを切望して止まない[7]」と絶賛された。

第二作の『金の羽』は、ダンスの場面がたくさんあり、華麗に見える作品だったようで、小林からも褒められたという。制約もあり、演技の技術に限界もある少女だけで演じられる舞台に、どんな作品や作劇法が適するのか、特に初期の段階では常に論議されてきた。宝塚の少女歌劇に似合うよう翻案することを「宝塚化」といったりするが、白井は、久松一聲や坪内士行、岸田辰彌といった大ベテランに交じって、どんな宝塚化を試みたのだろうか。

これまでの経験から、白井は音楽とダンスならある程度の能力を発揮できた。しかし、少女らしいせりふを言わせることは得意ではなかった。脚本が苦手ということは、宝塚の演出家としてはかなりの弱点になったはずだ。苦肉の策だったのか、自然のなりゆきだったのか、白井は踊りと歌から物語を構成するという作劇法を生み出した。まずバレエのシーンを考え、それを生かす脚本を作るという手順である。脚本よりも振り付けに重点をおくこの作劇法は、次作のお伽歌劇『お留守番』（花組、一九二二年）でも試みられた。「一体何処がお伽なのかさっぱり分からない[8]」という批判の声もあったものの、振り付けがよくて曲がダンスにうまくマッチしていたために興行的には成功を収めたのだった。

そして、続くお伽歌劇『親指姫』（花組、一九二三年）にいたっては、「背景といひ、光線と言ひ、衣裳と云ひ、振付と言ひ、すべてが渾然と溶け合って、見てゐてどんなに気持ちがよかったか知れない[9]」と大絶賛された。これは、童話『親指姫』を宝塚風にアレンジした作品であり、脚本と振り付けがうまくまとまった、お伽歌劇らしい作品に仕上がっていた。踊りを見せるという目的があったために、脚本がいいものでなくても舞台になれば魅力的な作品になるという、自分の作劇法に白井は自信をもっただろう。この作劇法はレビュー時代になっても変わらなかった[10]と、白井は自伝のなかで述べている。そのやり方がどこまで通用したのか、のちほど追ってみることにする。

白井が宝塚入りしてから一年四カ月が経過した一九二三年（大正十二年）一月二十二日、宝塚で火災事故が起こった。公会堂劇場から出火し、火の手は同劇場パラダイス劇場、大食堂、図書館、音楽学校校舎を襲い、わずかに新温泉浴場だけを残して鎮火した。小林一三は、以前から大衆に向けて質の高い娯楽提供のための大劇場論を唱えていたが、皮肉なことにこの火災をきっかけに二四年七月に宝塚大劇場が完成した。この大劇場が、宝塚の上演作品にも大きな変化をもたらすことになる。

新設された宝塚大劇場のこけら落とし公演は、一九二四年七月十九日から九月二日という長期公演で、花組・月組の合同でおこなわれた。お伽歌劇『カチカチ山』（楳茂都陸平作）、舞踊劇『女郎蜘蛛』（坪内士行作）、歌劇『身替音頭』（久松一聲作）、喜歌劇『小さき夢』（岸田辰彌作）という、歌劇団の大ベテラン演出家たちの作品に、募集脚本による『アミノオの功績』という中世ヨーロッパを舞台にした作品が加わっていた。『宝塚少女歌劇脚本集』[11]によると、この作品の役割は杉村すえ子作、古谷幸一作曲、白井鐵造振付とある。白井が大ベテランに交じって大劇場こけら落とし公演の一端を担ったのは、振り付けの腕がよほど確かだったからだろう、と思った。しかし、白井は自伝で、「宝塚に入って三年目、数え年の二十五歳の時であった。（略）本の故でなく、演出も下手で問題にならなかった[12]」と書いている。

大劇場での初公演がおこなわれた頃は、レビュー以前の時代であり、いままで中劇場でおこなっていた五本立ての歌劇を大劇場に移し、二組合同で人数を増やしただけで、ことさらに大劇場ならではという要素はなかった。『カチカチ山』は回り舞台を駆使し、久松と岸田も大劇場を意識して、いままで十五人出ていた踊り子を三、四十人も出したりというにぎやかな演出にはしていたが、大劇場のスケールをフルに活用していたわけではなかった。これこそ大劇場ならでは、という出し物は、やはりレビュー『吾が巴里よ〈モン・パリ〉』（花組、一九二七年）まで待たなければならなかった。

大劇場の初公演を観劇した小林一三は、「大歌劇場初公演所感」に次のような感想を寄せている。

新舞台初公演の出しものとしては、何れも成功とは言へない。只だ多人数の少女をバラ撒いて、綺麗だらうと言ふ程度では物足らない。（略）要するに、すべてがダレるといふ原因は、大劇場即ち舞台面の勝手が違ふ点に就て考へて見なかった結果と言ふべしである。（略）

大歌劇場であるが故に、只だ無闇に多数を登場せしむるのが名案だと、相談したかのやうに、脚本の選定をしたのも間違ってゐる。大舞台に一人出して、それでウンとうならせる程の技量を持ってゐる生徒は居らないとしても、少く共其の心意気で舞台を背負って立って演出するやうに脚色するのも一手段だと思ふ。(13)

小林の意向を受けて、演出家たちは四千人を収容できる大劇場向きの作品の制作に取り組んだ。白井もまた、大劇場向きの歌劇『エミリーの嘆き』（花組、一九二四年）を発表した。この作品は、『小公女』（フランシス・ホジソン・バーネット、一九〇五年）のようなストーリーで、高砂松子が女教師役となり、軽妙洒脱に演じていたのが評判になった。

小林は『エミリーの嘆き』について、「白井氏宝塚入社以来の傑作也。好評湧くが如し。（略）最後の分列式、席を立つを惜しみて見とるゝ風情、白井先生金鵄勲章である」(14)と大絶賛している。小林だけでなく、ファンたちもまた「高声低声」欄に賛美の声を寄せていた。

『エミリーの嘆き』賑やかで綺麗で申し分なし。（略）此の劇の筋は寧ろ付け足りで劇中劇の面白い美しさで目を奪ふ。支那娘は青黒い布を一面に垂らし、大きな赤い提灯二個を吊るした丈けだが其の色の配合が実によく、其れを前にして踊る支那娘の服と相俟って、美しい絵をな

して居る。(15)

宝塚ではその草創期から、「絵のように美しい」舞台を作ることをその根本に据えていた。その要素となる華やかな色彩や少女歌劇らしいしぐさやせりふに工夫が払われた。久松一聲の作品には、これらの要素がうまく生かされて、宝塚情緒と評された。白井も、女性だけが演じる舞台には、華やかな色彩感覚が欠かせないと考えたのだろう。そのため、白井作品ではダンスと歌に色あざやかな華やかさが加味された。そして、白井の歌劇『島の女軍』（月組、一九二五年）は、「家族同伴で子供や老人を連れての一日の清遊には、こういふものを見せて頂くのが、素人には一番嬉しいだらうと思ひます(16)」と評価された。

小林は「大劇場の新築落成に就て」で、「大劇場が出来て、簡単に見られ、安く見られるといふ事実に立脚して、然る後、初めてこういふ芝居がほしい、あゝいふ芝居でなければ駄目だ、といふ希望に応じて、与論を代表するところの劇が生れるのが順序であって、大劇場に向くものを新に作り出すより外に方法は無いのであります。（略）夫婦づれ、家族づれ、即ち広く一般の家庭を標準にして考えて見ると、現在の芝居を国民のものにしやうとするには、収容力を増大にした大劇場より外に妙案なしである(17)」と書いている。白井が出した作品はまさに、小林が大劇場開場に際して求めた家族で楽しめる作品だった。安い料金で家族で楽しめる国民劇の創成が小林一三の長年の夢だったが、大劇場が完成して、目標に一歩近づいたといえる。白井が、ファンの声に耳を傾けると同時に小林の意図を敏感に察知して、期待に応えようと努力していた姿が想像できる。

白井によると、二作目の『金の羽』を発表した頃はまだダンスへの未練を断ち切れず、宝塚はしばしの間の腰掛けだと考えて、まじめに脚本を書いたり、演出したりするつもりなどなかったらしい。しかし、脚本を書くようになってから、だんだんと演出や振り付けの仕事が増え、それなりに懸命にならなければならなかった。がんばって勉強しているうちに、いつの間にか宝塚の仕事に魅力を感じるようになったのだろう。それは白井が何にでも興味をもつ性格だったことと無関係ではないだろう。白井の道標になったのは、ファンの声と小林の方針を読み取ることだった。その方針こそに、白井が我が道を切り開いた秘密が隠されているように思われる。確かに、小林は聞き飽きたお世辞よりも率直な批評を参考にして、宝塚の内容を充実させたい、形式を整えた立派なものにしたい、という思いから「高声低声」欄を設けた。その小林の提唱に呼応するかのように、当時のファンは、署名入りで、宝塚歌劇が向上しさらに発展するための熱い投稿を寄せた。さらに、小林は、一九一九年から、大菊福左衛門のペンネームで「歌劇」誌上に「歌劇場の客席より」という辛口の公演評を掲載していた。小林による評論は恐れられる一方で、演出家たちの大きな指針となった。白井は、まっすぐな感受性と根性をもって、「維持し得る歌劇」(18)に真っ向から取り組んだにちがいない。宝塚歌劇団、そして小林一三が、白井を責任ある重要な位置においたのは、この白井の感受性と根性を買ったからだと、私は考える。

それでも、白井の作劇にも弱点はあった。せりふのまずさがときどき顔を出したのである。お伽歌劇『ジャックと豆の木』(花組、一九二五年)は、白井鐵造作、太田七郎作曲で、宝塚大劇場向けの作品として上演されたが、読者投稿欄「高声低声」で、次のような指摘を受けている。「粉屋と肉屋の店出に至っては白井氏は又いつもの白井氏である。あの大阪弁を用ひしめてゐることが何等か親しみ易い感じを与へたつもりであると微笑しておいても、その会話の内容の下品さと不味さとに至っては、何といふ可きであるかを知らぬ。——お伽歌劇といふが故に、この下劣さは看過し得ぬものである[19]」

そのせりふというのは、例えば、

二人の客「これはこれは肉屋粉屋のおっさん　何ぞボロ口おまへんか」
肉屋（生野道子）「不景気で一向どうもあきまへん」
粉屋（天野香久子）「いや、それはお互様で、こう不景気ぢやほんとに、夜逃げをするも近い中でせう[20]」

のような大阪弁の会話のことを言っているのだろう。そのほかのせりふでは、

母さん（奈良美也子）「一体珍しいものって何と取り換へてきたの」
ジャック（沖津浪子）「母さん、的てゝ御覧なさい、僕今見せて上げますよ[21]」

といった自然なせりふ回しでもって筋を運んでいる。この唐突な大阪弁には、白井の作者としての意図を計りかねる。しかし、大劇場向けの作品としては、全般的に評判がよかった。小林は次のよ

うに評している。

『ジャックと豆の木』お伽ものとして児童におなじみのある出しもの。六月公演中の白眉との評判、作曲も舞台装置も好評。沖津浪子のジャック、一人で舞台を背負って立って居る。天野香久子の粉屋はあっけない。もっと仕草を与へてほしかった。（略）猿回しも思い付きよく、賑やかなるお伽歌劇白井氏近来メキメキと頭を上げたのは喜ぶべしである。(22)

白井は、『ジャックと豆の木』では、場面設定を屋外にして大劇場の舞台を最大限に生かして使うことを考えた。白井なりの工夫をして、いかにも大歌劇場にふさわしい新しい試みを登場させたのである。この試みが小林の好評価を得た理由だろう。その工夫について、白井は次のように書いている。

これは一番自分では気に入った作でした。「ジャック」では舞台一杯に使った事も気持のいゝ事でした。（略）大劇場では、只もう「絵の様に美しい」といふ事が第一の要件ではないでせうか。この「絵の様に美しく」綺麗で華やかであるといふ事を念頭に於て、私は此後もすゝみたいと思ひます。「ジャックと豆の木」は、此点でも私の最も好きなものでした。(23)

白井はダンスを主とした独自の作劇法を生み出し、宝塚には「絵の様に美しい」舞台が合うという方向性も見いだし、快進撃を続けていた。ところが、一九二六年一月、師匠の岸田が、宝塚大劇場の完成にともない、大劇場向きの作品を持ち帰るという名目で欧米視察へ旅立ってしまう。白井は、岸田に代わって切り盛りをしなければならなかった。そしてついに、喜歌劇を書く役目が回ってきたのだった。これまでのように、ダンスの場面を盛りだくさんにして、せりふのまずさをごまかすだけではすまない。喜歌劇は、喜劇的要素を含んだ軽妙な会話を交わすものだから、あとからせりふを当て込むというわけにはいかなかった。

白井が初めて書いた喜歌劇の『煙草から』（花組、一九二六年）は、宝塚の生徒だった沖津浪子と結婚してすぐに発表した作品で、新婚をテーマにしたものである。タバコ好きを隠して結婚した新婚の妻が、夫に隠れて吸ったタバコの吸い殻から、誤解やすれ違いが起こるという喜劇だった。

喜歌劇『煙草から』は、「三月公演合評記」に次のように評されている。

「いぢらしい作です。白井氏が一生懸命に、笑せやう〳〵、又一面上品な芝居らしい喜劇物にせうく、といふ意識が幕の前まであふれてゐます」

「人物の使ひ方なぞも、大いに考へてるぢゃないか。大体全体を通じて下品でないのが嬉しい」

「と言っても、決して上品ではないぜ。油ッ濃いや」

「兎に角濃厚だね。これが一寸上品らしく見えるのは、天野香久子のビリーが可愛いからなんだよ。科介《しぐさ》が細かくていゝね」

「白井氏は、前受や場当りを考へすぎて、この芝居を悪趣味に堕してゐる。女ボーイの歌で「お一人だったらこのホテルへゐらっしゃい。綺麗な女ボーイが沢山ゐます」なぞは昔の狂言作者の通弊だ。新進の白井氏がそんな邪道に落ちるのはいけない[24]」

白井自身初となるその喜歌劇作品は、意外にも好評だった。小林は、特にヒットした作品の作者や音楽家に自分のポケットマネーから賞を与えていたようで、当時は、久松一聲、岸田辰彌、小野晴通などのベテランがいつも特賞をもらっていたという。前座物のお伽歌劇ばかりやっていた白井だったが、このとき初めて特賞をもらったのだった。

しかし特賞をもらったからといって、話がうまい具合に運ぶというわけではなかった。次の喜歌劇『セビラの理髪師』(花組、一九二六年)で小林は、この作品に対し非常に厳しい批評を寄せている。「『セビラの理髪師』は、ただ筋をダラダラ運ぶだけで、どこにもヤマもなければ、観客を惹きつけるクライマックスと言うべきシーンもなく、ただただ呆っ気ない。白井君近頃振はざること、何ぞ甚しき。従って、折角の各役々もスター連中を並べ立てたりといえども、特別に見るべきものなく、評なしである[25]」とこきおろした。

振り付けに優れ、色彩的にどれほど華やかに仕上げたとしても、喜歌劇となればやはり脚本がものをいう。白井の欠点がおもむろに出てしまったわけだ。しかし、この頃の白井にはそれなりにファンがついていたようで、「高声低声」欄には白井党と称して厳しくも温かい励ましのメッセージが寄せられている。


白井君何ぞ振はざるの甚だしき。まさに活躍すべき青春の時代に於て、徒らに堕眠をむさぼるのは、沖津浪子中毒の結果と見られたならばイトモ口惜しき次第ならずや。殊に近来宝塚の舞台に西洋ものゝ面白きもの上演せられざる一に岸田氏外遊中の為なりと言はるゝものあらば、我々白井党たるもの憤慨せざるを得ず。どうしても、蹴起一番、西洋ものゝ面白き歌劇ダンス沢山の賑かなお伽ものに努力せられん事を希望す。(26)

ほかにも、岸田がいない間を切り盛りする白井に、次のような声援も送られている。

岸田先生がお留守でも心配御無用、白井先生によって『セビラの理髪師』を見せて貰ったのは嬉しい。いつも乍ら白井先生の振付は美しい。舞台装置も上々です。十年一日の如く、美と若さと芸術の栄冠を人にゆづらない此の人の存在は一つの不思議だ！　奇蹟だ！　宝塚少女歌劇の一つの強みだ！(27)

ファンの声援は白井にとってありがたく、頼もしかったにちがいない。脚本の力は未熟でも、白井が編み出した作劇法は、宝塚少女歌劇の舞台でそれなりに功を奏した。その後も白井は、喜歌劇『スウイート・ホーム』（花組、一九二七年）や喜歌劇『親友』（月組、一九二七年）など新婚家庭での恐妻をテーマにした喜劇を発表した。小林が希望したとおり「高声低声」欄には率直な批評が寄せられ、白井は、批評に一喜一憂しながらも作劇に励んでいた。ファンは、まだ若くて素直な、宝塚らしい作品を作り出す白井に期待を寄せ、小林は白井の成長を温かく見守っていた。やがて、パリ留学を経て白井の能力は開花し、『パリゼット』という大レビューを世に送り出すのである。パり以前から大演出家として大成する素養を白井は十分に持ち合わせていたといえる。

注

(1)『宝塚少女歌劇脚本集』阪神急行電鉄、一九二三年、二―三ページ
(2)木村弘「高声低声」「歌劇」一九二二年三月号、歌劇発行所、六八ページ
(3)藤浪佐知雄「二月公演を見て」、同誌五七ページ
(4)同誌二六ページ
(5)小林一三「高声低声」「歌劇」一九一八年八月号、阪神急行電鉄、二一ページ
(6)『宝塚少女歌劇脚本集』阪神急行電鉄、一九二二年、三―五ページ
(7)平尾住雄「扇風機に吹かれつゝ――夏季第一回公演を見て」「歌劇」一九二二年八月号、歌劇発行所、四八ページ
(8)田畫島菊雄「観客の声　秋季第二回公演を見て」「歌劇」一九二二年十二月号、歌劇発行所、四六ページ
(9)山本住雄「蒸気に暖まりつゝ――正月公演を観て」「歌劇」一九二三年二月号、歌劇発行所、五二ページ
(10)前掲『宝塚と私』四四ページ
(11)『宝塚少女歌劇脚本集』阪神急行電鉄、一九二四年、三三ページ
(12)前掲『宝塚と私』五一ページ
(13)小林一三「大歌劇場初公演所感」「歌劇」一九二四年八月号、歌劇発行所、七七―八〇ページ

(14)大菊福左衛門「歌劇場の客席より」「歌劇」一九二四年十二月号、歌劇発行所、四七ページ
(15)足引チハル「高声低声」、前掲「歌劇」一九二四年十二月号、八九ページ
(16)加茂春風「七月月組公演短評」「歌劇」一九二五年八月号、歌劇発行所、六五ページ
(17)小林一三「大劇場の新築落成に就て」、前掲「歌劇」一九二四年八月号、八―九ページ
(18)前掲「歌劇」一九一八年八月号、二一ページ
(19)三味線草「高声低声」「歌劇」一九二五年七月号、歌劇発行所、一〇一ページ
(20)『宝塚少女歌劇脚本集』阪神急行電鉄、一九二五年、七ページ
(21)同書九ページ
(22)大菊福左衛門「六月花組公演短評」、前掲「歌劇」一九二五年七月号、六二ページ
(23)白井鐵造「大劇場落成一周年の感想」、前掲「歌劇」一九二五年八月号、一一ページ
(24)「三月公演合評記」「歌劇」一九二六年四月号、歌劇発行所、一一九ページ
(25)大菊福左衛門「大劇場の客席より」「歌劇」一九二六年十月号、歌劇発行所、六八ページ
(26)白井党「高声低声」、同誌九三ページ
(27)しろがね・よしかず「高声低声」、同誌九〇ページ

第3章　『モン・パリ』と『パリゼット』を比較して——一九二七—三〇年

日本でのレビューの始まりは、岸田辰彌作の『吾が巴里よ〈モン・パリ〉』である。岸田は、当時レビューという言葉だけが先に輸入されていた日本に、パリで観たレビューという仕組みを演出のうえに取り入れて、初めてその「形」を見せた。そして、その内容を完成させたのが白井鐵造だ、というのが一般的な見解だ。しかし、宝塚レビュー完成の裏には、『モン・パリ』という先達があったことを忘れてはならないと私は考えている。仮に岸田よりも先に白井が留学の栄誉に浴していたとしたら、宝塚大劇場の舞台に白井はどんな作品を持ち込むのだろう。ファンの批判に一喜一憂しながら舞台作りを模索していた白井は、どちらかといえば神経質で、浅草オペラを生き抜いた岸田ほどの先見性も大胆さも持ち合わせていなかった。白井では、レビュー『モン・パリ』のような画期的な作品の上演はなしえなかっただろうし、岸田だけでは、宝塚レビューの完成にはいたらなかっただろう。経歴も素質も性格も、宝塚的作品の志向も異なっていた二人が、それぞれの役目を果たしたわけである。ここでは、表裏一体をなす二作品の比較を試みながら、それぞれの作品の内容と評価、また宝塚歌劇にもたらした功績を明らかにしたい。

1 岸田辰彌と白井鐵造――性格と舞台作り

日本初のレビュー『モン・パリ』の成功は、振り付けに優れた白井鐵造の多大な尽力と、多くの反対を押し切って上演を許した興行師・小林一三の英断があってこそのものだった。しかし何よりも、日本初のレビューを実現させた岸田辰彌の、太っ腹で大胆な性格による功績が大きい。当時の宝塚はせいぜい二場か三場の歌劇を四、五本並べて公演していた時代だったから、幕なしで二十場のレビューを上演するというのは大きな変革だったにちがいない。これは岸田のように、性格が大胆で強引な人でないとなしえなかっただろう。

こうしてみると、岸田と白井、二人の性格の違いが、作品作りにも大きく影響しているように思われる。まず、白井の師匠格にあたる岸田は、帝劇歌劇部や浅草オペラ時代にテナー歌手として活躍し、舞台経験もあり、脚本も書き、宝塚の西洋物の指導者として申し分なかった。岸田のデビュー作は、喜歌劇『女医者』(一九一九年)である。この作品は大衆的で、浅草オペラ時代のあくが抜けきれていなかったようだが、小林一三は「岸田氏がこの舞台に於ける花々しい初陣振りを飾るに

写真4　岸田辰彌の肖像写真
（提供：阪急文化財団）

足る出来栄えだ、今度の演し物の内で一番前受けするもの」[1]と評し、岸田の才能を大いに買っていた。

他方批評家たちは、雑誌「歌劇」一九二七年（昭和二年）五月号の「作品短評・岸田辰彌論…六篇」（六四―六七ページ）欄で、岸田作品とその人となりをあぶり出している。このコーナーは、一般から「作品の短評」を募り、その作者の性格や脚本作りの特徴を明らかにする目的で一九二六年十一月号から設けられていた。ここでの岸田論を要約すると次のとおりである。

岸田作品には、ぶっきらぼうなせりふや粗削りの歌詞が並ぶが、これがいったん舞台にかけられると、生き生きと跳ね上がり、洗練された面白いものになる。観客はこの奇跡のような結果に驚かされ、そのすばらしい出来栄えに感嘆させられる。岸田は、読む脚本でなくて演じる脚本の作家なのである。岸田の喜歌劇では坪内士行のような柔和さや明快さはない。また、白井作品にみる華やかさには及ばないけれども、雄大で、いかにも重みがある、堂に入った作りのそのうまさは岸田の特徴ともいえて、異国物ではいちばんの演出家といえる。

そして、「もう余程宝塚を知って居られる筈である。それだのにチョイ〳〵一流作家への野心が働き掛けて氏の作を非宝塚的にして終ふ」[2]「粗策であり、出鱈目であり、玉石混淆であり、ムラ気である。よく云へば芸術家気質。この芸術家気質の上に実に図太い所がある」[3]と評価されていて、この論評は的を射ているといえる。

白井が宝塚に入って七年目の、岸田作品の振り付けを請け負ったり、小品ばかりを発表していた頃、「作品短評・白井鐵造論…六篇」[4]が載った。白井は必死に宝塚的作品を模索していたので、批評家は、その努力も見抜いて、彼の性格の特徴をことごとく言い当てている。白井論をまとめると次のとおりである。

「図太い芸術家」と指摘された岸田と異なり、芸術家気質も持ち合わせず、弱気で、客に受けるか、受けないかばかりを気にしていた。しかし、白井は絶えざる工夫、また苦心をして作品を作る努力の人であり、白井作品には「素直さ」があふれていた。「白井さんの作品を考へて下さい。皆が皆白い、と云ふ感じがするではありませんか、白白白、こう考へるのは私だけかしら[5]」と批評家から指摘されているように、何ごとも素直に受け入れられる柔軟性、またむら気がないまじめさを備えていた。さらに、「一生懸命に勝る美徳はないのである。いゝ種にはいゝ芽が生へる。素人臭くて頼りなかった白井さんも、今では押しも押されもしない白井先生である。(略) 日は未だ高い。何にも恐れること勿れ。歩け、歩けである[6]」と声援を送られてもいる。白井は、向上心を忘れず、ファンの励ましや酷評にさえも耳を傾け、常にステップアップを図っていたからである。

これらの評論から、岸田と白井、二人の性格は正反対だとわかる。浅草オペラ時代のあくがなかなか抜けなかった岸田と、青年期特有の甘さ、スマートな感じをもっていた白井を比べて、どちらの性格が宝塚の作者向きかは一目瞭然だろう。しかし、繊細で神経質な性格の白井には、決して日本初のレビュー『モン・パリ』は持ち込めなかった。性格が作品制作に表れていることはとても興味深いが、宝塚レビューの完成は、この二人の絶妙なコンビネーションがなしえた成果だったともいえる。

加えて、それぞれの洋行事情の違いや宝塚向き作品の指向の相違が、のちに二人の明暗を分けることになる。

2 岸田辰彌の欧米視察の成果――日本初のレビュー『モン・パリ』の上演

岸田は前述のように、洋行を経て『モン・パリ』を発表した。その経緯を詳しく追ってみよう。一九二六年（大正十五年）、小林一三は、西洋物作者の第一人者だった岸田を欧米に派遣することにした。一月に神戸港を出帆し、二七年（昭和二年）五月までの長旅だった。イタリアのナポリにかなり長く滞在して声楽を研究し、翌二七年一月十二日にはパリに向かい、パリの劇場や寄席などを見学し、その後アメリカに渡った。この洋行の目的は、家族そろって鑑賞できる大劇場向きの作品創作にあったが、「大劇場向きの作品」や「宝塚向きの演劇」がどんなものかを判断する基準もないままの初の視察の旅だった。こんな事情もあって岸田は、「何でも見られるものは無闇矢鱈盲目滅法に疲労する事も忘れて、首を突っ込んで覗いて回って来た」[7]と語っている。

さらに、岸田の欧米視察には、大劇場向き作品をもたらすこと以外に、もう一つの目的があった。それは、宝塚が海外で公演する場合、外国人向けにはどんな曲目を選ぶべきか、下見をし、見聞を広めることだった。小林一三は、早い時期から宝塚少女歌劇の存在を欧米諸国に知らせたいという野望をもっていたのである。これについては『阪急文化研究年報』二〇一二年版(阪急文化財団編、阪急文化財団)に詳しく報告しているが、岸田の海外劇界視察のあと、すぐにでも宝塚少女歌劇の海外興行が実現するかのように新聞各紙が報じている。なかでも、一九二六年六月十八日付の「大阪毎日新聞」は「お国自慢を見てくれと少女歌劇の洋行」という見出しを付けて、明春一月に出発、巡業は一年間、演目も内定と伝えている。しかし、当時のヨーロッパは景気が悪く、とうてい少女歌劇団を呼び寄せるだけの資力がないことが判明し、海外公演は結局まとまらなかった。

こうしてみると、岸田の外遊は、大劇場向き作品の創作という内向きの目的よりも、少女歌劇の洋行という外向きの目的に比重がおかれていたと考えられる。滞在期間が限られていたなかで、じっくりと腰を落ち着けて日本向けの作品を探す余裕などなかったはずだ。それでも、岸田は、何としても帰朝土産を持ち帰らなければならなかった。岸田の「巴里より倫敦より」によると、「帰朝の上は何物か新しい而して面白い演出法を御土産としてお目に掛けやうものと、その研究もおさ〳〵怠りない次第で御座います」とある。その岸田の目に留まったのが、欧米のミュージックホールで流行していたレビューだった。当時のパリのレビューは、「踊りや歌を中心にコントを組合せ、多彩な演出と豪華な装置」を売り物に人気を博していたが、岸田は、時間を無駄なく使うその演出方法にいちばん感心した。岸田は、「二十分程の中入りを取ります以外には、二時間半乃至三時間、少しも幕間なるものが御座いません。現在の日本にはそのまゝあてはめるわけには参りませぬが、こちらではこうしないと観客が承知しないのですから致し方ありますまい。大道具を置き替へます間、幕前にてダンスを致すとか、掛合話をいたすとか、決して客を飽かせない事であります。次に大金を掛ける事です。尤も一とシーズン（殆一年間）通しますし、毎晩必ず満員になって居ます」と書いていて、もうこの時分のパリでは、客を飽きさせないために興行内容がエスカレートしていた様子が見受けられる。岸田は、これをそのまま宝塚に移入したらいずれは行き詰まっていく運命にあることに気づけなかったのだろうか。しかし何よりも、まずは大劇場向きにふさわしい作品を探すことが先決だった。そして、「私も此度帰朝第一回の演出には、こちらのレヴィユー風のものをやって見やうと思って居ます(8)」と決めた。

岸田は、このレビューシステムを取り入れて、一時間か一時間半の間に十場から十二場程度の場面を続けるように演出して、日本に新しい流行を持ち込もうと考えたのである。しかし、このようなレビューを宝塚の舞台に乗せるには、費用面でも、設備面でも、非常に困難かつ冒険だった。岸田は、大劇場のためには、「経済問題も、舞台設備の問題も多少の犠牲を払っても、先ず、先鞭をつけなければ、と此度の「モン・パリ」を上演する次第であります(9)」と興行への強い意志があることを公言した。この強引さは、彼が育った環境や父・吟香の血を受け継いだ気質を連想させる。

日本初のレビュー『モン・パリ』は、一九二七年（昭和二年）九月一日に初演の幕を開けた。レビュー『モン・パリ』の第一場は宝塚新温泉前という設定で、いきなり「モン・パリ」を幕開きの主題歌として歌わせた。

ひととせあまりの　永き旅路にも　つつがなく帰る　この身ぞいと嬉しき

写真5　『モン・パリ』（花組、1927年）第14場の汽車のダンス
（提供：阪急文化財団）

めずらしき外国の　うるはしの思い出や　わけても忘れぬは　巴里の都
うるはしの思ひ出　モン巴里　我が巴里[10]

歌が終わると、狂言回しの串田福太郎が登場し、「これはこれは皆様方、永々の御無沙汰、何とも申訳ない次第で御座いました。私も丁度一年と六ヶ月の間、欧米各国に旅行致しましてやうやく先日帰ってまいりましたばかりで御座います。何分ともご無沙汰のお詫びに、欧米先進国のならいに範をとり、幕なし大車輪にて御覧に入れますれば、何卒一年半の入れ合せと思召して御ゆるりと御観覧の程偏に願ひ奉ります」[11]と口上を述べた。岸田は自身の旅の感想を歌詞に当て込み、岸田個人の思いを口上としたのである。そして、第二場は一年半あまり前の神戸埠頭、香取丸出帆の場面になり、宝塚少女歌劇団の生徒たちが船を見送る場景となる。そこからは、中国、インド、エジプトを経て、パリまでの岸田自身の旅行談として展開させた。

岸田の解説によれば、第四場「支那　土匪の洞窟」で主人公の串田が軍事探偵と間違えられる場面は、岸田自身の経験がヒントになったという。ここには、「貴様は軍事探偵に違ひない、さもなくば何だって、よる夜中あんな所をうろ〳〵して居たんだ、真直に白状しろ[12]」のようなせりふが出てきたり、場面設定なども考えると少女歌劇というジャンルからはほど遠く、岸田の浅草時代の癖は拭いきれていない。このように感じたのは、私だけではない。当時の新聞や「歌劇」でも同じような意見が寄せられていた。一九二七年九月六日付の「大阪朝日新聞」には「第四場の「支那土匪の洞窟」はどうしても削除せねばいけない。あの場面は全体を通じて何の関係も連絡もないのみならず、観衆に不快な念を与ふるのみだ」とあり、九月十二日付の「神戸又新日報」にも「支那劇情調で「土匪の洞窟」の活劇は無くもがなと思ふ」と書かれている。「歌劇」の「高声低声」では、「第四場支那の洞窟は、丸尾さん〔丸尾長顕は当時の「歌劇」編集長：引用者注〕にでもたのんで、あっさりと削って貰ったほうがよく[13]」とある。

第十四場「マルセイユ巴里間のある停車場」も、マルセイユからパリへ向かう途中で実際にあった話がもとにある。岸田は、機関車が五分間の停車中に、田舎から来た二人の旅行者がベンチで居眠りをして、汽車に乗り遅れるという滑稽な場面を作った。この場に汽車に見立てたラインダンスが登場するが、この「汽車のダンス」（写真5）こそ、白井がパリの写真を見ただけで振り付けたといわれる日本初のラインダンスなのだ。燕尾服のズボンに車輪を描いた衣装で二十三人がいっせいに同じ動作で踊る場面は、観客の人気をさらったことだろう。当時の新聞は「汽車のダンス」やエジプトの場の「夢場の舞姫」など、ハイライトシーンの写真を大きく載せ、ファンからは「あの音楽の心持よさよ。あの振の明るさよ。又かの衣裳の新工夫よ。総てがブラボー汽車の踊りよと叫ばしめずに置かぬ[14]」と絶賛の声が届いている。

第十五場「巴里オペラ広場」でやっとパリの場面が現れる。ここには、遠景にオペラ座あたりの夕景が見えて自動車の往来や点滅広告が輝くパリらしい背景が描かれている。田舎から来た者が、都会見物をして迷子になるという設定だが、これは岸田が味わった経験でもあった。「よせばいいのに生意気に一人歩きをやって非道い目に逢ひました。朝から今まで、あの大きな宮殿だかの回りを百遍ばかり回りましたよ。いくら歩いても歩いても、又もとの所へ出て来てしまふ[15]」と、こんなせりふが出てくる。憧れのパリにやっとたどり着いたものの、右も左もわからなかった岸田自身の回想だった。しかし、外国に不慣れだった岸田が、「モン・パリ」といういい曲を宝塚にもたらした功績はたたえるべきだろう。主題歌を口ずさんでほしい、こんな思いからか、この場で歌唱指導がおこなわれたようだ。「高声低声」欄に「住江岸子、吉野里子の「モン・パリ」の歌を教へてくれるあたりは僕、愉快でたまらない[16]」と書かれていたり、前掲「大阪朝日新聞」の「「モン・パリ」の歌を知らず知らずの間に観衆に教へるあたりよい方法である」という記事があったりしたから、その事実が明らかになった。さらに記憶をたどれば、「モン・パリ」の歌詞を書いたプラカードを持っている写真を見たことがあったが、あれは歌唱指導の場面だったのだ。「…あの日の頃の我を思へば　心はをどるよ　うるはしの思い出　モン巴里　我が巴里[17]」とそれまでに聞いたことがない明るい、テンポの速いリズムが、しゃれたフランス感覚の曲が、観客の心に響いたことだろう。『モン・パリ』は、花組に続いて十月から雪組が続演したが、もうこの頃には、主題歌の「モン・パリ」は多くの人に口ずさまれていたのだろう。十一月に東京の邦楽座公演のために上京した雪組が、十四日午後十二時十分からラジオ（ＪＯＡＫ）に出演して「モン・パリ」を合唱したようで、

「読売新聞」一九二七年十一月十四日付や「都新聞」一九二七年十一月十四日付がその記事と一緒に歌詞を載せている。一方の大阪でも、大阪ラジオ局JOBKで十一月十八日に花組による『モン・パリ』全十六場が放送される、(18)と伝えている。こうして、「モン・パリ」の歌は全国的に広がっていったと思われる。

最後の第十六場は、「カジノ・ド・パリ」の場で、岸田がフォリーベルジェールで観たものがヒントになり、ヴェルサイユ宮殿の落成を祝う祝賀会の場が作られた。宝塚でパリのオペラが観られるという設定で、宝塚初の十六段の階段が出現し、ここでの見せ場は階段を上下するダンスと汽車のダンスだった。最後はルイ十四世と王妃が階段を下りてきて、フィナーレとなった。

岸田にとっての「我が巴里」とは、遠い異国の地で見て感じた新しい世界であり、不慣れな旅行者だった岸田がやっとたどり着いた憧れのパリであった。

第四場のような少女歌劇に不具合な場面があったとしても、観客は、歌と踊りを組み合わせた、幕なし十六場で見せるレビューという日本初の形式に酔いしれた。現地で購入したパリ流行の艶麗な衣装を使用し、宝塚初の大道具・大仕掛けのレビュー『モン・パリ』は大当たりとなり、二カ月間の連続公演がおこなわれた。当時、宝塚では四千人収容できる宝塚大劇場の機構をフル活用できずにいたが、この『モン・パリ』上演によって大劇場演劇が確立され、小林一三の大劇場論は実を結んだ。

この頃の宝塚は、金融恐慌のあおりで、不景気が浸潤してきて、宝塚新温泉の入場者数にもその影響が及んでいた。やむをえない情勢ではあったが、「少女歌劇は行き詰まっている」「少女歌劇はもう飽きられている」とささやかれた。こんな状況下に、日本初のレビュー『モン・パリ』が上演されたのである。

小林は、「宝塚少女歌劇団の為には炎天に降った雨よりも、あらゆる生物に注いだ湿いの豊かなることに驚くと共に嬉しく感謝する。アヽ、モン・巴里よ！」[19]と喜びを表した。『モン・パリ』の上演がいかに時宜を得ていたか、宝塚にとっては、まさに「炎天に降った雨」以上の効果をもたらした。当時の新聞は、「吾が巴里よ 大規模な舞台と色彩の華麗なレヴュー」（「神戸又新日報」一九二七年九月十二日付）、「宝塚からパリへ、艶麗幽雅な花組の九月公演」（「大阪毎日新聞」一九二七年八月二十四日付）、「宝塚のモン巴里 目先も変わって華やか」（「大阪朝報」一九二七年九月四日付）のような見出しをつけて、『モン・パリ』上演を大きく報じた。内容的には、「「モン・パリ」九月の宝塚」（「大阪朝日新聞」一九二七年九月六日付）が興味深い。

エジプトの場の舞姫たちのダンス、フランスに着いて可愛い人間の汽車は満点である。（略）ベルサイユ宮殿のシーンは上出来で、ステップ上のショウなど丸でブロードウエーを見てゐる様で立派なものである。兎に角土匪の不愉快な一場面を除いて、全体に勝れたレビューで、こんなのが常に見られる様であってほしい。[20]

そして、ファンも次のような賛美の声を寄せた。

岸田先生御帰朝第一回の作品で随分期待された物だけに、先生のご尽力の程がうかゞわれる。宝塚始まってから此の方、一番大仕掛けであったろうと思はれる程素晴らしいものだった。生徒さん達も皆熱心に演ってゐられるのはうれしかった。次々と展開される場面がそれぐ気分が充分に表現されてゐた事、特に麻雀の踊りなどは珍奇な物だった、中々に好い思付きだと思った。又最後の劇中劇の美しかった事は特筆すべき物と思ひます。御帰朝第一回の作品が期待通りの素晴らしい大成功であった事を岸田先生の為に、いや、我が宝塚の為に祝福する者です。[21]

『モン・パリ』の上演は、寄せられた絶賛の声によって宝塚が目指すべき方向性を決定的にしただけでなく、歌舞伎にも影響を与えた。一九二八年（昭和三年）三月に東京の歌舞伎座で上演された『モン・パリ』を観た松竹では、二九年八月に『東海道中膝栗毛』を歌舞伎として上演した。この「弥次喜多」はその当時まれにみる大当たりとなり、それから毎年の夏芝居の「吉例」になって、七、八年の間続いた。『膝栗毛』の脚本を書いた木村錦花は、『近世劇壇史』[22]のなかで、『モン・パリ』を観て「弥次喜多」を歌舞伎にしようと思い、小林一三にも了解を得て企画を立てたと、はっきり書いている。

演劇史上、宝塚が一つの大きな役割を演じたわけである。しかし、岸田はレビューという形式を取り入れたにすぎず、そのまま定着する類いのものではなかった。

3 『モン・パリ』に次ぐ宝塚レビューを求めて

一九二八年、岸田は外遊土産第二作として『イタリヤーナ』(雪組、一九二八年)を発表し、二月には花組でも公演された。これは主人公がイタリア旅行をする話で、『モン・パリ』の続篇的作品である。まとまりもよく、場面の変化に富み、活劇あり、悲劇あり、喜劇あり、の盛りだくさんな内容のうえ、舞台装置や衣装もなかなか凝ったもので、ドラマチックで重厚な印象を与える作品だった。白井がパリのレビューの写真を見ただけで『モン・パリ』の振り付けを考えたという逸話は、白井の振り付け能力が際立っていたエピソードとして伝わっているが、この作品でも振り付けはほとんど白井が担当した。宝塚のスタッフも、また白井自身もレビューというものに慣れていない時期で、岸田のレビュー作品の振り付けを受け持つことは並大抵の苦労ではなかっただろう。白井の性格からして、夜を徹して大がかりな舞台稽古をして、自分の作品のように協力したにちがいない。

岸田の次の作品はミュージカル・プレイ『ハレムの宮殿』(花組、一九二八年)で、フィナーレの舞台正面に水槽を据えて生徒を泳がせ、話題をふりまいた。色彩、衣装も華やかで、舞台装置も目新しく評価に値するものだったが、水槽まで持ち出すなど、だんだんと演出がエスカレートしている様子が見て取れる。小林は次のように評している。

新様式だけに、目新しく愉快に面白かった。表現派を用ひ、舞台装置も目新しく感じがいゝ。第二場の浪打際第五場の夜の海岸、第六場の海底の場などよく、殊に海底の場で海草の背景が海草の精とともに、一枚々々変わってゆく趣向はおもしろいと思ふ。（略）第十場ハレムの宮殿大広間の場は絢爛華麗にして善美を尽し、衣裳も立派まことに結構なものである。噴水をめぐるオリエンタルダンスの爽快なる気分、軽やかに踊る美しき踊子の繊細な動きを礼讃する。(23)

岸田のレビューは幸いにも三作までは好評だった。大仕掛けの舞台で人気を得たあと、四作目が『紐育行進曲』（花組、一九二九年）で、二月には雪組の公演が続いた。岸田は壁に突き当たっていた。前作の『ハレムの宮殿』以上に大仕掛けを施したレビューの上演は、当時の宝塚の舞台装置ではとうてい困難だということを痛感していたのだ。そのうえ、舞台上の斬新な趣向も大抵はやり尽くしてしまっていた。レビューというものは、観客を満足させるために目新しさが必要になり、だんだんとエスカレートしていく。いわゆるいたちごっこが始まるものである。しかし、岸田は『モン・パリ』でレビュー・システムというものを持ち込んだものの、その内容まで細かく演出する柄ではなかった。したがって岸田レビューは目先が変わらず、ありふれたものばかりになり観客は新味を感じなくなっていた。振り付けを手伝ってくれた弟子の白井は、すでにパリへと旅立っていた。

そこで岸田は、レビューに物語性をもたせることを考えた。岸田は「レビュウ『紐育行進曲』とは？」に次のように書いている。

近頃では外国でもレビュウに筋を持った物が現はれる傾向があり、それが歓迎せられつゝあるし、どうも日本人には筋のないレビュウと云うものが余り向かないやうに思はれる。筋のあるレヴュウの方が日本人の心にアピールする度合が多いやうに思はれる。それだから今度のレヴュウにも矢張り筋を入れる事にしました(24)

岸田はレビューに物語を加味する方法で、何とか四作目も成功へと導くことができた。当時岸田は、パリの白井に次のような手紙をしたためている。

本当にたねぎれにあって手も足も出ない事によわりきって居る。会社ではレヴユーをやれくと云ふし、この分で行くとすっ可りぼろを出して終いそうだ可ら、早く帰へってほしいのだが、君個人としては、一日でも永く居る方がいゝのだ、とにかくいゝ機会なのだ可ら出来るだけよい土産をもって来てほしい。それについて君に頼みがあるが、このたねぎれを救ってもらいたい。何可そっちで面白い趣好のもの例へばイタリアーナのダンス学校の様なもの知らせてもらいたい…、何分頼みます。いづれ新しい曲があったら少し送ってもらいたいものです。(一九二九年四月九日付)

手紙にはアイデアの枯渇に悩む様子が切々とつづられている。その後、岸田はレビュー『シンデレラ』(雪組、一九二九年)を発表した。岸田は、「『シンデレラ』上演に就て(25)」で、白井からパリで流行中の楽譜や舞台面、写真帳が送られてきたと書いている。文面からは、白井にはパリで研究を重ねて、岸田自身の『モン・パリ』をしのぐ作品を早く持ち帰ってほしいと強く願っている気持ちがうかがえる。これからの宝塚歌劇団のために、また岸田自身が新しいアイデアをつかむためにも。

岸田作品が、『モン・パリ』以後それ以上の発展を見せなかったのは、岸田の経歴やその方向性に起因していたと、私は考える。岸田は本格的な舞台経験があり、少女歌劇とは異なる高みを目指していた。それは、男性声楽家の養成を充実させ、「現在の宝塚少女歌劇は現在のままの組織として、それ以外のグランド・オペラ団を組織する[26]」という大望だった。しかし、男性を入れない宝塚歌劇では無理な提唱だったため、洋行前に岸田がおこなった一つの試みが、女声によるグランド・オペラ『カルメン』(雪組、一九二五年)の上演だった。

岸田は、「グランド・オペラを女声のみで演ずるといふことは殆ど無暴の企とも言ふべく、厳格な音楽者達の怒りを買ふかも知れない。然し、それを不可能事として顧りみないならば、少女歌劇と銘打つ宝塚、男性の入ることを許さぬ宝塚では到底上演の時は無い[27]」と表明して、『カルメン』の宝塚化に挑戦した。『カルメン』は、上演時間が三時間以上も要し、通常オペラとして単独に上演される大作だ。宝塚歌劇団では、歌劇や喜歌劇、お伽歌劇に舞踊などの小品ものを取り交ぜて四演目から五演目の公演をおこなっていた時代だったから、『カルメン』のような大作を宝塚の舞台に持ち込むということは大きな冒険だったにちがいない。しかし、岸田は女声だけで演じるグランド・オペラの公演に果敢に立ち向かった。大曲『カルメン』をどうしたら短時間のなかで演じられるのか、どのせりふを削るべきか、どのような場景にするのか、無理や制限がある少女歌劇向きに工夫が払われた。役割上の苦心もあったようで、数種の役割案を作成したうえで、最終的にはカルメン役に有明月子が、ホセ役には白妙衣子があてられた。岸田は「『カルメン』上演に就て」で、「歌の稽古にかゝり振付を始めて見ると、自分も一役、出来るならばホセの役を買って出たくなった[28]」と本心を覗かせている。

そして宝塚での歌劇『カルメン』の上演は、「万難を排して、これを上演された勇気につき、又、あの大曲を演奏される指揮者及び歌者の努力に対してはただ〳〵感歎の他ない。宝塚の最初の試みに当って、兎に角、一人二人の人が立派に唄ひこなし得たと云ふ事は、宝塚の将来として、誠に喜ばしい頼もしい事と云はなければならない[29]」と大いに評価されたのだった。

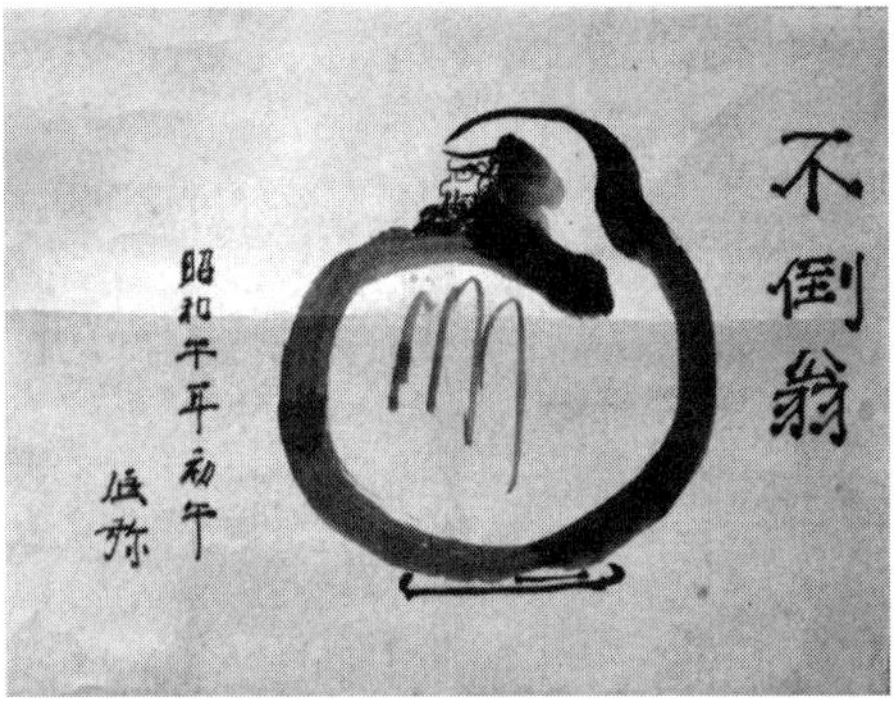

写真6　『パリゼット』成功を記念して、岸田辰彌が即興で描いて白井に贈っただるまの絵
（提供：犬居すみれ会）

このように岸田は、宝塚の進むべき道にはこうした方向性もあることを示したが、そこにはグランド・オペラのアリアで観客を感心させ、『カルメン』でドン・ホセに男声を要求するなど、宝塚少女歌劇の域を出た舞台作りの大望を抱いていた様子が見える。ところが、『モン・パリ』の成功から、宝塚では、客が劇場を出るときに口ずさみながら帰れるような、親しみ深い歌を舞台で出さなければならなくなった。『モン・パリ』の主題歌

「モン・パリ」が日本中に流行して、小学校の子供たちにも歌われたという前例があるため、音楽がまずあって、そのテーマに合うような歌詞が作られ、脚本が書かれるのが理想だ、という方向へと宝塚は進んでいった。大胆な演出法や本格的な歌劇上演を求めた岸田は、しょせん宝塚少女歌劇の枠に収まる人物ではなかったのかもしれない。白井が海外視察を終え、帰国の途についたとき、次第にその仕事は岸田から白井にバトンタッチされた。華やかな岸田の全盛時代もいつか知らぬ間に過ぎ去り、その晩年は不遇だった。岸田は一九四四年十月、五十二歳で亡くなっている。

4　白井のパリ留学——一九二八年十月

白井の洋行は、岸田が行き詰まりを見せていたレビューのタネを探すことが主な目的だった。白井の作風は、まず踊りのアイデアを考えて、それをもとにストーリーを作っていくというもので、見た目に訴える表現が巧みで面白く、何より宝塚的出来栄えに優れていた。初期の頃に見いだした作劇法だったが、小林一三が白井にパリ留学の白羽の矢を立てたのも、そんな才能に着眼したからかもしれない。岸田の名篇『モン・パリ』に次ぐ作品を持ち帰れるかどうかという大きなプレッシャーはあったが、白井は、「一度『モン・パリ』や『イタリヤーナ』で先鞭が付られているだけに、どんな大ものでも、容易く上演される、という利便はあります[30]」と語っている。しかし、岸田のように一年のうちに目先の変わったレビューを三作も作って演出するのは至難の業だということも、レビュー上演できわめて大切なのは「宝塚ファン」に飽きられない工夫であることも、白井にはわかっていた。すでに上演されたものの内容を蒸し返したり継ぎ足したりしていては、新味がない。これらをふまえたうえで、白井は洋行の前に、次のように語っている。


若いから――それが頼りです。若いから無条件で感受して来る、驚ろいて来る、夢中になって来られる、と思ひます。外国言葉より、この若さが唯一の頼りです。（略）

私は、寧ろ、軽業、寄席、ミュジック・ホールなぞと大衆本位のものを、馬鹿にしないで大いに見学して来やうと思ひます。

とに角に、若い我がファン諸君が、わあっと歓声をあげて迎へて来れるものを、うんと見て来るつもりでゐます。若い人達が面白ろがってくれないやうなものは、本当に駄目だと思ひます。

巴里では、出来るならば、二月でも三月でも舞踊学校に入って来たいと思ひます。これもほんの希望ですが、そこで寧ろ自分が教はって来るよりも、教授法、制度なぞと云ふものを学むで来たいものです。

洋行して来たら、自信がつく――これだけでも充分だと思ってゐます。事実、衣裳や風俗にしても、本当に見て来ないと、舞台にかけてゐても不安で堪られなくなるときがあるもので、ヒケ目を感じていけません。白井君は知らないんだ――なぞと陰口を利かれてゐるやうで、肩肩身が狭いおもひです。だけれども、一ぺん洋行して来ると、たとへ間違ってゐる衣裳、風俗をとり込んでゐやうとも、ありや、色々な都合であゝしたんだ、知ってるんだけれどもありもので間に合はせて置いたんだ、と平気で片付けられやうと云ふものです。これ洋行の一得(31)

超エリート陣に交じっての舞台作りに、白井には大きなプレッシャーがかかっていたのだろう。想像以上に肩身が狭い思いをしていたのかもしれない。白井は、師匠の岸田や諸先輩たちにはないハングリー精神と、高折から教えられた根性で、やっとここまで上り詰めた。そしてこれからの白井の成功を支えたのは、持ち前の感受性と得意技であるダンスだったことはいうまでもない。

白井は一九二八年（昭和三年）十月、神戸を出港し、まずアメリカへ渡った。初めての外国を体験した白井は、驚いてばかりだった。当時のアメリカは、トーキー以前の劇場全盛時代で、『ショー・ボート(32)』『ローズ・マリー(33)』『ニュー・ムーン(34)』『リオ・リタ(35)』が初演されるなど、ミュージカルが全盛を極め、舞台は爛熟期だった。二カ月近いアメリカ滞在の間に、白井は毎日毎夜劇場へ通い詰めて、華やかな舞台衣装やショーの踊りのアイデア一つひとつに感激し、懸命にノートを取った。「New York and London, 備忘録 1928」とタイトルがついた白井のノートには、観劇メモや物語の粗筋、舞台や衣装のスケッチ、ダンスのアイデアなどが記されている。とはいえ一度観ただけで、すぐにまねができるようなものではない。それでも、初めて観るアメリカの舞台は、刺激になるアイデアにあふれていて、わけもなく、ただひたすらノートを取ったのだろう。その記述には何の脈絡もないが、一部を紹介しよう。

「階段に腰かけ足と手の運動、隣の肩を叩いたりヒザを打ったり、足を上げたり下げたり、引っ込む場合も後ろと前向きになり手と足の運動をしながら退場」

「すべて未来派の絵の如し、高い家、尖った家屋、横になった窓。赤、青で彩色して窓の奥に灯をともす。グッドボーイの如く薄い色で書くもよし、一番真中の大きな家と両左右の家を風車の如き仕掛けをして、グルグルと回し、一番前の家を一人づつ持っていて左右にグラ〳〵と動かすと面白い。アメリカ旅行記を作える場合、これを使うこと」

「初めスカートにて踊り、前列が踊っている間に後列がスカートをとり首に巻き、前へ出て、その間に前列も同じくスカートを首に巻く、一列になり肩を組み首を振ったり、後ろ向きになり、反ったり、スカートの美しさを見せる」

「前は通常の綺麗な貴婦人、後ろを向けると図の如く衣裳を作ル、滑稽な面をつけ、尻を出したり叩いたり、多ゼイ揃えて動作をする」

などと、見たまま思うままを書き散らしている。

色彩に関する記述としては、「草色、青、裏を白又はクリーム色、向きを代える時、すっかり色を代えて区切りをつける」「赤と白の大きな羽の帽子、着物は飾りのついたピカ〳〵光る如くにして…」「全部真白、肩掛のみ小豆かかった藤色」「赤い朱子、金の飾りの衣裳、黒毛袋、黒の靴、小豆色のタイツ」「上衣群青、金ボタン、赤筋シャツ、黒のバンド」などがあり、現地ではハッキリした色彩の組み合わせが主流だったようだ。

白井がパリに着いてまず思ったのは、アメリカの舞台を観てきた身には特に目新しいものがないということだった。それは当時アメリカでは、パリから取ってきたタネをアレンジして上演していたからである。アメリカの面白いアイデアのもとはパリにあり、と白井が気づくのに時間はかからなかった。日本からいきなりフランスに渡ったのでは、どこか構えてしまって、伸び伸びとものを見る目はもてなかっただろう。アメリカ滞在はわずか二カ月ではあったが、その経験はむしろ白井に日本人独特の偏ったものの見方をさせず、ヨーロッパの伝統文化と風土を自分のものとして消化していく力を培ったといえる。

アメリカを発って、ロンドン経由でパリに着いたのは出発の翌年、一九二九年一月二日だった。白井は、パリ最初の夜にムーラン・ルージュで『Paris qui Tourne（めぐる巴里）』（ジャック・シャール作、一九二九年）を観た。これは、レビューの女王ミスタンゲットが、ショー・ビジネス界にデビューして間もないジャン・ギャバンと組んで話題を呼んだ舞台で、大変な人気を博していた。このパリ初観劇で白井は、次のような感想をもった。「「赤い風車（ムーラン・ルージュ）」の最初の夜」によると、白井は「ミスタンゲットを除いて外の舞台は云ふと米国のレビュウを見て来た眼には大して驚ろかされたものもありません」と感じ、「破れるやうな拍手に迎へられて唄ひ出したその声は、まるで鵞鳥の鳴声のやうだ」。しかし、ただ一つ、「舞台全体の色調が実に淡く柔く甘い感じで、この洗練された色は巴里以外のどこにも見出されません」[36]と感嘆している。

白井が初めてパリを訪れた一九二九年は、第一次世界大戦が終わり、豪華で美しく、また自由な空気にあふれ、芸術的才気と精神を高揚させる不思議な雰囲気があり、世界中から芸術家志望者らが集まっていた。日本人では、藤田嗣治が一三年に渡仏。戦争前後のつらい時期にモンパルナスを中心に集まっていた画家仲間として、アメデオ・モジリアニ、パブロ・ピカソらがいる。二〇年に『キキの就寝』がサロン・ドートンヌに入選してから、藤田は一躍パリの人気者になっていた。二一年にはアーネスト・ヘミングウェイが、アメリカで生きる指針を見失ってパリに渡り、『日はまた昇る』(一九二六年)を執筆し、「失われた世代」の作家として名を馳せることになる。『偉大なるギャッツビー』の作者フランシス・スコット・キー・フィッツジェラルドも、その時期に活躍した一人である。

ミュージックホールでは、個性的な歌手や踊り手が人気の中心となり、ミスタンゲット、ジョセフィン・ベーカーなどの大スターが活躍、彼女らが最も脂が乗りきった舞台を見せていたレビュー全盛期だった。白井は、パリのミュージックホールや寄席、ナイトクラブや映画劇場のアトラクションのショーなどを観て、ニューヨークのぜいたくで上手な色使いの衣装や、面白い思い付きでいっぱいの舞台も、パリのアイデアをヒントにしていることに気づいた。実際、ニューヨークやロンドンのプロデューサーや演出家たちは、毎年シーズンになるとパリでアイデアを探し求めた。

白井は、ここはじっくりとパリに腰をおろして、創作の基礎になるものを勉強するしか方法はないと判断する。まずフランス語を学び、タップダンスを習い、毎晩の劇場通いを日課とした。午前中には、前日の劇場で学んだことをノートに取り、午後は語学などの勉強にあて、夜は劇場へ出かけていくという毎日だった。

先に述べたように、日本では、岸田レビューが衰退しつつあった。目先が変わらず、内容はありふれたものばかりで観客は新味を感じなくなっていて、岸田からは前述のようなアイデア切れに悩む様子が切々とつづられた手紙が届いた。師匠格の岸田でさえタネ切れで困っている。白井は当初の六カ月の予定を延期し、一年半近くをパリで過ごして、舞台作りの基本になるものをじっくりと探し求めた。

白井が舞台を観て、記録をつづったノートには、「Les souvenirs des théâtre de Paris」「見たままアイディア」「創作」「tap」「Les chansons populaires」などと、目的別に日仏両語が入り交じったタイトルが付けられている。

このなかから「Les souvenirs des théâtre de Paris（パリ劇場みやげ）」と題されたノートに目を向けてみよう。

「手と足の踊りアメリカで見たと同じ。タップダンスを階段を使っていた。アメリカでみたのと同じく、二人のスターに揃いで踊らすこと〈これは使うこと〉」

「カジノ・ド・パリにて、（花帽子）一場の終わりの大舞台の階段に並ぶ女達の花の帽子は、非常に衣裳を派手に賑やかにする。〈これを使うこと〉。帽子を小さな花の寄せ集めでなく、大きな花ビラの帽子でもよし。各舞台を色別にするのも面白し、例えば、第一場は背景、衣裳全部白。二場は赤、三場は紫などの如し」

「Mayol にて／17 Septembre　衣裳はたいてい背景と同じ調子の色を使っているが、背景に吸い込まれることもなく、場面ごとに色を代えていくレビューには、色の変わりがはっきりして効果あり。人物を湧きたたせるために、背景と異なった色を使うことは、只一場、二場にはよろし」

この当時の宝塚の演出家は脚本も書き、踊りの振り付けに加えて作詞も担当していたので、公演の印象だけでなく、物語の粗筋、ダンスの足の運び、背景や衣装の色の使い方なども事細かに記録している。そして、白井がパリレビューの舞台でいちばん心を奪われたのが、淡く柔らかく甘い感じの洗練されたパリの色彩だった。アメリカで使われていた色彩と比較しても、その違いは際立っていたから、色に関した書き込みが多く見られる。少女だけが演じる舞台に華やかな色彩を用いることは、男性がいない舞台をカバーするという効果もあったように思われるが、それにも増して輝くスターを際立てるには、色彩感覚を取り入れること以上のものはない。ノートにはさらに、「第一回作品と共に新しいスターを作る」「巴里みやげに入れる」など、帰国後の舞台作りの参考にしようとする意気込みが感じられる記述もあった。

そして、パリの色彩、パリの香り、タップダンスにシャンソンなど、多くのパリ土産をもって、白井は、一九三〇年五月十五日、神戸の港に着いたのである。

5 『パリゼット』の上演――一九三〇年八月

小林一三は、苦難時代の『モン・パリ』の誕生を「炎天に降った恵みの雨」と称し、多くのパリ土産をもってレビューの行き詰まりを解消した『パリゼット』を「百パーセントの傑作で未曾有の大レヴュウ」[37]と絶賛した。白井は、パリの音楽や色、タップダンスや言葉の感覚を宝塚的趣向にすることで、岸田が切り開いたレビューという形式を内容面で充実させたといえる。「歌劇」に掲載

写真7 『パリゼット』（月組、1930年）第20場の美しき階段
（提供：阪急文化財団）

の東京公演を控えた『パリゼット』の広告が、宝塚始まって以来の大レビューを次のように伝えている。

かって見ざる華麗なる舞台装置、それこそは巴里の色の氾濫だ、颯爽たるダンス！　踊子達は巴里を語る――真っ赤な花の群舞、黒と白の兵士の列、小意気なタップの紳士達、フランスの馬と少女は空想そのまゝ、光線は三色旗を振り、七ツの主題歌は甘美な感激を喚び、ジャズの唄手はレヴユウの神髄を伝へた――壮大をきはめた階段、パリの歌、おゝフランス人形は踊る心は踊る……レヴユウ『パリゼット』は音楽に舞台に踊りに驚異的最高記録を示して完全に関西劇壇を牛耳った！　東洋一を誇る宝塚四千人劇場に連日割れる許りの満員を続け、いまや堂々九月へ続演している！(38)

この宣伝文からもわかるように、『パリゼット』には宝塚の伝統を根底から覆すような新しい手法がいくつも取り入れられ、何よりもパリの色彩と七つの主題歌が好評とされた。『パリゼット』は、実質面でも評価の面でも『モン・パリ』をはるかに凌駕するものだった。

『モン・パリ』の主人公は、日本から花のパリに向かい、いろいろと失敗を演じるいわゆる赤ゲット（おのぼりさん）の旅行者という設定だが、『パリゼット』は、パリの生活を描き、パリそのものを表していた。

「パリゼット、ミヂネット、小意気なおしゃれの巴里娘(39)」の歌のメロディーで幕が上がると、第一場のプロローグで、小さな帽子を斜めにかぶり、フランス国旗をアレンジした衣装の少女が踊り、パリのムードを盛り上げる。その場面に、紳士役の山中と神原が登場してパリを追憶するのだが、二人のせりふに注目してみよう。

山中「巴里は好い所だったね。巴里は世界人の第二の故郷だと何とかいふ詩人は言ったさうだが全くだ。僕は永久にあの美はしの巴里の想出を忘れることは出来ない」

神原「おゝ巴里、不思議な魅惑の都、お前は何を持って斯く迄世界人の心を引きつけるのか、といふ所だね」

山中「美しい並木のシャンゼリゼー通りや静かなセーヌの河岸を散歩するとき、ミュージックホールの美しい舞台、そしてミスタンゲットのあのしはがれ声の巴里の唄をきく時、毎も自分は今巴里にゐるんだといふ幸福感を感じた」

神原「そう〳〵ミスタンゲット、あの時パリゼットといふ歌を歌ってゐたっけね。モンマルトルの踊場で彼女と一晩中踊り明した想出の歌もパリゼットだった…(40)」

これは、たまらないくらいパリを愛し、パリを慕い、パリに憧れた白井の、あふれんばかりのノスタルジアだった。白井の思い出の歌「パリゼット」は、パリのレビューの女王ミスタンゲットが歌ってヒットしたものである。「かわいいパリ娘」という意味をもち、その歌詞は次のように続く。「生粋の巴里娘には　立派な衣裳は不用い　小さなリボンの飾り　襟にすみれ　帽子を真深に　スカートは気の向くまゝ　短く又は長く　それでも意気で可愛い　巴里の花、パリゼット」[41]。岸田の「ひととせあまりの永き旅路にも」で始まる「モン・パリ」の歌詞に比べると、新しく軽快で、なおかつしゃれた雰囲気をもち、まさにパリの気分を彷彿とさせるものだった。

さらに、第二場の背景にはフランス国旗をイメージした青・白・赤の柱を立て、その柱の陰から先に登場したトリコロールカラーの衣装を着けた踊り子を出して踊らせた。白井がノートに記した「衣裳はたいてい背景と同じ調子の色を使っているが、背景に吸い込まれることもなく」という文言どおりの、まさに、白井が実際に生活し、見聞きし、憧れたパリを白井は再現したのだった。

次の場面は、背景にフランス人形が描いてあり、その絵と同じ衣装を着けた二十八人のフランス人形に扮した踊り子が、カーテン前に一列に並んでいる。実は頭に面を着けて後ろ向きになっていたのだ。フランス人形がクルリと正面を向き、スカートを脱ぐと今度はパリ流行の衣装が現れ、彼女たちはジャズに合わせて踊り抜く。これは、アメリカで見た舞台がヒントになっていた。

舞台は進んで、第五場「カフェー・モンパルナス」は、詩人や画家の愉快なパリの生活を描いている。橘薫がおかっぱ頭の画家・藤田嗣治に扮して会場を沸かせたり、日本人旅行者の神原がモデル嬢のロロットに恋をして大騒動になったりと、当時のパリのイメージをとてもよく表した場面だった。ロロット役の雲野かよ子が「赤いベレに白のスカートそして水玉のネッカチーフという軽快な衣裳(42)」で登場したが、その色あざやかさは群を抜いていた。

この場の主題歌「モンパルナスの歌」は、コンセルマイヨール劇場で、藤田嗣治が登場するレビューで歌われていたものだが、宝塚では「フジタを気取り集まるところ　あモンパルナス、あモンパルノ(43)」と歌われた。このコンセルマイヨールは、モンマルトル地区の風紀が悪い場所にある横長の小さな劇場で、ここで上演されている演目は、「エロティックを持ち、物凄いグロテスクであり、時には徹底したマソヒズムをさへ持ち込む(44)」内容のものが多い、ということだから、白井は意識的にかなり手を入れてこの場を構成したのだろう。白井の感性のフィルターがエロ・グロ的なものを濾過し、世界中の芸術家が集まるモンパルナスの愉快な生活をうかがわせる、パリの一面を最もよく表した場面へと昇華させたのだった。これこそが、優れた白井の手腕であり、パリで身につけた作劇法である。

そして何よりも注目したいのが、「すみれの花咲く頃」の場である。『パリゼット』のちょうど真ん中にあたる第九場に据えられ、明るい凱旋門が見えるパリの大通り、スミレの花を売るお婆さんの店から始まる。そこに、五人の紳士が現れてタップダンスを踊り、若い夫婦が恋の思い出の花、スミレを買って立ち去ると、花売り役の天津乙女が、「すみれの花咲く頃　初めて君を知りぬ…」と歌いぐっと盛り上がる。彼女は続けて「私の心を引きつけた青年…その人も又私を愛してゐて、私達は深い深い熱烈な恋愛に落ちたのです…その人はほんとうにすみれ

写真8 『パリゼット』（月組、1930年）第20場の兵士の踊り。春日野八千代もラインダンスに加わった（右から5番目）
（提供：阪急文化財団）

の花のやうに小さくて…好い香ひがしてゐてそして…毎もすみれの花束を私の店で買ってくれましたわ[45]」と若き日の追想にふけりながら、淡い初恋の思いをつづった歌詞を歌い上げる。次いで、スミレの花束が描かれたカーテンが下り、そこに白と藤色の衣装に粋な帽子をかぶって、紫色の花束を持つ声楽専科生が登場し「すみれの花咲く頃」の合唱となる。照明が当たると、舞台を覆う紫の色彩が、どんなにか美しかったことだろう。「すみれの花咲く頃」は繰り返し繰り返し歌われ、そして、スミレの花売りのお婆さんが美しい娘の頃に返り、「マドモアゼル、メッシュー、美はし花君に捧げん　パリゼットの記念の花[46]」の歌とともにスミレの花を客席に投げるのだった。舞台から放たれたスミレの洪水に、観客は酔いしれたにちがいない。『パリゼット』

二十場を通じて最もすばらしい楽しい場面だろう。その淡彩な背景も効果的だった。

当時の新聞が、「すこぶる、あくの抜けた、舞台で、ことに、かつて見られなかった豊富な色彩を全場面にたゝえ巧妙な配光と相まって、異常な効果を挙げてゐる、フランス風と云ふか色彩のかもし出す全体のやわらかなムードがレヴユウらしい心地よさを与える[47]」というように、このレビューがもつ美しい色彩感覚が評価された。今も昔も美しい色あざやかな舞台は宝塚の大きな魅力であり続けているが、『パリゼット』には、洗練されたパリの色合いがふんだんに使われている。これらは、白井がパリのレビューで感嘆し、そこ以外では見いだせなかった淡く柔らかく甘い色調だった。

しっとりしたスミレの場面は一転し、第十一場では舞台いっぱいほどの大きな花籠が置かれ、その籠のなかに頭に真っ赤な花を頭に付けた二十四人の踊り子が入っている。この赤い花の踊り子が次々に籠から出てきて、彼女たちは白井がパリのレビューで見たジャクソンガールズばりのタップダンスを披露した。暗転して第十二場では、八人ずつの金の花の踊り子、銀の花の踊り子、赤い花の踊り子が軽快に踊った。最後の場面の第二十場では、エッフェル塔からヒントを得た階段舞台をこしらえ、甘美な「すみれの花咲く頃」の旋律に合わせて、美しい衣装の女たちが階段から登場する。音楽が一転してジャズマーチ風になると、黒と白の衣装に白手袋の兵士たちが一列になって兵士の踊り（写真8）を披露、続いて大きな羽扇のソロダンスへと続いた。『モン・パリ』以前の宝塚は洗練された日本風の色彩で彩られていたが、『パリゼット』は、白とピンクとブルーを基調とするフランス国旗の、明るくしゃれた色彩が印象的だった。場面ごとに移り変わるパリ風の色の洪水に観客は息を飲んだにちがいない。

『パリゼット』は三カ月のロングランとなり、大入り満員というかつてない成功を収めた。上品で豪華絢爛、しかも清らかで美しい、ほかに類がない大規模な作品で、新しい娯楽としてこれ以上のものはなかった。しかし、これだけ評判になっても、レビューは結局、同じ構成やスタイルの壁に突き当たってしまう。しかしそれを知っていた白井は、帰朝土産として、今後の宝塚の方向性を示す作品を用意していたのである。

注

(1) 大菊福左衛門「歌劇場の客席より」「歌劇」一九一九年十一月号、阪神急行電鉄、三六ページ
(2) 宮本善三「明快さへの勧誘」「歌劇」一九二七年五月号、歌劇発行所、六七ページ
(3) 辻照二「図太い芸術家」、同誌六五ページ
(4)「作品短評・白井鐵造論…六篇」「歌劇」一九二七年九月号、歌劇発行所、七四—七七ページ
(5) 宮本善三「白い鐵造」、同誌七四ページ
(6) 黒田養二「流水蛆住まず」、同誌七七ページ
(7) 岸田辰彌「レヴユウ・漫談 巴里滞在員を派遣せよ」「歌劇」一九二九年四月号、歌劇発行所、三四ページ
(8) 岸田辰彌「巴里より倫敦より」「歌劇」一九二七年四月号、歌劇発行所、二八ページ
(9) 岸田辰彌「「吾が巴里よ」を上演するについて」、前掲「歌劇」一九二七年九月号、四ページ
(10)『宝塚少女歌劇脚本集』阪神急行電鉄、一九二七年、二二ページ

(11) 同書二二ページ
(12) 同書二三ページ
(13) 吉本たけを「高声低声」「歌劇」一九二七年十月号、歌劇発行所、九一ページ
(14) 春畑雛作「高声低声」、同誌九六ページ
(15) 前掲『宝塚少女歌劇脚本集』、一九二七年、三〇ページ
(16) 大阪・ゆきを「高声低声」、前掲「歌劇」一九二七年十月号、八六ページ
(17) 前掲『宝塚少女歌劇脚本集』、一九二七年、二二ページ
(18)「大阪毎日新聞」一九二七年十一月十八日付
(19) 小林一三「モン・パリよ!」、前掲「歌劇」一九二七年十月号、三ページ
(20)「「モン・パリ」九月の宝塚」「大阪朝日新聞」一九二七年九月六日付
(21) 喜代子「高声低声」、前掲「歌劇」一九二七年十月号、八七ページ
(22) 木村綿花『近世劇壇史』中央公論社、一九三六年、六二七ページ
(23) 大菊福代「花組の八月公演評・大劇場の客席より」「歌劇」一九二八年九月号、歌劇発行所、七七ページ
(24) 岸田辰彌「レビュウ『紐育行進曲』とは?」「歌劇」一九二九年一月号、歌劇発行所、三二ページ
(25) 岸田辰彌「『シンデレラ』上演に就て」「歌劇」一九二九年八月号、歌劇発行所、四八ページ
(26) 岸田辰彌「宝塚グランド・オペラ団の創設を提唱す」「歌劇」一九二五年十月号、歌劇発行所、二ページ

(27)岸田辰彌『『カルメン』上演に就て』「歌劇」一九二五年八月号、四五ページ
(28)同誌四六ページ
(29)高木和夫「雑話『カルメン』」「歌劇」一九二五年九月号、歌劇発行所、一九ページ
(30)白井鐵造「洋行行進曲 洋行赤 KETTO 序言」「歌劇」一九二八年八月号、歌劇発行所、五二ページ
(31)同誌五二ページ
(32)『ショー・ボート』ジェローム・カーン／オスカー・ハマースタイン二世作、一九二七年
(33)『ローズ・マリー』ルドルフ・フリムル／ハーバート・ストサート作、一九二四年
(34)『ニュー・ムーン』オスカー・ハマースタイン二世／フランク・マンデル／ローレンス・シュウォブ／ジグマンド・ロンバーグ作、一九二八年
(35)『リオ・リタ』ハリー・ティアニー／ジョセフ・マッカーシー作、一九二七年
(36)白井鐵造「「赤い風車（ムーラン・ルージュ）」の最初の夜」「歌劇」一九三〇年六月号、歌劇発行所、四―五ページ
(37)大菊福代「八月・月組公演評・大劇場の客席より」「歌劇」一九三〇年九月号、歌劇発行所、八〇ページ
(38)「いよ〳〵十一月下旬と決定したレヴュウ『パリゼット』東京公演」、同誌六四ページ
(39)『宝塚少女歌劇脚本集』阪神急行電鉄、一九三〇年、二五ページ
(40)同書二六ページ
(41)同書二七ページ

(42) 二葉光「衣裳とメークアップから見た『パリゼット』」、前掲「歌劇」一九三〇年九月号、六五ページ
(43) 前掲『宝塚少女歌劇脚本集』、一九三〇年、二七ページ
(44) 白井鐵造「パラスとコンセルマイヨールの夜」、前掲「歌劇」一九三〇年九月号、五ページ
(45) 前掲『宝塚少女歌劇脚本集』、一九三〇年、三三ページ
(46) 同書三四ページ
(47) 「歌劇評　大当たりのパリゼット」「関西日報」一九三〇年八月二十二日付

第4章　宝塚の進むべき道――レビューからオペレッタへ：戦前篇

1　筋があるレビューの可否について

『パリゼット』が大人気となり、大きな成功を収めたので、当初の予定にはなかったレビュー『セニョリータ』（月組、一九三一年）が急遽、白井の帰朝土産第二作として上演された。舞台はスペインだが、全編にパリの甘美な色調があふれ、八つの流行歌を主題にしたレビューの構成や手法もまた、『パリゼット』に共通していた。パラスというパリのレビュー小屋でラッケル・メレエが歌っていた最新曲が取り寄せられ、アレンジされて「おゝ　セニュリータ（Oh Senorita）」となり、草笛美子が歌って彼女は一躍大スターになった。パリから買ってきた六本の大羽扇を使ったり、音楽もスペイン風に編曲され舞台は成功を収めたが、それでも、『セニョリータ』評には、常に『パリゼット』に比べて……、という前置きが付いた。筋の運び方や色の使い方も、『パリゼット』の続篇という域を出ていなかったのである。

しかし、白井のパリへの憧れ、パリへのノスタルジアは変わらず、多感な白井はパリのとりこになっていた。パリを発つとき、もう二度とパリに来ることはないだろう、そう思うとパリとの別れがたまらなくつらかったにちがいない。生まれて初めて体験した幸せなパリの生活、そんな思いを歌詞に込めた主題歌の一つ「左様なら巴里（Au Revoir Paris）」(1)では、幸せだったパリの日々との別れをしのんで次のような歌詞をあてている。

不思議な魅惑のその名は汝巴里　美はし桃色の花巴里　人は皆なぜに汝を恋ひ悩み　汝と別れの日　涙をもて（略）
左様なら巴里、グッドバイ巴里　左様なら巴里
又来ん　メイ・ウイ！　楽しき巴里の想出持ちて　左様なら巴里(2)

白井の帰朝作品には、とにかくパリのムードがあふれている。しかも、パリの色彩とパリで流行しているシャンソンは、宝塚の舞台を彩るには最適の素材である。しかし、レビューというジャンルは、どうしても同じ構成やスタイルに突き当たってしまう。『パリゼット』は、まるで夜空に舞い上がった大花火のようなひとときの夢世界だった。観客は次にはこれ以上のものを観たいと望む

にちがいない。ところが、女性ばかりの劇団で、アクロバチックな動きができる人材も少ない宝塚では、いくらがんばって無理をしても『パリゼット』を超えるようなレビューは、そう簡単にできない、白井はそう考えていただろう。岸田のレビューがタネ切れに陥ったように、いずれ飽きられて長い命脈があるとは白井には思えなかった。白井は、パリで観劇を続けるなかで、ミュージカルが人気を集めていることに気づいた。いわゆるオペレットに近い形式で、全体を一編の物語風に構成し、その芝居の間にところどころ音楽(歌舞)が入ったものである。当時の宝塚歌劇がとっていた形式と同じだったが、パリで観るとせりふも、動作も歌もダンスも物語とよくマッチして、とても心地よい。白井は、これを宝塚への土産にしよう、と考えた。とはいえ、宝塚には一糸乱れずタップダンスを踊るジャクソンガールズのような人材もない、しゃれたせりふを言わせることもできない。そして、何より人の心を浮き立たせるような音楽が、日本にはなかった。かといって、岸田のように三作で息切れするわけにもいかない。だから、白井は留学中の努力を決して怠らなかった。タップダンスを習い、街角で売られていたシャンソンの楽譜を買い求めた。よく歌われた歌の楽譜ほどボロボロだった。

ところで、白井の資料を整理しているなかで、新品と見られる楽譜はほとんど見当たらなかった。それに対し、毎晩のように観劇を重ねて色彩や舞台作りのアイデア、物語の粗筋などを記録したノートは、三十冊を超える。そのうえ、白井はフランス語を学んで、気に入ったオペレットの台本を訳したりもした。白井はパリ留学中に、ドイツのオペレット『愛の歌』を改作した『Chanson d'amour(シャンソンダムール)』(ユーグ・デロルム/レオン・アブリック作、フランツ・シューベルト作曲、一九二二年）を観て大感激したと記している。シューベルトの若き日の失恋物語を、のちに彼が全作曲したなかから選曲して一編の歌劇にしたもので、パリでは広く愛好され、繰り返し上演されていた。白井はフランス語の先生に頼んでこの台本を授業のテキストにしてもらい、三カ月かかって訳している。ノートには「1930.2.11パリにて」と訳し終わった日付が記されている。後日、白井がこの台本を参考にして宝塚の舞台にかけたことは必然だった。これについては後述する。

パリで学んだノウハウを駆使し、白井は帰朝三作目として、レビュー『ローズ・パリ』（雪組、一九三一年）を上演することを決めた。いや、というより、帰国前に決めていたというほうが正しいだろう。これまで、白井の帰朝土産といえば、第一作の『パリゼット』にばかりにスポットが当てられ、『ローズ・パリ』は二の次三の次の評価しか受けていない。私自身、『パリゼット』にばかり注目して、あとは二番煎じという意識しかもっていなかった。しかし、実際にはそうではなかった。白井による『ローズ・パリ』の上演意図についての記述を読むと、その意図がわかる。

> 『ローズ・パリ』こそ私が今後進まうと思ってゐる本当の宝塚的なレビュウだと思ってゐます。この前途には私の全生命を賭《ト》してゐると云ってもいいでせう。たゞ美しさ大仕掛けな舞台よりも、踊りや唄や、気軽く運ぶところに言ひしれぬフランス気分、いや宝塚気分が溢れることでせう[3]

レビューと銘打ってはいるが、『ローズ・パリ』はミュージカル・ロマンスの形式をとり、今後宝塚歌劇が進もうとしている方向性にのっとった試作だった。全編を通じて活躍するのは、フランス・ブルターニュ地方にある小学校の先生ポール（雪野富士子）である。田舎出の主人公ポールは自分の夢や憧れにすがりつく教師という設定で、それは白井自身だったかもしれない。ポールは、恋人のフロッシー（明津麗子）を残し、教師の職も捨てて、役者を夢見てパリに出る。劇団員となったポールは、看板女優と恋のうわさを立てられてしまう。ポールに会いにきたフロッシーがこのうわさを聞きつけ、立派になって相手を見返そうと女優になり、結果パリで成功を収めた。やがて、二人は再会するが……。エピローグはバラに飾られた大婚礼式で、ぜいたくで豪華な衣装がふんだんに用いられたが、白井が『ローズ・パリ』で見てほしいと願ったのは、豪華さというよりも全体にちりばめられた控えめな上品さ、そして愛くるしい気分に誘うような一つひとつの場面だった。

『ローズ・パリ』の主題歌としては、田舎の小学校の場で歌われた「算術の歌」のほか、「ローズ・パリ」や「モン・パパ」など十四曲が使われた。例によって、「巴里、巴里、バラの花巴里」(4)と、この作品もパリへの思慕、パリに愛着する白井の気持ちが歌詞に込められている。この作品では、新しい試みとして、パリのレビュー劇場のようにオーケストラボックスの周囲に仮花道・銀橋を用いて、客席との距離を縮める工夫をしたり、ダンス専科の生徒に歌ってせりふを言わせ、声楽専科が芝居をするという演出法を試みた。

ここで、宝塚の声楽専科とダンス専科について説明を加えておこう。声楽専科は『モン・パリ』上演の前年にでき、声楽の教師だったイタリア人ザヌッタ・ルビニーが担当した。当時宝塚は日本物の全盛時代で、声はいいけれど舞台に向かない、踊りもうまくない、もちろん芝居も上手でないハイカラガールは、舞台のなかで家来や侍女を演じてもかえってじゃまなくらいだった。そうした生徒たちはルビニーの指導で声楽家としての教育だけを受け、一年くらい舞台に出ていなかったのが、岸田は『モン・パリ』で初めて彼女たちを起用した。芝居自体と関係させず、カーテン前に配置させたり、芝居のなかでは歌だけを歌わせた。そうした構成や歌の使い方も初めてだったので非常に効果があり、声楽専科は一躍認められた。草笛美子や三浦時子、橘薫などは声楽専科に所属していた。草笛はオペラ歌手志望で、女学校を出て東京音楽学校を目指した実力派、三浦時子と橘薫はエッチン・タッチンと呼ばれ、カーテン前のショーマンとしてコミカルな演技を見せた、宝塚では珍しい三枚目の個性派だった。彼女らは、『パリゼット』でも大活躍し、レビュー時代の中心スターとなった。

一方ダンス専科ができたのは、『モン・パリ』を上演したあとの一九二八年四月からで、最初は五、六人といった数だったが、『パリゼット』から本格的に人数も増やして分業を始め、声楽専科とともにダンス専科はレビューの重要な位置を占めるようになった。後年スターになった優秀な生徒の多くはダンス専科だった。春日野八千代、神代錦、打吹美砂、天城月江らはダンス専科で、『パリゼット』ではラインダンスを披露している。前述の「兵士の踊り」(写真8)に、春日野が写っている。ほかにも、フランス人形、花の踊り子など、タップダンスで息が合った美しさを遺憾なく発揮した。『パリゼット』の上演は、レビュー全盛時代への幕開けだったが、生徒の技能の向上にも一役買っていたのである。やがてレビューの発展とともに、声楽専科からもせりふが言えてダンスもできる、芝居も上手な生徒が育っていくのである。

さて、話をもとに戻そう。歌と踊りで筋を運ぶ新しいオペレット形式の『ローズ・パリ』は好評価を受けた。しかし、レビューでの筋の是非がささやかれたことも事実だ。その打開策の一つの試みとして、白井は、宝塚の今後を鑑み、パリで見たようなスターを育ててみようと考えた。パリ留学中に、毎晩のように観劇を繰り返したなかで、まず驚いたのはパリでは同じレビューを何カ月も繰り返し上演しているということだった。しわがれ声が魅力のミスタンゲットや、甘く透き通った声をもつラケル・メレエのような個性的なスターたちが活躍し、人気の的になっていた。客はスターを見るためにレビュー劇場に足を運ぶのである。こんな個性的なスターたちが宝塚にもいたら作者にとっては好都合だ。帰朝後、スターの育成が仕事の一つになったのは、こんな思惑があったからである。白井は葦原邦子のなかに磨けば光る素質を感じたのか、『ローズ・パリ』の舞台のあとに、彼女を花組から声楽専科に移した。

葦原は春日野八千代と同期で、『春のをどり』(花組、一九二九年)で初舞台を踏んだ。続演の『パリゼット』で、白井は、葦原に舞台のソロ役を初めて任せた。広い舞台で一人正面きって歌えるまでにはずいぶんと時間がかかったようだが、葦原は努力を惜しまなかった。父の事業が失敗したため一家を支えようと決めていた孝行娘で、それだけに熱心で、人一倍歌や芝居に精を出す相当の努力家だったようだ。白井がパリで翻訳した台本を、歌劇『ライラック・タイム』(月組、一九三一年)として上演した際、葦原は男爵の初役を与えられた。この作品では主役のシューベルトを演じた門田芦子が絶賛され、葦原は歌う二枚目として認知された。白井の洋行以前にはない、大人のムード漂うロマンチックな作品だった。

この作品の評価は、「恐らく宝塚が始まって以来其の戯曲構成の点から言へば最大の傑作だと思ふ。そして音楽もシューベルトの作曲であるから、ずば抜けていゝし、物語も少女歌劇としては可成の内容を持ってゐる」(5) などと非常に高かった。しかし、一般受けはせず、むしろ退屈な印象さえ与えたようだ。ファンの要望と、制作者側のギャップを埋める必須条件は、歌って踊れて芝居ができるスターの育成以外にない。白井が宝塚レビューを完成に導く過程で、葦原の存在は不可欠だった。

そして白井は、サーカス一座のロマンスを描いた『サルタンバンク』(雪組、一九三二年)で、葦原邦子を主役のピエールに抜擢した。彼女の初舞台から四年目のことである。このとき、研三の大空ひろみにもかわいい切符売りの少女ミケットという大役があてられた。宝塚歌劇団には宝塚音楽学校がその基本にあり、卒業後は歌劇団に入団する。入団したときに研究科一年生に編入されるが、これを略して研一と呼ぶ。研七までは歌劇団の「女子技芸員」で、研八以上は契約となる。(6)

宝塚では舞台人になってからも日々研鑽を積む研究生徒であり、女優とは呼ばない。これは、小林一三がアマチュアリズムということを重んじたからだろう(こうしてみると、天海祐希が研七で男役トップスターになったということはすごいことだった。そして、その記録はまだ破られていない)。新しい作品に、新しいスターを作り出す。このような新進の生徒を抜擢し、彼女たちが見事に大輪の花を咲かせる、白井はその花作りの名人だった。そして、ピエール(葦原)が一座の花形ルイズ(紅千鶴)にひそかに思いを寄せて歌った「山彦の唄」とは、ロマンチックなオペレッタ『ローズ・マリー』のなかで歌われた「インディアン・ラブコール」が原曲だった。この歌は、インディアンの娘にアメリカの青年が恋をして、遠くから呼び合う声がこだまするという美しくドラマチックなものだが、葦原はこの歌を堂々と歌い上げ、この大役をやりこなした。彼女の名はそのとき初めて多くの人に知られたのだった。

とはいえ、葦原の活躍があったもののオペレッタ的な作品が続くと、ファンが退屈する。白井は、次にパリ留学中から温めていた作品を舞台にかけた。「最高峰のレビュー」「本当のレビューの姿」という宣伝文句を付けた大レビュー『花詩集』（月組、一九三三年）の上演である。これは八つの花をイメージしたコントで構成され、笑いあり悲劇あり、歌あり踊りありの、これ以上のレビューはないといわれた作品だ。八つの花は、「青春のマロニエ、可憐な鈴蘭の花、妖しい美しさに輝く黒い薔薇、野菊とカーネーションを交ぜた二つの花、ロマンスを秘める椿の花、菫の花、赤い罌粟」(7)で、パリ留学を経たことで、白井が書くせりふも場面も洗練されていた。第十六場「赤い罌粟」のバレエなどは、白井のダンスに関するセンスのよさ、振り付けの妙が遺憾なく発揮された場面である。

僧院の廊下、廊下の向こうは中庭になっていて花園。賛美歌の合唱で大勢の僧が行列し、最後に一人の若い僧が続く。若い僧は落ちているケシの花を広い集める。赤い花は女への連想となり、若き僧は花を抱き花園のなかに美しい幻想を見る。女は一人、二人、そして何人にもなり、消えたり現れたりする。僧と二十四人の女たちの踊りがあり、やがて鐘の音で僧は悪夢から目覚める。賛美歌の合唱が静かに僧院の廊下を流れる。全体を通して一貫した筋はないのだが、若い僧が煩悩に悩

写真9　『花詩集』（月組、1933年）第16場「赤い罌粟」の僧院の幻想（提供：阪急文化財団）

まされる、趣きと情緒あるバレエの場は語りぐさとなった。構想や振り付けが得意で、舞踊に通じていたからこそ作れた場面である。歌が歌い継がれていくのはよくあることだが、バレエの場面がのちのちまでファンの心に残る例は珍しい。

大レビュー『花詩集』は、一九三四年（昭和九年）一月一日に東京宝塚劇場のこけら落とし公演としても上演され、小夜福子、葦原邦子、草笛美子、エッチン・タッチン（橘薫と三浦時子）など、当時のオールスターが出演する豪華なものだった。この『花詩集』の公演が契機となり、ドラマやオペレッタのようなストーリー性がある演目にもレビューという肩書を付けて、作品を華やかに、スピーディーに展開させようという試みがおこなわれた。大レビュー『トウランドット姫』（月組、一九三四年）は、ミュージカルドラマという形式だったが、歌や踊りが付随的に取り入れられたレビュー的作品として構成されたのである。

しかし、宝塚では、『花詩集』と『トウランドット姫』以後、白井が出す作品は芝居本位のオペレッタが主流となり、またほかのスタッフ陣は、白井作品にはないいわゆる本格的な芝居物などに目が向いていたようである。それからしばらくは、踊りが多いレビューが姿を消していたのだが、約一年ほどたった頃、白井は、芝居をメインとした作品ばかりではファンは物足りなく思うにちがいない、宝塚の客層やファンの希望を考えると、歌と踊りをふんだんに使い、テンポがある華やかで美しい作品こそが宝塚少女歌劇にはふさわしい、と考えた。

そして一九三五年、白井は葦原邦子を主役に、グランド・レビュー『マリオネット』（星組、一九三五年）を発表する。作品は歌やダンスが盛りだくさんで、芝居と歌で魅せる葦原邦子、歌って踊れる三浦時子と橘薫らが活躍し、声楽専科生の彼女たちに十分に歌わせ、芝居をさせて踊らせるという新機軸を出した。筋があるレビューとしては、いままでにない大作だった。

ここで物語を要約しておこう。クリスチーヌ（櫻緋紗子）は幼なじみのアンリ（葦原邦子）と別れてパリへ奉公に出たが、その二年後に婚約者を連れて帰ってきた。失意のアンリは、村を出てパリへ行き、そこで思いがけない成功を収める。パリのすべての人の憧れの的となったアンリは、あるとき裏街の花売り娘が歌う歌を耳にする。それはかつて、デイジーが咲く故郷の丘でクリスチーヌと二人で歌った思い出の歌だった。花売り娘に導かれ屋根裏部屋をアンリが訪れると、クリスチーヌが瀕死の状態で床に横たわっていた。クリスチーヌは思いを寄せたアンリと巡り合って穏やかに息を引き取った。多くの観客はこの悲恋物に涙したにちがいない。しかし、白井はこれを現実と

して は描かず、人形芝居だったという落ちを付けた。二人は人形劇の操り人形、目に見えない糸に操られて踊りながら第二十場へと続いた。だから、タイトルは『マリオネット』なのである。白井が歌劇団に入った頃、脚本力が乏しく得意のダンスで見せる作劇法を編み出したということは前述のとおりだ。それが、最後にこんなどんでん返しをして、観客の意表をつく技を見せつけるなど、パリ留学を経たいまでは、押しも押されもしない演出家となっていたという証しだろう。

この公演評は、大菊福代という署名で次のように書かれている。

「レヴュウ的要素たる見せ場も多く、踊・歌ともにふんだんで、主題歌も愛誦すべきもの多く、劇中涙あり笑ひありで、大人が見ても面白く、子供が見ても面白く、万人向きのする大レヴュウである。しかも程よきテンポと共に構成のスマートさは、よく最後まで興味深く人々の心を引緊めて何等弛緩せしむるところがないのは作者の多年の経験と傑れた演出に負ふもので、全く白井先生の円熟せる技量を讃嘆せざるを得ない(8)」。この作品は大絶賛を受けたのである。

ここで注目すべきは、「八月公演を見て」の公演評を書いた大菊福代とは、小林一三の懐刀ともいわれた吉岡重三郎のペンネームであるということだ。吉岡の陰には小林の姿が見え隠れする、すなわち歌劇団の身内が『マリオネット』を高く評価したということになる。そしてこの評論に続いて、吉岡はかなり興味深いことを書いている。要約すると、次のとおりである。

近頃の宝塚の若い作者は、少女歌劇では自身の芸術欲が満足できないらしく、白井の手法とは異なる、芝居本位のやや重いレビューや自己陶酔的な作品を作る傾向にある。しかし、『マリオネット』のような作品こそ宝塚の常道で、これが宝塚少女歌劇の基準となるべきもの、これが宝塚少女歌劇として人々に愛されるよきサンプルである。だから、白井作品を通して、本来の常道を若い作者によく理解してもらいたいというような内容である。

『マリオネット』は万人が認める傑作であり、『パリゼット』の上演から五年、やっと宝塚向き作品の一つ、筋があるレビューという完成形が見えてきたのだった。そして、白井は、一九三六年十月十五日、二度目の洋行に出発することになる。

2 「宝塚の進むべき道」――第二回洋行から学んだこと

二度目のパリ留学は、初留学のときほどの感動もなければ、新しい作品でも目を驚かせる新奇さを感じることはなかった。帰朝作品のグランド・レビュー『たからじえんぬ』(月組、一九三七年)は、タイトルからも想像がつくが、以前のようなパリずくめではない、すべてにおいて少女歌劇らしい優美な作品に仕上がった。白井はこの作品で遠く離れたパリで宝塚を思う気持ちをそのままレビューに仕立て、宝塚讃歌「宝塚心のふるさと」を新作した。

いつか夢に見し　美はしのパラダイス
今その夢を思いぬ　宝塚に来て
宝塚　我が心の故郷

何故人は斯くは呼べる
美しき園はあまたあれど
何故人は
汝（なれ）のみあこがる[9]

この作品では全体にピンク系統の色を用い、男装をしていてもどこか女らしさが漂う演出法で少女的な雰囲気を醸し出した。それは、パリのものまねではない、パリから発展した宝塚のレビューだった。白井は、座付き作家として脚本を選び、音楽を聞いて生徒をどのように生かすかについて考え、そうして少女たちを育て、宝塚らしい作品を作ることに力を注いできた。少女歌劇というものが喜ばれるためには、筋を運ぶために用いる歌と踊りと芝居の三つがそろい、葦原邦子のようなスターの存在が必須である。これが二度目の留学でわかったことだった。

この留学から帰国したのは一九三七年九月だが、帰ってくるなり、宝塚も行き詰まった、マンネリズムに陥っているなどという話が耳に入ってきた。白井は、「宝塚の進む道[10]」と題して、宝塚への思いの丈をつづっている。白井の言葉を借りながら、要約してみよう。

六年ぶりのパリは、何も変わっていなかった。トーキーが発達し、小さな劇場が映画館になっていた程度のものである。初留学のとき毎晩のように通ったレビュー劇場は、出し物も、演出も芝居の流れも少しも変わっていない。新しいスターも出てはいたが、依然モーリス・シュバリエやミスタンゲット、ジョセフィン・ベーカーのような大スターが昔のままで人気を得ていた。六年前と同じ劇場で、少しも変わらず人気を集めているレビューなど日本では考えられないことである。日本では、古いとかマンネリズムなどといわれるが、そんなことを考えさせる余地がないほどに、パリのレビューは面白かった。白井は、その理由として、「やはり、スターがうまくて、演出がうまいために面白く、何時までも観客を引っぱっているわけである」とパリで思ったという。そして、帰国するなり、宝塚がマンネリズムに陥っていると聞かされ、「宝塚の進む道」で自論を展開させている。

結局少女歌劇が面白くてさえあれば、総て問題にならないことだ。結局これは私達の責任であると思ってゐる。

最近、少女歌劇の時勢ではない、レビュウに男を入れなければならない、少女ばかりのレビュウは不自然だとよく人にも聞かせられたが、私は決してさうは思ってゐない。(略)然し男を加えたレビュウを作ると云ふのは少女歌劇とは別の問題である。現在の少女歌劇に男を加える必要は絶対にない、別にさう云ふものが出来るのは必要だが、少女歌劇はやはり少女歌劇でやって行かなければならないし、又それで今後立派にやって行けると思ってゐる(11)

宝塚が進歩や発展を繰り返す過程で、もっと本格的な作品を出したい、それには少女だけでは物足りない、男性を加えて本格的な芝居を、という議論は何度か繰り返されてきた。白井は、少女歌劇は少女歌劇でいいところがある、少女歌劇そのものを面白く見せなければならないということに集中して、これまで研鑽を重ねてきた。他方では、内側を固めることよりも、男性を入れて本格的な芝居を見せることでマンネリ化を打破しようとする案がいつも頭の上にもたげていた。白井は、少女歌劇をいつまでもマンネリズムといわせない解決策として、葦原のようなスター、それぞれの特技に秀でた生徒の育成が急務だと、二回目の留学を経験して強く感じたのである。そして、三枚目でも、歌手でも踊り手でも、また、芝居をする人でもいい、とにかく、一芸に秀でたものを育てようと心に決めた。白井が少女歌劇というものにこれほど強い思いをもっていなかったら、宝塚はとっくに別の方向へと進んでいたかもしれない。白井伝説とも称される彼の厳しい指導は、この強い思いからきていると言えそうだ。

白井は、宝塚から遠く離れて、宝塚のよさをよりいっそう認識したようだ。白井の言葉を借りてみよう。「女の子ばかりがやってゐると云ふ事を目的にし、忘れないで、これを頭に置いてさへゐれば、演し物が喜劇であらうが悲劇であらうが、又ミュウジカルものでも何でもいゝと考へてゐる、オペレットがあってもいゝし、ショウがあっても、又ドラマがあってもいゝのである。宝塚少女歌劇自身にヴァラエティがあった方がいゝ、結局今日まで宝塚少女歌劇がやってきた方針が遠く離れて見て一番いゝと云ふ事が判ったのである(12)」

いろいろな作者がいて、いろいろと違った作品ができているいまの宝塚少女歌劇が理想だと、白井は思った。ただしそれは、小林一三が尽力し、育てた女性ばかりで成立している劇団ということを忘れなければ、の話である。基本にあるのは宝塚音楽歌劇学校で、その存在を忘れてはならない。最後に、白井は、「現在の宝塚少女歌劇の学校組織は理想的だと思ってゐる、将来少女歌劇を益々面白く見せ、完璧のものにして行くためには現在の学校組織を益々強固にしていかなければいけないと思ってゐる」(13)と、結んでいる。

白井が帰国後に発表した「宝塚の進む道」の内容は、非常に興味深い。これを読んで、白井の存在がなければいまのような宝塚歌劇は存在しなかった、と確信できる。男性を加入させないという方針を貫いた白井の功績はきわめて大きい。

白井が『たからじえんぬ』に次いで出した作品は、哀愁に満ちたオペレット・レビュー『忘れじの歌』(星組、一九三八年)である。

ジェイン(櫻緋紗子)はダルメン(葦原邦子)と互いに愛し合っていながらも、歌姫メルバ(草笛美子)との仲を誤解し、ダルメンのもとを去ってしまう。間もなく始まった第一次世界大戦でダルメンは失明してしまい、スコットランドの別荘で療養していた。ジェインは素性を明かさず、献身的に盲目のダルメンを支えるという物語である。さらに葦原の熱演によって観客は涙し、さらに葦原の歌がファンを魅了した。また、草笛美子演じるメルバは第一場から第三場にしか出ないのだが、歌姫としての聞かせどころもあって、白井の巧妙な演出の仕掛けはすばらしい効果をあげたのだった。ファンからは、次のような感嘆の声が寄せられている。

> 葦原邦子のダルメン、此の人の芸の力は実に偉大なものであると思ふ。不断の努力が然らしめるのであらう。盲目になってからの、大まかなうちにも深く細かく研究したあとのみえる演技はさすがと思はせられた。(14)

ほかにも「なんといっても葦原の声と芸には感服する。その声量と歌ひ方は宝塚のナンバワンであることを信んずる」[15]「盲目の人の持つするどい神経を驚くほどあらはす葦原さんの芸の上手さに今更ながら深く感激しました。（略）ほんたうに盲目に？と思はせるほどのしぐさ！声！心のうごき！を感じます。最後の〝ジェイン〟っていったときの表情のするどさ美しさに全く何といっていゝかわかりません」[16]などの称賛が続々と届けられた。

白井が見いだし育てた葦原邦子によって、白井の『忘れじの歌』はオペレット・レビューの最高峰として推賞される作品へと導かれたのだった。観客と制作者側がいっそうその距離を近づけた作品だった、といえるだろう。

そして、グランド・ロマンス『三つのワルツ』（花組、一九三八年）が、戦前の白井による大作洋物の最後の作品である。ストーリーは、一八六六年、ファンニ・グランプレというプリマ・バレリーナが、名門の子息との恋愛を引き裂かれる「別離のワルツ」、一九〇〇年、その娘が誤解から再び恋人と別れる「想いでのワルツ」、孫娘が三八年、ついに恋を結ぶ「運命のワルツ」と、親子三代にわたるロマンスを描いた。この三人を草笛美子が主演、相手の男性たちを美空暁子、楠かほる、宇知川朝子が務めている。衣装や背景などは相変わらず豪華なものであり、この作品でも、草笛、三浦、橘などの声楽陣が活躍した。

ファンからは、宝塚ロマンチシズムの最高峰である、三代七十年間にわたるこの物語がいちばん大きなスケールをもっている、という声があげられた。

宝塚の人気を背負って立っていた葦原邦子と、可憐な娘役の大空ひろみの二人は、人気絶頂の一九三九年五月の東京公演『桃花春』(雪組)を最後に引退している。これは宝塚少女歌劇二十五周年記念公演でもあったので、それを記念して、白井はレビュー『思ひ出のアルバム』を同時に上演し、葦原邦子のヒットソングやデビュー作の『サルタンバンク』の一場面を入れた。

千秋楽には、引退する二人の別れを惜しむ三千人が東京宝塚劇場を訪れ、舞台と客席が一体となって「蛍の光」を歌い、女学校の卒業式のような光景だったという。白井は、ファンに惜しまれながら花束を胸にむせび泣いて去っていった葦原の引退について、自伝に次のように書いている。

この時分は、未だ生徒の引退の時、「すみれの花咲く頃」は歌われなかったので、葦原邦子は彼女の好きな新作の「アザミの花の歌」と「宝塚心の故郷」を泣いて歌って、さよならをした。(略)当時の都新聞の評で、『桃花春』は、作品も主演の葦原邦子も大変ほめられて、私は彼女の最後の舞台にいいはなむけが出来た(17)

当時としては異例の退団式だったようだが、現在ではトップスターの退団は大きな話題を呼び、興行的にも成果をあげる。こうして見ると、葦原は多くの点で宝塚的なスタイルを確立した先達だったといえる。

白井は、パリで魅せられたミスタンゲットのような魅力あるスターを宝塚でも養成しようと考えたが、その第一号が葦原邦子だった。白井によって見いだされた葦原は、その特異なパーソナリティーと美声が認められて一躍スターダムに乗り、白井レビューの主役を続けた。この葦原の力が、白井が推し進めてきたオペレット路線を成功へと導いたといえる。戦後になって、白井に見いだされた新進スターの活躍は、さらに盛り上がりを見せていく。

白井は『桃花春』以降、『日本美女伝』(雪組、一九三九年)、『日本名曲集』(雪組、一九三九年)や『日本名所図絵』(雪組、一九四〇年)などの日本物グランド・レビューを演出するようになる。急速な戦時色の高まりなど、洋物の上演が難しくなってきたからだが、実は白井にとって日本物は初の挑戦だった。いままで白井が手がけてきた洋物は動的な美を見せるのに対して、日本物の衣装などは静的な形態の美しさが根本にある。洋物レビューの舞台に慣れている観客は、退屈でじれったく感じただろう。これは日本物レビューの将来への研究課題でもあったが、白井は、このような動きが少ない作品には、一場一場にスターを出演させ変化をもたせる演出法をとった。この試みは、戦後になってからスターシステムの採用へと発展し、このときの経験が、のちの『源氏物語』(花組、一九五二年)にも生かされるのである。

3 戦時下の白井鐵造——宝塚歌劇団の理事長として

一九三七年(昭和十二年)になると日中戦争が勃発し、戦争とは関係がないはずの宝塚歌劇にも戦時色が影を落とし始めた。宝塚でも軍国バレエ『砲煙』(岡田恵吉作・演出、月組、一九三七年)

や国策レビュー『光は東方より』（東郷静男作・演出、雪組、一九三七年）のような作品が主流になっていって、先に述べたグランド・ロマンス『三つのワルツ』が白井の戦前最後の洋物作品となった。戦時下ではレビュー作品の上演が難しくなり、人気絶頂にあった葦原邦子が一九三九年の『桃花春』（雪組）公演で宝塚を去るなど、宝塚の再建が急がれた時代でもあった。三九年九月、歌劇団職制改組がおこなわれ、歌劇団会長に小林一三、東宝の会長だった吉岡重三郎が副会長に、佐川春夫が理事長、白井鐵造は教育部長に就任した。そして、同年十二月、宝塚音楽歌劇学校が歌劇団と分離し、宝塚音楽舞踊学校に改称された。分離独立は、学校の生徒は興行団体に加入してはならないという戦争中の政府の方針に従うための措置だったが、修業年数は二年から一年になった。この状況下で白井は、小林の推薦で三九年十二月十二日から歌劇団理事長に就任した。

そして、年も改まった一九四〇年に、小林は「歌劇」誌上で今後の方針を発表した。

私達は宝塚の上級生たる同人を中心として、男性加入劇団の創設を実行せんとするのである。然しながら私達は断じて急がない。そこに、いさゝかも無理をしやうとは思はない。宝塚音楽舞踊学校あり、宝塚少女歌劇団あり、そして、然る後に、始めて帝国劇場楽劇団が存在し得るのである。（略）この楽劇団は恐らく、私達が多年理想として叫び来った国民劇の序幕となり得るであらう。(18)

一九三七年十二月、東京宝塚劇場が帝国劇場を吸収合併し、劇場は四〇年二月まで松竹に委ねた。

そして、四〇年三月に帝国劇場は東宝直営として開場したことは事実だが、この時期に、少女歌劇に男子生徒を加えて帝国劇場楽劇団を組織するという発表があったことは驚きであり、意外というほかない。白井の尽力で、女性だけの劇団として発展していこうとしていたことを小林は知っているはずだからである。時節柄、前年には、時局の要請に応じ音楽学校の分離独立をおこなわざるをえず、男子生徒の加入については政府向けのカムフラージュとして、時代の要求に応える男女共演の国民劇の創成という方向性を表向き打ち出したと考えられる。当然、カムフラージュの意図がはたらいていたことはまちがいないだろうが、少女歌劇自体が弱体化し、行き詰まってきていたのは事実だろう。それほど宝塚の状況は深刻だったのかもしれない。つまり、やむをえず、内発的な欲求から出た発言だったと見なすのが妥当だろう。その後戦争が激しくなり、男性加入の話は立ち消えになってしまうが、戦後間もなく男子生徒の募集をしていることをみると、小林一三による国民劇創成の発言は、まんざら政府向けだけの方便ではなかった、といえるだろう。

そして理事長に就任していた白井も、同号の「歌劇」に、「小林会長のお言葉にもある如く、いはゆる男性と共演の歌劇をやってみたいと考へてゐます。この仕事は宝塚の新しい一分野として、いよ〳〵今年から始める積もりであります[19]」と、同じ内容の所信表明をしている。戦争による激動の波に飲み込まれようとしていた宝塚少女歌劇の新局面を開く手段として、二人そろってこのような方針を明らかにする必要があったのかもしれない。

白井を師と仰いだ高木史朗は自身の著書『レビューの王様』のなかで、このときの白井の目を見張るような奮闘ぶりを次のようにつづっている。

宝塚を誰よりもよく知っている白井理事長の働きはすさまじいものがあった。生徒やスタッフの生活や給与の見直しから始まって、新しい企画作り、組のバランスの立て直しと、朝から晩まで働き続けられた[20]。

白井が理事長を務めた時代は、宝塚がどう生き延びていくのかという大きな課題が立ちはだかっていた時期と思われる。まず外国製のオペレットやレビューが上演できない状況下で、宝塚は思いのほか行き詰まっていた。白井は、前掲の「歌劇」の「躍進する宝塚へ」で、公演内容の充実や一芸に秀でた生徒の専門的な演技指導、加えて、宝塚に独立したロケットチームとバレエチームを作ることなどを打ち出している。そして、最後に「こうして出来上がった芸術家がよき脚本を得て十二分に活躍する余地を与へられるならば、自然とそこに熱もわき観客の興味もうまれて来るといふものであります[21]」とつづっていることからも、白井が、強い意志をもって何とか宝塚少女歌劇を再建しようとしていたことがわかる。「維持し得る歌劇」を作ることに精魂を注いできて、白井はここで挫折するわけにはいかなかった。

この時期はいずれにしても非常に難しい局面で、宝塚の再建という仕事や、男女共演の劇団立ち上げなどの準備をおこなうために、白井は気負ったにちがいなく、そうした重圧がかかったのだろう、結果として体調を崩して、病に倒れた。このときに白井が小林一三に宛てた手紙が「館報池田文庫」第三十四号（阪急学園池田文庫、二〇〇九年）に紹介されている。一九四〇年三月三十日付の手紙には、理事長という重い役目を任されたが、弱気で政治的手腕もなく、学歴もない自分が、任務を果たせないままで病に倒れた無念な気持ちが切々とつづられている。

この白井の手紙に対して小林が直ちに返事（一九四〇年四月一日付）をしたためたため、結果的に往復書簡のかたちで残っている。こうした往復書簡として資料が残っているのは非常に珍しいことだが、それは、小林や白井らの資料を池田文庫が保管しているためである。

小林は、「小生心配する点は貴下が負けぬ気になって　無理をしなければよいがなァ……と貴下の働きすぎる事也、ゆる〳〵と身体を大切に保養せられん事を希望候。（略）只今のところでは宝塚もインフレの好景気にめぐまれて何でも繁昌するのであるから　歌劇も私が心配するほどのこともなくて」と、まるで慈父のような言葉で白井の体を気遣っている。

その後、小林は遣伊経済使節として、一九四〇年四月に神戸港を発ってイタリアに向かい、帰国後すぐの七月に商工大臣に就任した。その間に宝塚を守ったのが、吉岡と白井だった。しかし、宝塚でも軍国主義が羽振りをきかせるようになり、愛国主義の名のもとに、外国かぶれの自由思想家として、白井と吉岡を排斥する運動が起こったという。白井は、同年八月三十一日に歌劇団理事長を辞任し、歌劇団顧問として留任することになった。

宝塚は、一九四〇年九月に宝塚少女歌劇音楽奉仕隊（翌月に唱舞奉仕隊と改称）を結成し、病院や工場を慰問した。十月には宝塚少女歌劇から宝塚歌劇団になり、戦争の波が刻々と押し寄せてきた。当時、海軍航空本部が制作を要請してきた航空思想普及のレビュー『航空日本』（高木史朗構成・振付、月組、一九四〇年）が、白井の弟子の高木の手によって作られ、舞台にかけられている。少女歌劇でこうした内容の作品を作ることはベテランの演出家たちの間では敬遠されていたため、入団して三年目の高木が受け持たされたのである。高木は時局にふさわしく、外国の曲はいっさい使用せず、舞台のスペクタクルには映画を使用し、シュプレヒコールを合唱化したり、ダンスはドイツのノイエ・タンツ風な活発な振り付けにして、これまでの宝塚にはなかった新しいスタイルの作品を作り出した。宝塚の内部からも外部からもこれからの宝塚はこういうふうな作品でなければならないという声があがったと、高木は『レヴューの王様』に書いている。

次第に、宝塚ではこうした軍部後援作品が上演されるようになり、排斥運動の的になった白井は宝塚に残ることはできなかった。そのときの気持ちは、「石を持て追わるる如く故郷を出でし悲しみ消ゆる時なし」の啄木の歌の心境だったと、『宝塚と私』（一五七ページ）に記している。

宝塚を去った白井は、一九四〇年（昭和十五年）十一月に、東宝社長に就任していた秦豊吉に迎えられ、十二月に東宝劇場文芸部に加入、白井の活動舞台は東京に移された。秦は、「東宝国民劇」の名のもとに男女共演の新しい演劇活動を起こしていて、白井はそこに参加することになったのである。

次第に戦争は激しくなり、一九四四年三月、日本中の劇場は閉鎖になった。

宝塚大劇場が一九四四年三月四日をもって閉鎖になると、全生徒は移動隊班に属し、ある班は挺身隊として工場で奉仕活動に従事し、残る班は宝塚移動演劇隊に属して全国を巡演した。宝塚で留守を守った春日野八千代と天津乙女は、在庫の衣装や布地を稽古場となっていた円形ダンスホールに移したという。「幕はもう一度上がる」、みんながそう信じていた。

白井は仕事を辞めて、二川に疎開したのだった。

一九四五年に戦争が終わり、舞台は再び、華やかな、新しい息吹を取り返し始めた。戦前の黄金時代には五百人もいた生徒は二百余人に減っていたが、四六年四月、宝塚大劇場は『カルメン』と『春の踊り』（雪組）で公演を再開した。次々と華やかで明るい作品が制作され、『南の哀愁』（内海重典作・演出、雪組、一九四七年）のような名作が生まれ、若い生徒の台頭が目覚ましかった。

越路吹雪（一九三九―五一年）は、粋な男役だけでなく妖艶な女役もこなし、十年に一人出るか否かの逸材といわれた。音域が広く、どんな歌も意のままに歌う越路は、『ミモザの花』（内海重典作・演出、花組、一九四六年）では、ジャズを歌って絶対的な説得力をもつ歌唱を披露した。久慈あさみ（一九四一―五〇年）は、気品があるプリンスと騒がれ、『人魚姫』（高木史朗作・振付、月組、一九四六年）や『マノン・レスコオ』（高崎邦佑・香村菊雄脚色・演出、月組、一九四七年）など、貴公子役で人気を集めた。美貌で注目された淡島千景（一九四一―五〇年）と可憐な娘役で活躍した乙羽信子（一九三九―五〇年）は、いつも対照的に語られたが、『南の哀愁』のナイヤ、『真夏の夜の夢』（高崎邦祐構成・演出、月組、一九四七年）の妖精パック、『ヴェネチヤ物語』（高崎邦祐構成・演出、月組、一九四八年）のポーシャ姫などは、両人とも同じ出し物の同じ役を自身の当たり役とした。久慈あさみと淡島千景、春日野八千代と乙羽信子という二組のゴールデンコンビを生んだ、まさに宝塚の伝統的な時代で、夢に飢えていた観客が宝塚に押し寄せた。ところが、一九五〇年に淡島、乙羽、久慈がそろって映画界入りし、越路も五一年に退団してエンターテイナーの道へ進でしまう。
人気スターが次々と去った宝塚には、ポッカリと穴があいた。白井はこんな状況下に、十年ぶりで宝塚へ帰って来た。一九五一年一月のことである。

注

（1）フォーリー・ベルジェールの新作レビュー『De la folie pure（純粋な馬鹿騒ぎ）』（一九二九年）のなかで、Randallが歌った。白井は、「「左様なら巴里（Au Revoir Paris）は、フォーリー・ベルジェールの新作レビューのなかで、ジョセフィン・ベーカーが歌った新しい歌」だと、『宝塚と私』（一〇四ページ）に書いているが、白井が持ち帰った楽譜の表紙を読み解くと、その事実はない。この楽譜はLouis Lemarchand制作の「da la folie pure」のレビューで使われたミュージック・ホール版で、歌手はRandall。在職中に整理した白井コレクションのなかにパリ・ミュージックホールのプログラム「Folies Bergere：De la folie pure, super-spectacle en 60 sensations.」がある。楽譜に記載のレビューと一致する。
（2）『宝塚少女歌劇脚本集』宝塚少女歌劇団、一九三一年、二三ページ
（3）白井鐵造「ローズ・パリ自讃」「歌劇」一九三一年七月号、歌劇発行所、六九ページ
（4）『宝塚少女歌劇脚本集』宝塚少女歌劇団、一九三一年、三三、三五ページ
（5）大菊福代「十月・月組公演評　大劇場の客席より」「歌劇」一九三一年十一月号、歌劇発行所、七四ページ
（6）『夢を描いて華やかに――宝塚歌劇八十年史』宝塚歌劇団、一九九四年、二五一ページ

（7）白井鐵造「「花詩集」はコントの集積です」「歌劇」一九三三年八月号、歌劇発行所、三〇ページ
（8）大菊福代「八月公演を見て」「歌劇」一九三五年九月号、歌劇発行所、一〇五ページ
（9）『宝塚少女歌劇脚本集』宝塚少女歌劇団、一九三七年、一一七ページ
（10）白井鐵造「宝塚の進む道――少女歌劇は永遠に健かに」『宝塚少女歌劇脚本集（宝塚春秋）』一九三七年、宝塚少女歌劇団、一八―二一ページ
（11）同書一八―一九ページ
（12）同書二〇ページ
（13）同書二一ページ
（14）籬菫「高声低声」「歌劇」一九三八年二月号、歌劇発行所、一九九ページ
（15）千世子「高声低声」、同誌二〇二ページ
（16）大阪・H・H・「高声低声」、同誌二〇二ページ
（17）前掲『宝塚と私』一五三ページ
（18）小林一三「予言し得ざる予言」「歌劇」一九四〇年一月号、宝塚少女歌劇団、五七ページ
（19）白井鐵造「躍進する宝塚へ」、同誌六三ページ
（20）高木史朗『レヴューの王様――白井鉄造と宝塚』河出書房新社、一九八三年、二三七ページ
（21）前掲「躍進する宝塚へ」六三ページ

第5章　黄金期の白井作品——戦後の活躍

1　グランド・レビュー『虞美人』と新国民劇——東京宝塚劇場の再開

白井は一九四〇年（昭和十五年）以来、「東宝国民劇」の名のもとに、男性加入の本格的なミュージカルを経験していたが、五一年に久しぶりに宝塚に復帰した。そして、「宝塚でないとできないもの」「誰が見ても面白いもの」を作りたいと考えた。そんな白井が目の当たりにしたのは、立派な演技者に成長した春日野八千代と神代錦の姿だった。いまなら宝塚でも重厚な作品を上演することができる、と白井は思ったのだろう。男性がいる劇団で上演をしようと長年温めていた長與善郎の『項羽と劉邦』（一九一七年）を、スペクタクルな音楽劇として宝塚の舞台で披露することを決めたのである。タイトルは『項羽と劉邦』ではなく、宝塚風に『虞美人』（星組、一九五一年）としたが、物語の中心は男役の項羽である。

白井は、「宝塚は女ばかりの劇団だから、男でなければ出来ないような、無理な男役をやらせることは避けなければならない。そして、その欠点をカバーして男装の舞台の美しさを強調して、男の俳優のいない不満を感じさせないで、反対に男などいないほうが、いいと思わせるものにして、その特殊性を強調して見せなければならない[1]」という方針で作品を選んで演出してきた。しかし、「安全性にばかり立っていては宝塚の発展はない」と、あえて魁偉な武将の役を春日野と神代にあてたのである。ことに「岩をも抜く力を持つ」ほどの武将・項羽役は甘っちょろい二枚目では演じきれない。スケールの大きさと華が要求された。春日野は、この役どころを堂々と演じきって、宝塚の男役のすばらしさを世に示した。虞美人役には、項羽と劉邦の二人に並ぶ大物らしさを出そうという考えからふだんは男役の南悠子が抜擢されたが、このとき初の女役に転身して立派なヒロインを演じたので、のちに語り継がれる役どころの一つになった。

上演に際しては、共同演出として中国物に造詣が深かった香村菊雄が加わり、舞台装置や衣装は絢爛豪華な雰囲気を極めた。さらに、オーケストラボックスからの男性コーラスによる陰歌で勇壮な場を盛り上げ、本物の馬を二頭と小象一頭を登場させてスペクタクルな舞台を作り出した。登場人物は延べ三百人に及んだという。戦後間もない一九五一年の宝塚で、これだけの豪華な舞台を作ることは、戦前の『モン・パリ』以上の冒険だったにちがいない。いったん公演の幕が開くと、宝塚始まって以来初めての一本立て公演となるグランド・レビュー『虞美人』は、三カ月のロングラン興行を打ち立てて、当時の宝塚の観客動員の記録を塗り替えてしまった。

小林一三は、『虞美人』の舞台を観て「歌劇」に次のような感想を寄せている。「『虞美人』二部三十二場、三時間公演を見て酔はされてしまった。白井先生が、「宝塚は関西の、そして日本の代表的な名所であるから、子供ばかりではなく、大人も外国人も、誰が見ても面白いもの、宝塚でなくては出来ないものをやらなければならない。今度の『虞美人』は、そういふ意図をもって企画したものである」と声明したる如く、宝塚でなければ見られない、御覧になったお客様から、これこそ正に「天下一」と折り紙がつけられるものと信じてゐる」。このように、小林は作品の出来栄えをたたえた。そのうえで、「東京のアーニー・パイル劇場も早晩我々の手に戻って来るから、私はこの「虞美人」をひっさげて東京人に見て貰ひたいと念じてゐる」[2]と語っている。『虞美人』は非常に優れた作品だったので、小林は、東京宝塚劇場の再開公演候補として考えたのである。

東京宝塚劇場は、一九四四年三月に戦争のあおりを受け閉鎖され、戦後は連合軍に接収されて軍専用のアーニー・パイル劇場として使われていた。そのため、戦後の宝塚の東京公演は、江東劇場や帝国劇場で続けられていた。待ちに待った東京宝塚劇場の返還は、五五年一月におこなわれ、まさに十一年ぶりのことだった。三四年一月にこの劇場が開場したとき、白井の大レビュー『花詩集』でその幕を開け、戦後の再開公演として選ばれたのが白井作品の『虞美人』だったことは感慨深い。この作品は、五一年に宝塚大劇場で大評判を取ったにもかかわらず、それまで東京公演はおこなわれていなかった。小林はその理由を次のように書いている。「『虞美人』を四年間も仕舞ひ込んで、帝劇にも持って行かなかった理由は、アーニー・パイル再開の時を待って上演したかったたからである」[3]。この記述からも小林が東京宝塚劇場での再演にかけた思いや、『虞美人』の完成度がどれほどすばらしかったかということが想像できる。

そして、「ともかくアーニー・パイルが返って来た。これから宝塚は、東京公演によって、いよいよその真価を発揮し、私達の理想である「宝塚歌舞伎レビュー」を大成しなくてはならない。必ず大成するものと確信するのである」[4]として、長い間封じ込めていた思いが噴き出している様子がうかがえる。

もともと小林が東京宝塚劇場を建設したのは、東京に宝塚歌劇の本拠地をもちたいという希望があったことはもちろんだが、長い間理想としていた国民劇を創設したいという念願もあった。小林は「将来の国民音楽は洋楽である」と信じて、学校組織をもち、少女ばかりを集めてまず唱歌隊を組織した。それが宝塚少女歌劇となり、時代の要求に応じ、大衆に愛され、成長し、普及し、発展して、そして宝塚歌劇となった。そして、返還された東京宝塚劇場を拠点に小林が目指すのは「宝塚歌舞伎レビュー」の大成だった。

小林がいう宝塚歌舞伎レビューとはどのような演劇だろうか。また、提唱し続けたその舞台は実現したのだろうか。一三は、『宝塚歌劇四十年史』の序文に次のように書いている。

大衆の要求するものは、読んで字の如く、「歌舞伎」の要素を持って居るものでなければ、駄目だと信じてゐる。(略)

私は結局、歌とセリフと舞を、巧に組合せて、しかも、何時も新時代感覚を織込んで、観客

が乗出して歓迎する歌舞伎、即ち、それが新国民劇だと言ひ得るものと考へてゐる。(5)

小林が当初理想に掲げていた国民劇とは、男性を加えた、歌舞伎に匹敵するほどの本格的な演劇だったはずだ。ところが、宝塚歌劇そのものが発展して充実し、国民劇といえるまでに育ってきている。だから、小林は新国民劇という表現をしたのだろうが、この新国民劇＝宝塚歌舞伎は、白井が宝塚歌劇四十年のなかで取り組んできた努力の成果にほかならない。白井は、「維持し得る歌劇」の実現に向けてひたすら考え、努力し、さらに観客の声を聞き、試行錯誤の末に、美しい色彩感覚と甘美な音楽によって表現される、歌あり舞いあり演技ありの、楽しく進行していく新時代の演劇を生み出したのである。宝塚の伝統と創意工夫が融合した、後世に長く語り伝えられるべき内容と形式を具備している作品、すなわち、東京宝塚劇場の再開場に選ばれたグランド・レビュー『虞美人』こそが、小林が提唱する宝塚歌舞伎レビューといえるのではないだろうか。

こうして考えてみると、女性だけの劇団が作り上げた成果である『虞美人』が、東京宝塚劇場の再開の記念公演として上演されたことは、非常に重要な意味をもっているのである。

「誰が見ても面白いもの」「宝塚でないとできないもの」「美しい色彩と甘美な音楽」、これらをふまえたうえで『虞美人』について考察してみよう。

幕が開くと、赤の系統色の支那服を着た娘や子供たちが花束を持ってにぎやかに歌い踊っている「娘々祭」の場面で、三枚目の紅林（瑠璃豊美）と万林（清川はやみ）、千林（玉恵翠）が出て観客を笑わせたあと、項羽と劉邦の説明をして本題に入る。

「今世の中は秦の皇帝の悪政のために人民が苦しんでゐるので、今度、楚の項羽（こうう）という将軍と、漢の劉邦（りゅうほう）という偉い大将が、打倒秦皇帝の旗を立てゝ義兵を挙げたので、これから戦争が初まるんだぞ、だから俺は之から兵隊になって戦争に行くんだ(6)」という千林のせりふが終わると、大きな見せ場となる。

舞台では、金龍（赤い生地に大きな龍が金糸で刺繍されている）の絞り幕の前に六人の将軍が立っている。上手花道から青衣の項羽の兵隊、下手花道から赤衣の劉邦の兵が、旗指物も勇ましく登場し整列すると、上手花道からは栗色の本物の馬に乗った春日野八千代の項羽、下手花道からは白馬にまたがった神代錦の劉邦が登場し、「我は漢の劉邦なり」「我は楚の項羽なり」と名乗りをあげる。そして、「天下麻の如く乱れて　今ぞ龍虎奮ひ起つ(7)」の歌に合わせて二人が長刀を持って京劇風に派手に動いて見栄を切ると、舞台上は項羽と劉邦を中心に形が決まる。緑の幕が閉まり、続いて第四場となる。ここでは、白の馬のモチーフを身にまとった二十四人のロケットが登場し、よくそろったラインダンスを終えて戻ると、幕が開いて第五場「韓信と桃娘」へと続く。

このプロローグだけでも、美しい色彩にレビュー的要素が盛り込まれ、息もつかせぬ舞台転換があり、まさに小林一三が望んでいた新国民劇の要素満載である。この当時の色彩の印象は心に描いて想像することしかできないが、それでも、ＢＧＭが流れるなか、金糸の垂れ幕の前に青衣と赤衣の兵隊が整列した場面を想像してみると、美しい色や音楽が効果をあげていることが十分に伝わってくる。極め付きは、本物の馬に乗った項羽と劉邦が登場する場面だろう。拍手喝采のなか、「春日野！　日本一」のかけ声が聞こえてくるような気がする。歌・舞・技の三拍子がそろい、宝塚の伝統と白井の創意がうまく融合して、力強く楽しく進行する新時代の演劇として申し分のない幕開きである。

また、『虞美人』では、青年時代に辱められ股をくぐった韓信の話や、虞美人草の伝説が織り込まれていて、第八場のお題は「韓信の股くぐり」となっている。街の与太者に絡まれた韓信（水原節子）が、無理難題を押し付けられたあげく、とうとう三人の男たちの股をくぐることになった。韓信が心を決めて股をくぐるときに、「成らぬ堪忍するが堪忍　末の世まで訓えを見せて　韓信今ぞ股をくゞる」とオーケストラボックスから男性の独唱がある。その様子を一人の老人・范増（美山しぐれ）がじっと見つめていた。范増は、戦略に優れた軍師として項羽に仕える人物で、「韓信は立派な大将の器」と進言するが、項羽は「彼奴は只の臆病者」と取り合わない。項羽が去ったあと、范増は、「千軍は得易く一将は求め難い、韓信ほどの男をいつまでもあんな詰らない地位に置くとは…あゝ将を見る眼が鈍っては項羽の前途も案じられる。項羽を滅ぼすものは項羽自身だ(8)」と項羽の末を予言するようなせりふを吐く。そのとおり、のちに項羽軍は敵将となった韓信の計略に落ちて、九里山での決戦でさんざんな敗北を喫した。軍師范増もこの戦いで戦死する。韓信の股くぐりの場は、作品に中国古典の格言を持ち込んだだけでなく、結末へいたる伏線になっていて興味深い。

そして、タイトルロールの『虞美人』である。観客は、虞美人の登場をいつかいつかと待ち望んだことだろう。虞美人は、第十場になってようやく登場する。しかも、高楼の赤い柱にもたれて後

写真10 『虞美人』（星組、1951年）第20場の鴻門の会
（提供：阪急文化財団）

ろ向きになっての登場だ。観客は後ろ姿でも虞美人だと気づいただろうが、ことさらにもったいぶった登場の仕方だった。やがて項羽が登場し、抱き合って、舞台前方にあるマイクの前でその主題歌を情感を込めて歌う。やっと待ち望んだ、美しい場面で歌われた「朱いけしの花」の歌詞もメロディーも、観客の心をとらえたことだろう。

そして、何といっても一部の見せ場は、第二十場の鴻門の会である。中央奥には赤色の太い柱が立ち並び、金糸で龍の刺繡が施された豪華な赤い緞帳が引き絞られている。上手の椅子に項羽と虞美人が座り、中央のテーブルには諸国の使節、また、その他大勢の将卒や侍女が並んでいる。このとき、劉邦は項羽より一足先に咸陽を陥落させ、直ちに租税を減じ、阿房宮にいた三千人の美女たちを解放したおかげで彼の人望は高まる一方だった。これをねたんだ項羽が、鴻門の陣に劉邦を呼びつけて訊問する場面である。項羽は居並ぶ諸将の前で劉邦を辱め、剣舞にこと寄せて殺そうとはかったが、劉邦の腹臣である張良や樊噲《はんかい》たちによって、劉邦は危うく虎口を脱する（写真10）。

舞台運びもさることながら、この場は非常に華やかな色で彩られている。踊りにこと寄せて劉邦を殺そうとする子期の舞いの装いは黒にグリーンの上着、冠もグリーン。そのあとに青龍刀の踊り、弓の踊りと続き、次いで紫の衣装に頭に白い花を付けた踊り子の群舞になるが、踊りの中心にいる二人の人物はピンクの衣装に白い花を付けている。つまりピンクは紫の花の芯の役目を果たしているのである。ラストは、グリーン、青、赤を使った衣装の小核の踊りなどで最高潮に達し、第一部は終了する。

第二部に移る前に、観客に対して主題歌の指導がある。担当する竹園まり子は赤い衣装で、もすそはピンク、襟はグリーン、頭には赤い花に真珠を飾り、水晶の耳輪を着けていた。彼女は観客と一緒に「朱いけしの花」を歌った(9)。『モン・パリ』の頃から、このような主題歌指導はおこなわれてきた。ここではその効果について考えてみる。

こうしたミュージカルドラマでは、主題歌が作品全体のモチーフになっているため、そのメロディーはきわめて重要である。愛のシーンでは甘い情感たっぷりに、ドラマチックなシーンでは強烈に、ダンスシーンでは流麗にと、物語の進行に応じて、印象的にアレンジされた主題歌が流される。例えば、「虞美人草」をテーマにしたバレエの場では、主題歌がワルツの曲にアレンジされ、黒地に真っ赤なケシの花が浮き出ている背景の前で、十六人の赤い衣装のケシの花が軽快に踊った。まさに、美しい色彩と甘美な音楽によって表現された場面である。こうして観客の心には、感動的なシーンとともに主題歌のメロディーが刻まれる。そうして主題歌を覚えて劇場をあとにすると、あとからでもお気に入りの場面を想像しながら主題歌を口ずさめる。ファンにとっては、これ以上の喜びはないのである。さらに、主題歌指導で歌詞やメロディーを覚えたあと、『虞美人』第二部の第三十場に「主題歌」の場がある。

主題歌の「朱いけしの花」には、虞妃の最期の地に、虞妃のように赤く美しい花が咲くという虞美人草伝説に基づいた歌詞がつづられて、はかなき優艶の姫、虞美人がしのばれている。それに曲を付けたのは、当時の宝塚メロディーの第一人者である作曲家の河崎一朗だった。ソロパートを担当する者が赤い衣装に赤い飾りを付けた帽子という装いで、舞台中央のマイクで主題歌を歌い始め、さらに二人が加わりコーラスとなる。

赤い花びら恋のいろ　もゆる心の虞美人草
咲けば散るもの枯れるもの　何故に咲くのか美しく
命みぢかく咲く花の　風にさびしや虞美人草
はかなき夢にあこがれて　今も咲くのか赤き花
思ひを遠く花摘めば　君の姿のしのばれて
かえらぬ夢よ今いちど　虞よ虞よ君を如何にせん(10)

写真11　『虞美人』(星組、1955年) 第22場「九里山の戦い」の項羽 (春日野八千代)
(提供：阪急文化財団)

先におこなわれる歌の指導で、主題歌が観客の心にしっかりと刻まれたため、悲劇の虞妃をしのぶ歌詞がいっそう心に響いたことだろう。こうしてみると、主題歌には、わかりやすい歌詞や覚えやすいメロディーが最も適している。演技や筋運びをもり立てる、甘美な主題歌や華やかな色彩こそが最も宝塚的であり、小林がいう新国民劇の最も重要な要素なのだろう。

場面は前後するが、第二十六場は、敵将になった元部下の韓信邸。虞妃が「項羽への総攻撃をもう三日待ってほしい」と懇願に訪れる場面である。原作では現実のこととしているが、宝塚では「虞妃の幻想」として描いている。

宝塚歌劇団演出家の酒井澄夫は、牡丹の花が咲きこぼれる韓信の館の庭で、劉邦の妻・呂妃（東郷晴子）が、恨みを込めて、虞美人（南悠子）を牡丹の枝で何度も何度も打ち据えるこの場面を、特に呂妃役の東郷晴子の熱演を、いまでもはっきりと覚えているという。そして、倒れた虞美人の上に牡丹の花びらが三つ四つひらひらと舞う、情感あふれる演出に感嘆したそうだ。

第二十八場は四面楚歌の場である。項羽の館には、遠くから男声コーラスの楚歌が聞こえてくる。九里山での決戦で、敵将韓信の計略によって、項羽軍はさんざんな敗北を喫した。城は敵の大軍に囲まれていて、虞美人はいよいよ別離がきたことを悟り、出陣を祝って項羽の剣を授かって舞う。そして、舞い終わると同時にその剣で自刃する。

項羽は駆け寄り、「虞よ、虞よ、…あゝ、俺は山を抜く力があっても只一人の女を如何にすることも出来ないのだ、あゝ、虞美人！」と、虞美人の上に折り重なって男泣きに泣く。そのとき、「虞よ、虞よ、汝を如何にせん」(11)の男声による陰歌が流れる。遠くに戦闘の歓声が聞こえ、赤い火の粉や煙がそこここに立ちのぼる、悲しい余韻のなかに幕が閉まった。

『項羽と劉邦』の原作者・長與善郎は、「歌劇」に次のような感想を寄せている。

項羽はただ敗戦に絶望して愛妃の死を歎くだけに終わってゐるのが僕としては物足らなかった。

（略）一方劉邦の方も項羽の死後、自分を鍛えてくれた恩ある敵の死として、篤くその屍を葬るやうに臣下に命じ、又戦争にはもう懲り懲りだ、飽きた。これからは天下の平和のため大に尽したいといって、その誓ひの印しに剣を棄てる。それによって彼が人望ある所以を些に出したのだったが、レビューではその場も除かれ、劉邦は結局要領を得ない男で終っている。その代わりに思いがけない華麗な場面で幕が閉じられ、見事であった[12]

原作者の指摘は、的を射ていて同感である。しかし、スターシステムを採用している宝塚では、項羽役の春日野がいちばん脚光を浴びなければならない。これが、一般的な演劇との最も大きな相違点であって、二番手の神代錦が演じる劉邦の人望にまで言及してしまうと、トップスターを際立たせる宝塚調からはずれてしまうのである。しかも、宝塚では悲恋物のほうが同情を呼ぶためファンが多く、項羽が愛妃・虞美人の死を嘆きながら幕が下りる、ということが重要なのである。そのかわりに、絢爛豪華な衣装や舞台装置で観客を満足させるという、そんなひとときの夢の舞台を作り上げたのが白井鐵造である。

宝塚では、音楽学校が基盤にあることから、演出家との関係は先生と生徒であり、入団一年目は研一（研究科の一年目）と呼ばれる。歌舞伎のように代々芸を引き継ぎ、その芸を極めていく、というようなことはないが、その分個々の、それぞれの個性的な演技が光る。そしてスターもいつかは卒業しトップも次々変わっていく。だからこそ、宝塚はいつまでもフレッシュさを失わない、という構図が成り立つのである。こうしたアマチュアリズムが根底にある宝塚だからこそ、「美しい色彩と甘美な音楽」が似合い、「歌あり、舞いあり、演技あり」の舞台が、新時代の演劇として成り立ったのである。すなわち、女性だけの劇団という特殊性から生まれた演劇こそが、小林一三がいう新国民劇なのである。

戦前に宝塚への男性加入の話が出ていたことはすでに記述したが、歌劇団は終戦直後に男子生徒を募集して、教育をおこなっている。その指導には、演劇に堀正旗、音楽は竹内平吉があたり、『虞美人』での「韓信の股くぐり」や「虞妃が自害」の場で歌われた陰歌で、こうした男性らが舞台を引き立てていた。しかし、彼らが宝塚の舞台に現れることはなかった。『虞美人』で、春日野や神代は、男の俳優がいない不満を感じさせず、むしろ男などいないほうがいいと思わせるほどの演技を見せた。しかも、『虞美人』は新国民劇の見本でもありえる、この作品の成功によって小林は、男性がいなくても立派に宝塚を継続できると考えたのだろう。『虞美人』が一九五一年八月から三カ月のロングランを達成した翌月の十一月、宝塚新芸座の旗揚げ公演がおこなわれ、男子生徒はのちにその所属となった。

舞台はいよいよフィナーレを迎える。

四十人のケシの花のラインダンスが終わると、龍が左右に描かれた、白、黄、赤、青、緑の幕が順番に開く。大階段が現れ、神代、朝霧、瑠璃、沖ゆき子、常盤木八千代が階段を使っての踊りを披露し、次いで赤い支那服の少女がマイク前で歌を歌い、この間、階段に並んだロケットたちが手に持った扇子をひらひらと裏返し、そうすることで赤と黄色を切り替える背景の役目を果たした。最後は、音楽が主題歌となり、鈴とリボンが付いた短い金の棒を手にした出演者たちが、階段から次々と下りてくる。銀橋に春日野をはじめとしたスターがずらりと並んであいさつをすると拍手喝采となるのは、現在と同じ光景なのだった。

『虞美人』のような作品は、後世まで語り継がれ、次世代の宝塚がまた新たな挑戦や飛躍を生む土台となるような作品だったのである。

2　日本物レビューの成功——白井・春日野コンビ

白井は、レビュー二十周年記念・岸田辰彌追悼記念公演『モン・パリ』(花組、一九四七年)のために呼ばれたときも、『アラビアン・ナイト』(花組、一九五〇年)が上演される際にも関西(伊丹)へは戻らなかった。戦後も疎開先の豊橋市二川が気に入って、ここを拠点として『虞美人』の原稿を書き、東京や宝塚へ出向くという状態が続いていた。宝塚へ復帰したのは、一九五一年一月のことであるが、それでも五五年ごろまで二川で暮らした。それだけ宝塚との溝は深かったのだろうが、これは白井の充電期間だったともいえる。宝塚への本格復帰を果たすと、堰を切ったように前述の『虞美人』をはじめ、『源氏物語』、『トウランドット』(月組、一九五二年)、『白蓮記』(星組、一九五三年)、『ラヴ・パレード』(星組、一九五四年)、『キスメット——運命』(花組、一九五五年)のような大作を次々と発表して、白井による宝塚の戦後の黄金期が形成されたのである。

一九五〇年代に発表されたこれらの白井作品を観た植田紳爾は、次のようにつづっている。

白井先生が次々と、宝塚の舞台で染めあげられる色彩、主題歌のあつかいかた、また大劇場を大人数で埋められる演出法、その他、数々の白井レビューが、最も偉大に、最も美しく花咲いたのもこの頃です。（略）戦後の白井先生の超大作、一本立レビューには、白井先生の演出法が集大成されており、レビュー中心に仕事をしてこられた先生が、その長年の経験と体験を見事に集約して、宝塚の音楽劇の基盤を作り上げ、集約されたのがこの頃だったと思います。そんな時期に、そんな作品を一観客、一ファンとして客席で見ることが出来、その興奮を肌で感じることが出来たのは、本当に幸せだったと思っています。[13]

写真12 『源氏物語』（花組、1952年）の光源氏（春日野）と女御たち（有馬、八千草、朝倉、〔後列〕梓、由美）（提供：阪急文化財団）

この植田の記述を見ると、白井が戦後に発表した作品は観る人の心を打ち、次世代にも大きな影響を与えるものだったようだ。この時期大きく花開き、宝塚の人気に一役買ったのが春日野八千代の存在だった。ここでは、戦後黄金期の作品の主役を務め、カリスマ的な人気を誇った春日野八千代に迫ってみたい。

白井が『虞美人』では、魁偉な武将の項羽役を春日野にあてて成功を収めたのは前述のとおりだが、歌劇『源氏物語』では、春日野に光源氏を演じさせ、日本物の新分野を開拓した。本来、このような作品は日本風の衣装で、静的な形の美しさを舞台の基本とするので、洋物に比べ退屈でじれったくなる感じを観客に与えてしまう。ところが、白井は、「日本物レビューのじれったさ」を感じさせない、二時間近くの大レビューを作り出して成功を収めたのだ。その成功の大きな要因として、春日野がまるで平安朝文学のみやびな物語絵巻から抜け出たような、優雅で、気品に満ちた光源氏を演じたことがあげられる。さらに、全体として源氏の一人芝居になっているストーリーの各場面に、各組から娘役に適した人材を連れてきて相手役として出演させたことが功を奏した。背景なしで黒幕の前に立っているだけでも絵になる春日野とともに、場面ごとに梓真弓（朧月夜）や八千草薫（若紫）、有馬稲子（葵の上）、由美あづさ（藤壺）、朝倉道子（夕顔）が登場する様子を想像してみると、どれほど豪華でぜいたくな舞台だったかがよくわかる。観客を退屈させることなどなかったはずだ。そのうえ、この五人の娘役は持ち役だけにしか使わないという演出の凝り方だったというから、白井の生徒の使い方や、春日野の際立て方は特にうまかった。付け加えると、『源氏物語』は一九五七年（昭和三十二年）に再演されたが、若紫役の八千草薫はすでに退団してしまっていたので、若紫役は欠番となった。それほど役柄の設定にこだわっていたのである。

そして、日本物に足りないスピード感を出すために、せりふを少なくして現代語を使い、オーケストラの伴奏で雅楽調と日本調の雰囲気を醸し出した。最初の見せ場は、プロローグの幕開き。真っ暗ななか、豪華な花がパッと開いたように幕が開くと、清涼殿の花の宴となる。真ん中に帝、女官、殿上人、大臣など全部で六十人を並べて、まるで生きたお雛様のような美しさを見せるが、そこには源氏はいない。白井の主役の出し方には定評があり、ここでも舞台一面に御簾を張り前面に上臈達を出して、源氏をたたえる合唱が流れる、何でもない場つなぎのところで御簾越しの、源氏を初登場させる。しかし、まだ御簾越しで顔は出さない。春日野は、こうした場面を設定してくれた白井に応えるように、源氏の衣装にシャネルの五番をふりかけて出てきたのである。源氏が通ると、衣服にたき込めたお香の匂いでわかるとされた、体から匂うような色気と品を出そうと考えたのである。さらに、春日野は化粧で役になりきるためのメーキャップの腕に定評があったが、源氏役では独特の殿上の眉毛の描き方に工夫を凝らし、目尻に一本の線を長く入れるメークを考案した。さらに再演時には、眉毛を太くして薄くぼかすなど、宝塚のメーキャップに革新をもたらした。

戦後の日本物が成功を収めたのは、春日野の存在があったからというのは、誰もが認める事実である。だが、その陰には、生徒全体の演技力のレベルアップがあったことも忘れてはならない。白井は、宝塚を離れて男性を交えた本格的な舞台を演出した経験から、外部の大人の男の役者に比べて宝塚の生徒は全般的に芝居が下手であり、役の人物にもなりきれず、しかも、せりふは宝塚調で、歌は口先で歌っているだけということが気になっていた。そして宝塚に復帰した以上、まず実力をともなったスターを養成することが第一の仕事だと考えた。こうした観点から、白井は生徒への厳しい指導に取り組むことになる。「稽古は十分に、厳格に」という久松一聲や岸田辰彌時代から続く宝塚の伝統を引き継ぎながら、稽古中は自分の出番でなくても全員が見て勉強する、一つのせりふや動作にしても、何のためにこんなことをしているかという理由まで説明を加えながら稽古をするなど、白井の指導はそれほどまでに厳しかったようだ。

一方で白井は、宝塚独自のよさを見いだし、男性が演じればもっとよくなるだろうという感情を観客に感じさせない舞台、男装の麗人こそがふさわしいと思わせる舞台作りを目標にした。それは、小林が提唱する新国民劇を宝塚から生み出すという仕事にも直結することだった。

そのため、宝塚の源氏は、映画や歌舞伎のように、源氏と藤壺の恋物語という一本の縦糸に何人もの女性が絡んでいくという方向性はとらず、平安朝文学の優雅な雰囲気や美しさ、みやびやかな物語絵巻そのものを見せるようにして上演された。その結果、春日野は男装の麗人なればこその「春日野源氏」という称号まで贈られた。しかも、ただレビュー形式で美しさを見せるだけではなく、立派な日本の音楽劇としてのスタイルを作り上げたいという気持ちから、白井は天平・平安の文学や風俗に造詣が深い小野晴通に脚本とせりふ、歌を書いてもらっている。生徒の演技力の向上と相まって、小野脚本のせりふの美しさは無駄がなく隅々まで行き届き、作品に深い味わいが感じられるものになったようだ。そして、『源氏物語』は誰が見ても恥ずかしくないものに仕上がったが、白井が小野に教えを請うた理由はもう一つある。岸田に連れられて宝塚を訪れた一九一九年（大正八年）、白井が初めて宝塚を観て感動した舞台が小野作品だった。前述した植田紳爾が白井作品を観て感激したように、白井の心には初観劇の感動が刻まれ、宝塚に足を運んでくれる観客にも、自分と同じような感激をもってもらえるようなものを作りたいという気持ちが芽生えていたのである。白井は、初観劇の感想を次のように書いている。

『花争』（一九一七年三月初演）は、天平時代の風俗の、可憐な優しい物語を少女ばかりで演じ、そのみやびやかな物語と、美しい衣裳の舞台が混然とした、非常に上品で、優雅な雰囲気を持っていて、いわゆる夢のような感じで、これは、子供ばかりでなく、大人が見ても十分に魅了されるものであった。まことに清純な美しい絵のような舞台は、生まれて初めて見るもので、私はすっかり感激して「これが宝塚」という印象を強く受けた(14)

こうして、「小野情緒」として人気を生んだ小野作品の歌詞の美しさや優雅な人物造形が、のちの白井の作品作りに大きな影響を与えたのだった。そして後年、白井作品の数々を観劇した植田が、やがて大輪の花を咲かせることになる。先輩から後輩へ、いい作品が次世代へと引き継がれて新たな発展をみる、こんな歴史が繰り返されてきたことで宝塚の百年がある、そう思えてくるのである。

次の『トウランドット』では、春日野のカラフ王子は絶対的な美男子で、行く先々で娘たちに騒がれる役柄である。トウランドット役には男役の故里明美があてられ、誇り高く、冷たく、残忍な役どころに挑んだ。コスチュームは派手派手しく、舞台は豪華華麗で、見せて、聞かせて、そして楽しませ、悲しませるという白井の演出に観客は魅せられた。しかし、何よりも春日野の主演というだけで前評判は高く、夏休み中の学生たちが劇場に足を運び、春日野の好演に大喜びだったという。

二〇一〇年に池田文庫で「春日野八千代写真展」が開催され、東京や福岡から春日野ファンが訪れて、大盛況を呈した。私は彼女のカリスマ性を改めて認識したのだったが、考えてみれば、ちょうどこの黄金期に宝塚を観て春日野に魅せられた人が来館者の大部分を占めていた。春日野は、宝塚歌劇九十五周年の舞台で、初めて素顔で登場し、宝塚の生徒にとって大切なことは「品格」「謙虚さ」「お行儀のよさ」であると述べている。本人が実践してきた真実に裏付けられた、ファンにとっては心に染みる重い言葉である。美しさもさることながら、春日野の典雅な身のこなし、またにじみ出る気品は作り物ではなかった。生まれついての貴公子が、技巧でなく演じられるのはこの人をおいてほかにあるまい。写真展で、こんな春日野に惚れ込んだオールドファンを見ていると、春日野の存在があったからこそ宝塚は戦争を乗り越え、連綿と歴史を築いてこれたのだと感じたのだった。

一九五三年の一月公演は、『源氏物語』に次ぐ日本物大レビュー『白蓮記』で、いわゆる宝塚歌舞伎と称される類いの作品だった。『虞美人』の題材は中国だったが、演出に歌舞伎的手法を取り入れて効果をあげることができたので、今度は日本を舞台に、大岡裁きから題材を取り上げ、同様の演出法を試みた。そして、レビュー時代には忘れ去られていた宝塚情緒を新しい器に入れ、外国人が観ても「面白い日本の芝居」を作ることに力を注いだ。この『白蓮記』を当時松竹の関西支社長だった白井昌夫が観たことで、白井に関西歌舞伎の演出の依頼がきた。小林一三から、「よその仕事をすることはプラスになることだ」[15]と言われ、白井は歌舞伎レビュー『妲己』(一九五七年)を大阪歌舞伎座で演出することになった。この『妲己』については別稿で取り上げているが、宝塚と歌舞伎の融合が話題になった作品である。

一九五四年八月星組公演は、グランド・レビュー『ラヴ・パレード』で、春日野に配する相手役として、故里明美と淀かほるという男役二人を女性の役に起用した。春日野という大物に対して大物を配したということだろうが、故里も淀も男役として期待されていた頃だから、とてもぜいたくな配役だった。この作品は、ヴァンサン・シュバリエの洒脱とオードリー・ヘプバーンの哀愁、といううたい文句の『ローマの休日』風ストーリーの八月公演だったので、小学生から高校生まで十代の客が大半を占めて、連日大入りだったようだ。

グランド・レビュー『キスメット』では、本来なら物語の中心人物になるトップスターの春日野が脇役として扱われている。それでも、春日野は本物の白馬にまたがって颯爽と登場、その二枚目ぶりは際立っていた。そして、春日野の相手役は新人の鳳八千代だった。春日野・乙羽はゴールデンコンビとして人気を集めたが、乙羽がいなくなっても次々と新人が登場して舞台を飾るのだった。観るほうも、前の花のことなど何も言わず、新しい花の美しさに見とれる。だがこんな宝塚のなかにも、どれほど長くいてもその印象を感じさせない芸達者がいる。『キスメット』では、長い間いつも脇役として活躍してきた大路三千緒が主役を飾った。そのまじめで、筋が通った演技力で乞食ハジ役を、大路はほとんど出ずっぱりで立派に演じきった。物語は、『アラビアン・ナイト』でおなじみのバグダッドの都を舞台に、ハジという老乞食が、悪党から恵みを受けたお金を元手に欲ぼけた出世の野心を燃やすというもの。乞食の一日の出来事を二部二十六場にしたレビューのなかで、乞食（大路）には、若い王（春日野）の位をねらう大臣（神代）の陰謀に操られて、王を殺し損ねて投獄、そこからの脱走、王への復讐という目まぐるしい運命が待ち受ける。

写真13　グランド・レビュー『キスメット――運命』（白井鐵造作・演出、花組、1955年）第5場「バグダッドの広場」のハルン（春日野八千代）
（提供：阪急文化財団）

このようなドラマの要素が強い作品にも、白井は、レビュー的要素を巧みに盛り込んでいる。アラビア物特有の、街の風物であるハレムの場では、肌が透き通るほど薄着の衣装で美しく見せ、かつ、いつもながらのコスチュームプレイは健在で、観客の目を十分楽しませた。さらに、ダンス場面では、蛇に見立てた四十二人の「アラビア・ロケット」とともに打吹美砂と千波龍子が踊る「アラビア・ボレロ」は秀逸の出来だったという。本来の二枚目の脇役が主役に回ったことで、いつもは二枚目の淀かほるが三枚目に回り、清川はやみ、真咲美岐と三人で演じる商人役でのコミックプレイを熱演した。久々の主役を好演した大路三千緒が、春日野や南悠子、神代錦らの花あるスターたちに支えられたことは、もちろんいうまでもない。

乞食が主役をとる芝居も宝塚的には変わっているし、珍しく殺しの場が多い物語でもあった。甘さが特徴の白井レビューが思い切った変貌を見せた作品であり、このような作品でも男性を入れずに宝塚で立派に上演できるという、その可能性を見せつけた白井の新たな挑戦だったと考えられる。

3　白井に続く演出家たち

白井の大作が一段落した一九六〇年前後（昭和三十年代）には、白井作品の再演が人気を集めた。戦前の秀作が再びよみがえり、オールドファンには懐かしく、新しい観客は古い名作が観劇できるという二つの効果があった。しかし、その合間を縫って次代の宝塚調を生み出そうとする新しい作品が次々と発表されていったのである。いわゆる白井調を打ち破って先に進もうとしたのが、菊田一夫や高木史朗、鴨川清作である。

まず菊田一夫だが、白井の『虞美人』が大ヒットし、この大作に続く作品を世に出せる人物を見つけようということで、ラジオドラマで人気を博した『君の名は』（ＮＨＫラジオ、一九五二―五四年）の作者、菊田が宝塚から声をかけられた。宝塚の菊田作品は合計十八本あるが、それらはいずれも傑作、名作ぞろいである。

前にも述べたように、宝塚には次々と新しいスターが生まれ、そのためいつも若々しいが、一人前に育った人が去っていくと、結局また振り出しに戻り、いつまでたっても永遠に未熟な芸ばかり見せられる結果になっていく。そこで、菊田が試みたのは、従来の宝塚調を脱した作品を作り出し、リアルな演技を教え込むことだった。これまでの宝塚の型で教えるやり方とはまったく対照的な指導法で、明石照子や新珠三千代を演技派生徒に育て上げた。菊田は、『ひめゆりの塔』（雪組、一九五三年）で、顔に泥を塗り、破れたもんぺ姿の明石・新珠を登場させ、宝塚の限界と思われるところまでその可能性を追求した。これまでの宝塚調を脱して新しい観客増員をもくろんでの挑戦だったが、むしろ、宝塚的でない、夢を壊すという非難を受けた。しかし、これまでにないジャンルを切り開いたことも事実だ。その後、『花のオランダ坂』（雪組、一九六二年）の真帆志ぶき、『カチューシャ物語――トルストイ「復活」より』（星組、一九六二年）の那智わたる、『霧深きエルベのほとり』（月組、一九六三年）の内重のぼるなど、大物スターの売り出しに一役買ったのである。

高木史朗は、白井鐵造の『ローズ・パリ』を観て感激し、白井のアシスタントとなり、白井レビューのテクニックを十二分に吸収した人物である。宝塚の伝統的なレビュー、ショーや童話劇、日本物オペレッタに諷刺レビューなど、各ジャンルにわたって次々と画期的な作品を発表した。芸術祭に参加した一九六〇年十月の東京宝塚劇場公演では、『華麗なる千拍子』（一九六〇年）が文部大臣賞を受賞した。この作品では高木の卓越した構成・演出に加えて、男役の寿美花代が脚線美を披露するなど、新鮮なショーマンシップが認められた。こうして、宝塚歌劇は芸術面での高い評価を受けるようになっていったのである。さらに、海外へ輸出できるような日本物ショー『メイド・イン・ニッポン』（星組、一九六二年）が通産大臣賞を受賞するなど、高木の新たな挑戦は続いた。高木が初めての欧米視察を経て演出した作品『シャンソン・ド・パリ』（雪組、一九五二年）では、豆電球をふんだんに使い、白井作品にはない電光色による豪華な演出をおこなっている。しかし、高木作品の本質は、宝塚らしい甘さ、美しさ、夢を忘れないこと、しかも、男役を不自然に見せないことなど、師匠の白井の教えを踏襲していた。そのなかで高木が独自の創作性を追求し始めた作品が『タカラジェンヌに栄光あれ』（花組／星組、一九六三年）で、この作品が寿美花代の最後の舞台となった。『花詩集一九六三年』（星組、一九六三年）と同時期の上演だったが、その豪華絢爛なさまは『花詩集』の比ではなかった。さらに、『タカラジェンヌに栄光あれ』では、寿美のために「さよなら宝塚」の数場面が作られ、『メイド・イン・ニッポン』では、宝塚を退団する明石照子のために公演後にショーが加えられた。

これまでは、歌劇団に所属する条件は未婚というのが、暗黙の了解だった。ところが、寿美と明石は結婚後も宝塚の舞台に立つことを望んだ。生徒の所属は未婚に限ると改めて決めた経緯は、当時の阪急電鉄の社長の小林米三が連載をしていた「見たこと聞いたこと感じたこと」に載っている。

寿美花代君が婚約の発表をし、来春の一月の舞台を最後に、宝塚を去ることになった。新聞などが報じていたごとく、明石・寿美両君から「結婚しても宝塚にいてよろしいか」というお尋ねがあった。また「結婚しても宝塚にいられるようにしましょうよ」という希望も両君からあった。諸先輩には意見をきき、相談すべく諸氏には相談もした。もちろん、歌劇団の理事会も開かれた。（略）「この際、思いきって古い殻を破って、結婚してもよいことにしたら」という意見もあった。「何を迷うことかあらん、伝統を守るべし」という意見も出た。私は結局「伝

統を守る」道を選んだ[16]

その見返りとして、公演後にショーを付けて送り出した。これが人気で、のちに「サヨナラショー」として定着するものである。

当時人気を二分していた明石と寿美という大スターを失うことは、歌劇団にとっては痛手だったにちがいない。しかし、それまで明石の影に隠れていた真帆志ぶきが表に現れ、同期の甲にしき、古城都、上月晃がトップスターとして活躍する3K時代へと移るのである。

何度も繰り返し述べてきたが、宝塚の舞台では常に新しいもの、新鮮なものを作り出すことが重要である。高木は、白井が育てた宝塚レビューを発展させて、諷刺レビューや宝塚ミュージカルなど画期的な作品を打ち出した。

その高木の独自色が強い作品『シャンソン・ド・パリ』や『人間万歳――武者小路実篤作「人間万歳」より』(雪組、一九五四年)を観て大いに感激した鴨川清作が、歌劇団に入団した。当然、高木門下となり、菊田に私淑したが、鴨川が求めたのは、いままでになかった新しい作品を作ること、すなわち新分野の開拓だった。鴨川の第五作『黒い太陽――黒人霊歌』(星組、一九六一年)では、黒人青年サム(千波静)が現実の世界の不安と恐怖から夢の世界へ逃避し、最後には祖先の密教ブードゥーへ帰依していく姿をファンタジックに描いた。曲は黒人霊歌を使い、踊りはモダンバレエ風に処理した。主役には新人の千波静[17]と幸なほみを起用し、二人とも汚れた格好の黒人姿で登場させた。

宝塚は美しさが本来の姿と考えていた白井からすると、スターを汚れた姿で登場させることなどありえなかったが、白井もその芸術性には脱帽したようだ。百人を動員した黒人コーラスによる黒人霊歌はさすがに大きな効果を発揮したようで、この作品で鴨川はただものでない作家として注目を浴びたのだった。その後もミュージカルショーに才能を発揮し、『シャンゴ』（パディ・ストーン振付、雪組、一九六七年）では、黄金色の、古代の原始人たちがまとっていたような衣装を着けた集団が、打楽器のリズムに合わせて全身で踊り狂うという大変な迫力を見せた。次いで、鴨川がリオのカーニバルを実際に視察して作った『ノバ・ボサ・ノバ』（星組、一九七一年）も、いままでにない宝塚歌劇の作品として世に問うたものである。少しずつ世代交代の波が押し寄せ、白井が築き上げた甘いムードに満ちた宝塚は、鴨川作品のように独創性にあふれ、いままでの宝塚では見られなかったようなものへ移ろうとしていた。鴨川作のように宝塚的なるものとはほど遠い作品による挑戦は、宝塚でのブロードウェーミュージカル『オクラホマ！』（月組／星組、一九六七年）の上演があげられる。当時の歌劇団理事長で阪急電鉄社長の小林米三の英断によるものだった。

このように、宝塚には新しい風が吹き、白井が育ててきた宝塚レビューは、また新たな発展の道を歩んでいく。これが宝塚歌劇百年への、そして次の百年へとつながる道なのだ。しかし、白井自身はこれまで築いてきた宝塚調の作風を変えることはなかった。

4 「夢よもう一度」——再演と「すみれの花咲く頃」

『虞美人』をはじめ『源氏物語』『白蓮記』『キスメット』のような大作が一九五〇年代前半（昭和二十年代後半）に次々と発表されて、宝塚の戦後の黄金期が形成された。そして、一九六〇年前後（昭和三十年代）は、往年のヒット作を「夢よもう一度」とばかりにこれまでの作品を再演する傾向が見られた。

『モン・パリ』『花詩集』『三つのワルツ』、『ミュージック・アルバム』（花組、一九三六年）、『サルタンバンク』が再演されたが、戦後初めての再演は初演から二十年を記念し、亡き原作者・岸田辰彌の追悼を兼ねて上演された『モン・パリ』（花組、一九四七年）である。

白井は『モン・パリ』再演に際して、「『モン・パリ』は日本中に一大センセーションを巻き起し、日本中の話題になったが、それから二十年日本にレヴュウは急速に普及され、進歩してゐるので、当時のまゝ、正直な演出で今再演しても、所謂、観る目の肥えた今の観客に初演の時の様な感激を与えられるかどうか、うっかりやって、『モン・パリ』の輝かしき名声を瑕《キズ》つける様なことになったら、恩師・岸田辰彌先生に申訳ない(18)」と書いている。そして、小林は、「印度の場も、エヂプトの場も頗る豪華版で、踊りも芝居も面白い。汽車のロケットガールス、期待を裏切ったのは、あゝいふ程度では何人も喰足らぬかもしれない。無理かも知れないが、もっと迫力のある踊りを工夫しなければ、お客様は承知しないであらう。(略)レヴュウには定義があるわけでもなし、規則があるわけでもなし、仮にあったとしても、宝塚のレヴュウは、芝居味が沢山あって面白い上に多少の感激性に富む脚本を選定すべきものだと思ふ」[19]と述べている。

再演に先立ち、白井は、主人公の串田福太郎が欧州見物をするという本筋だけをそのままに、内容を新しく書き直した。原作の意図や懐かしさを盛り込みながら、ただの懐古趣味だけに終わらないよう工夫して、二十年たっても十分楽しめる一つの傑作レビューに仕上げた。この九月花組公演は、戦後存在感を増してきた越路吹雪が串田役とエジプトの王子を、神代錦がエジプトの王女を好演した。翌月の月組では、久慈あさみが串田役を、淡島千景がエジプトの王女を、南悠子が旅行者の太田役を演じ[20]、当時の月組の新進のスターたちが続演をもり立てた。その結果、久々の白井調復活と華やかな舞台にファンは感嘆の声をあげ、興行面でも好成績だった。

その次の再演も『モン・パリ』(雪組、一九五七年)で、レビュー三十周年記念として上演された。このときは、題名だけがそのままで、内容は初演とはまったく異なる新しいものだった。それでも再演というからには、その原作のよさや懐かしさは十分に盛り込まれなければならないだろう。そんな意味合いから、白井が再演で常に用いた歌が「すみれの花咲く頃」だった。その結果、「すみれの花咲く頃」が誰もに愛される歌となり、宝塚に定着したとは考えられないか。レビュー三十周年記念『モン・パリ』の東京公演について、検証してみたいと思う。

当時の新聞記事によると、この『モン・パリ』三十周年記念公演は、東京宝塚劇場には珍しいほどの観客を集めたらしい。劇場側も驚くほど、老若男女、特に中年から初老の男性が連日客席を埋め、不振続きだった東京公演が、三十年前の『モン・パリ』のおかげで起死回生したという。それまでは、せいぜい半分程度の入りだったのが、超満席の大入りとなった。かつての懐かしい白井レビューの名場面に、観客が郷愁を感じたのがこの大当たりの要因だろう。それほど戦前の白井作品は、多くの人の心に刻まれていた。では「すみれの花咲く頃」は、この舞台でどのように歌われたのだろうか。各紙が次のように報じている。

五十段の階段を思いきり使用したフィナーレも、かつてない豪華なもの。最後に舞台と客席が一緒になって「すみれの花咲く頃」を合唱するのも、記念公演らしくほほえましい。(21)

レビュー三十周年記念の『モン・パリ』が終わってから劇場を出て行く観客の中に、いましがた聴いたばかりの「モン・パリ」や「すみれの花咲く頃」を口ずさんでいる中年の男性が多いのがほほえましい。(略)なつかしい歌や曲が、つぎからつぎへと聴かれるのが楽しい。最後のエプロン・ステージに並んだ出演者たちが観客といっしょに「すみれの花咲く頃」を合唱して、久し振りになごやかな雰囲気を盛り上げるのもいい。(22)

今度は、「モン・パリ」「すみれの花咲く頃」「ローズ・パリ」など、この三十年間にヒットしたレビューの主題歌のメロディーを現代調に編曲し、新振付をしたもので、オールド・ファンには懐かしい思い出のものばかり。(略)最後に「すみれの花咲く頃」を観客と一緒に合唱す

るグランド・パレードでは、舞台に五色の紙吹雪が散り、宝塚調を盛り上げている[23]

「すみれの花咲く頃」のような名曲が再演で復活すると、オールドファンばかりでなく、若い人が聞いても楽しいはずだろうから、再演で「すみれの花咲く頃」を使うことはかなり効果的だったといえる。オールドファンは若き日への郷愁を感じ、初めて聞いた人が口ずさむ。このようにして歌もまた次世代へと引き継がれていったという考えは十分に成り立つ。

そして、再々演した『モン・パリ』が好評だったので、次は『花詩集』の再演をという案が持ち上がった。レビューは、その時代時代に照らし出されるものなのだから、時がたてば古くなるのは当然で、昔のまま再演しては時代の感覚がずれた退屈なものになってしまう。このようなレビューについての諸問題は、初のレビュー『モン・パリ』の上演以来ずっとつきまとっていたことで、新作であれ再演であれ根本は変わらない。初演の『花詩集』の初日を観た小林一三は、東京宝塚劇場開場の作品ができたと喜んだというが、それほど大きな人気作品も、再演時には新しい演出によって生まれ変わっている。ここで、初演と再演（星組、一九五八年）の相違点を探してみよう。

初演の「赤い罌粟」の場面は、前述のように、情感あふれる場面としてのちにまで語り継がれているものだったが、再演時の「赤い罌粟」の場面は大きく変更されている。白井は、「赤いケシ——僧院」の場について、「演出をすっかり変えてモダンバレエにして若き僧の幻想は、僧院から他の場所へ飛躍して新演出です。昔のままを見たいという人もあるだろうけれど、現代風にアレンジしてみました。曲もすっかり替わります[24]」と語っている。若い僧が、落ちているケシの花を拾い集め、赤い花は女への連想となる、という設定までは、初演と変わらない。再演では舞台後方に設けられた壁に照明が当たり、背景を効果的に使って僧院を飛び出した。舞台のあちこちから、いろいろな女が出て、若い僧（寿美花代）を誘惑すると、ついに僧衣を取り、一人の青年となって女と踊った。マントの女、黒いドレスの女、十二人の赤いケシなどを次々に登場させ、幻想が最高潮に達したとき、鐘の音。若き僧は夢から目覚める。一九五七年末にスターたちを奈落からせり上げたりせり下げたりする設備が宝塚大劇場に新しく完成し、照明技術の進歩も加わって、振付・演出家の渡辺武雄が、力強さに満ち満ちた場面を作り出した。そして、宝塚としては限界ぎりぎりの色気を出すことに成功した。

本公演で秀逸といわれた場面は、初演にはなかった第四場の「マーガレット」（山田卓振付）である。春日野八千代が演じるピエロが、マーガレットの花びらで占いをする姿を通して道化師の哀愁をモダンバレエで表現し、三枚目としてのピエロの動作に、その失恋の哀愁を漂わせた。装置や衣装の美しさで見せる派手な場面とは違って、舞台後方に十一本のマーガレットを柱のように並べた簡単な舞台セットで春日野が演技力を存分に発揮し、最近の宝塚でいちばん印象に残ると評判を得た。

そして、「すみれの花咲く頃」は、初演『パリゼット』と同じ第九場に据えられている。シャンゼリゼ通りにスミレの花売り婆（淡路通子）という設定も、「私の店のが巴里じゅうで一番好いんです。ああ好いにおい、一束お買いなさいよ」[25]というせりふも、婆が若い頃の恋の思い出を胸に「すみれの花咲く頃」を歌うことも変わっていない。大きく異なるのは、ハイファイ（高忠実度）

音響の使用や、回り舞台にポーズを決めた五、六十人の踊り子を配したり、花売り婆がセリから下がると、反対側のセリから白燕尾の紳士（神代錦）が歌いながらせり上がったりと、舞台機構を最大限に駆使したことだろう。大勢のスミレの踊り子たちのモダンバレエによってバラエティーに富んだ見せ場となった。こうしてみると、再演とはいえ内容はほぼ新作なのだ。

初演から三十年目の再演となった『花詩集一九六三年』も、ショーのモチーフは花だった。衣装・装置にピンク、紫、緑、黄色などの淡い色彩を用いて、桜、牡丹、スミレ、ケシなどの花を象

写真14　『花詩集』（星組、1958年）「マーガレット」のピエロ（春日野）
（提供：阪急文化財団）

写真15　『花詩集』（星組、1958年）第9場「すみれの花咲く頃」
（提供：阪急文化財団）

徴的に表した。音楽については、オールドファンの要望から、近代的なセンスでアレンジが施されたものの、初演のときの曲をそっくりそのまま使用した。白井鐵造が全体の構成と第二部の洋物を演出したのだが、オールドファンには懐かしい主題歌「花詩集」や、「すみれの花咲く頃」がさまざまな形で展開されたり、『カルメン』を題材にした「赤い花」とクラシックバレエの「白い花」が対比されるといった構成になっていた。第一部は花をテーマにした日本物で、菅沼潤が演出を担当。琴の合奏による「桜幻想曲」や、古典物の「梅の五郎」と「牡丹獅子」、民謡メロディーの「花の民謡集」などでつづった。こうしてみると、花をテーマに据えて構成することで、いつでもその時代に見合った上演が可能なのである。宝塚歌劇百周年の記念公演の一つが、グランド・レビュー『ＴＡＫＡＲ

AZUKA花詩集100!!』(月組、二〇一四年)だったのも、宝塚が伝統を引き継ぎ、かつ常に新しい息吹を求めて発展してきた証しとして納得がいく。小林一三がこれら一連の『花詩集』の再演を観たらどのように評価しただろうかと、想像しないではいられない。

白井作品の再演には、いつもスミレが効果的に盛り込まれたが、『花詩集一九六三年』でも、第十場に「すみれの花咲く頃」の場がある。雪がやむと、舞台中央にスミレの踊り手が一人、スポットライトの光に丸く照らし出されて踊り始める。このとき、舞台は春の曙光に包まれ、春の訪れを告げる場面へと変化する。この作品の作者言で、白井は非常に興味深い発言をしている。

「すみれ」は宝塚の歌であるから、今度も使うが、これは冬から春へのあこがれ、春を讃えるテーマの歌にして、舞台をすみれ色一杯にして麻鳥千穂と槙克巳が歌い、南安雄先生の新アレンジと大滝愛子先生の振り付けで四条秀子をはじめバレエチームが大いに踊ってくれるものである。それ以外は全部新しい花物語である(26)

ということは、「すみれの花咲く頃」は、一九六三年四月には、宝塚を象徴する「花」になっていたということになる。『花詩集』より前を探ってみると、五九年一月に『ミュージック・アルバム』(一九三六年初演)が再演されている。この作品も同じテーマのもと、内容こそ自由に新しく変えられるため再演向きではあるが、やはり最後に「すみれの花咲く頃」の大合唱が入っている。もともと「すみれの花咲く頃」は、白井がパリへのノスタルジアを込めた「花」だった。それがたびたびの再演の舞台で効果的に使われ、オールドファンに過ぎし日の宝塚への郷愁を思い起こさせた。しかし、ただ懐かしさや郷愁を誘うだけの気持ちで「すみれの花咲く頃」を使ったのではこのように定着しなかっただろう。「冬から春へのあこがれ、春を讃えるテーマの歌にして、舞台をすみれ色一杯」という様子を想像してみると、白井がどれだけ「すみれの花咲く頃」の場に精魂を込めたかが伝わってくる。再演される舞台に「すみれの花咲く頃」が定番となっていったのは、その時代に即したアレンジの仕方や紫色の色彩の使い方など、常に創意工夫をして、いつも新しい「すみれ」の場をこしらえたからなのだ。のちに、生徒が退団するときに「すみれの花咲く頃」を歌いながら階段を下り、ファンに別れを告げるようになったのも、「すみれの花咲く頃」が記念イベントで必ず歌われるようになったのも、こうした白井の地道な積み重ねが実を結んだからだろう。パリから「すみれの花咲く頃」を持ち帰り、それを立派に育てて宝塚の「花」にしたのは白井鐵造である。

聞く人や歌う人にそれぞれの思いを抱かせる「すみれ」の歌は、宝塚の歌として今日まで歌い継がれてきた。白井が再演でたびたび使ったことがその大きな要因ではあるだろうが、多くの人々の心に刻まれる歌詞とメロディーは、宝塚の歌として本当にふさわしいのである。

覚えやすい歌詞と甘いメロディーはいつの時代もファンの心をとらえる。可憐なスミレは、宝塚の歴史を支えてきた「花」なのである。

5 「すみれ」とともに、白井の故郷・春野町の取り組み

白井は十三歳で故郷を離れたが、その翌年に母親が亡くなり、故郷への足は遠のいた。成長し、宝塚に入ってしばらくしてから墓参りのために帰省すると、久しぶりに見る故郷の小川や丘はとても小さく見えた。宝塚の話など説明しても、誰もわかってくれそうになかった。やがて、宝塚の大演出家となって還暦を祝う同窓会に出席したとき、白井は、「母校の南中学校生徒に宝塚を見せたい」と提案し、その翌年の一九六一年（昭和三十六年）から南中の修学旅行のスケジュールに、宝塚見物が一日入ることになった。観劇後の大階段での記念撮影も、以来恒例となって現在まで続いている。白井はふるさとの後輩たちに「一生懸命にがんばれば夢はかなう」と、伝えたかったのだろうか。

晩年、白井は故郷をとても懐かしみ何度となく訪れたようで、常宿とした松本屋旅館に自筆の色紙「故郷は懐かし松本屋の集いの日」（一九七一年四月）を残している。故郷の人々にはいつも謙虚で優しかったという。演出家としてはとても厳しく、自分のイメージどおりの演技やせりふを求めた人物と聞いていただけに、故郷で見せる顔は意外に思える。春野町民は、長年にわたり宝塚に呼んでくれる白井に感謝していた。故郷・犬居を愛し、春野を思う姿に町民から声があがり、白井は一九八二年に春野町名誉町民になっている。これがきっかけとなり、何か形に残そうと、南中学校

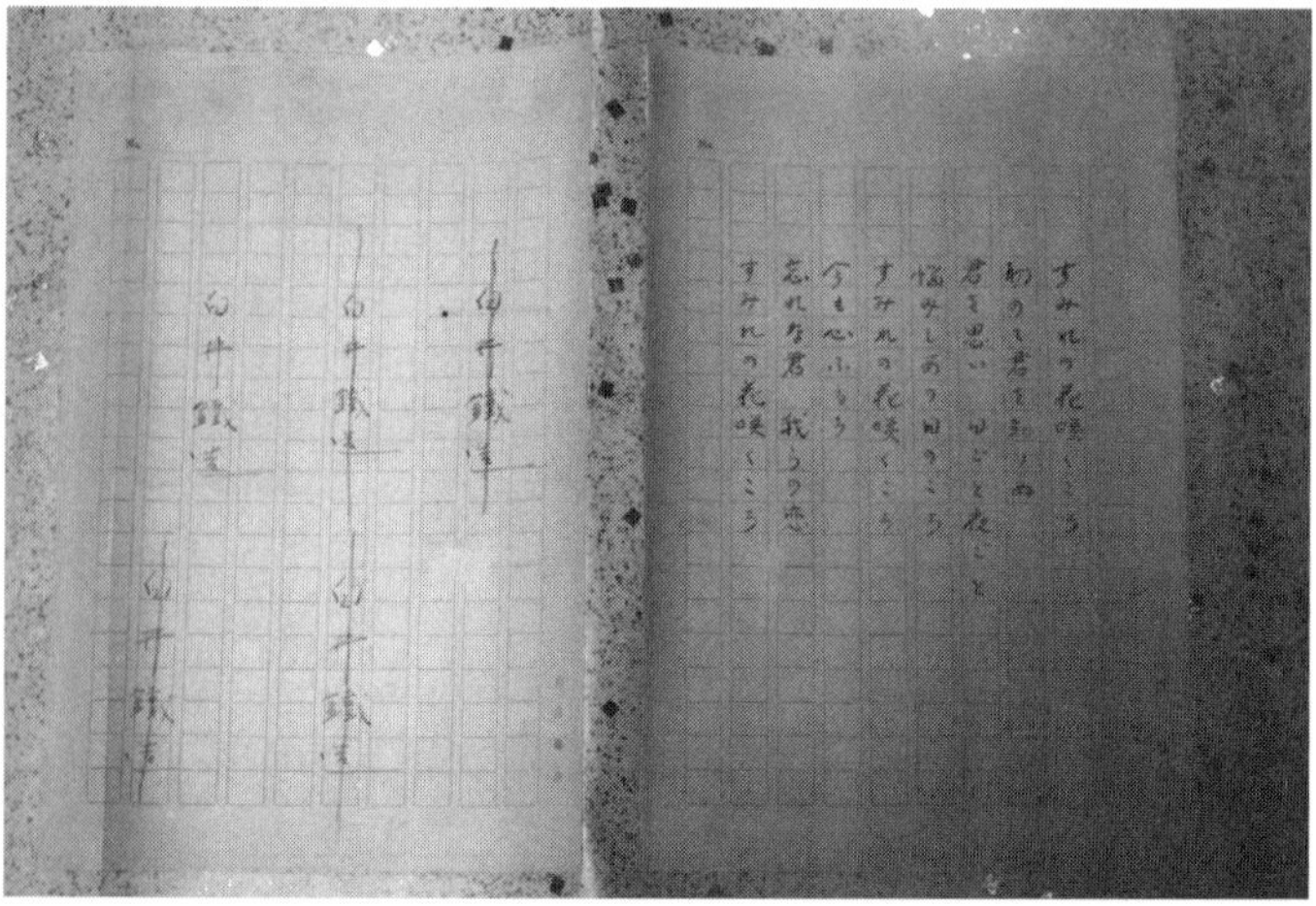

写真16　白井の自筆原稿「すみれの花咲く頃」。これが歌碑に刻まれている（提供：犬居すみれ会）

の校庭に「すみれの歌碑」が建てられることになった。二〇〇五年に浜松市と合併した春野町で最後の町長を務めた伊藤晋一郎は、その碑に刻む「すみれの花咲く頃」の自筆原稿をめぐって、白井と交わした激論を忘れられないと言う。「あれは恋の歌だし、中学校の庭にそらあかん、洋物だし、「桃の花咲く丘」なら書く」と白井は言った。「そんなものだァーれも知らん、聞いたことがない」と押し問答が続いたが、白井も伊藤も強情で、どちらも譲らなかった。結局、結論が出ないまま一カ月くらい過ぎた頃、突然白井から「すみれの花咲く頃」の原稿が送られてきた。この経緯は前述の「うたの旅人」に掲載されている。春野町の人々から寄付を集め、有志の力を結集して、一九八三年八月に歌碑は完成した。除幕式には、白井夫妻と宝塚の生徒六人が参加して、「すみれの花咲く頃」を合唱した。

その年の暮れ、十二月二十二日に白井は帰らぬ人となった。

伊藤は、「すみれの花咲く頃」の押し問答をしたときの「桃の花咲く丘」が気になっていた。歌碑の除幕式では「すみれの花咲く頃」を歌ったが、白井は、式後のパーティーでは「桃の花咲く丘」を歌わせた。白井は、まだこだわっていたのだ。伊藤は、二〇〇一年から町の新中学生に桃の苗木を贈ることにした。十四年たって、自然と桃の花が咲く故郷になりつつある。「桃の花咲く丘」の歌は、どんな歌だったのだろう、と私も気になっている。

写真17　「すみれの花咲く頃」歌碑除幕式（1983年8月13日）。白井と宝塚生徒（友樹《ゆうき》こころ、弦《げん》さやか）（提供：犬居すみれ会）

グランド・ロマンス『桃花春』は、宝塚少女歌劇二十五周年記念・大東亜建設博覧会記念として上演された。物語は、支那のある青年が一攫千金を夢見て平和な故郷を振り捨て、仙人の力で金持ちになるが、金では決して幸福はあがなえないことを知り、再び桃の花咲く懐かしの故郷へ帰って幸福に暮らすというもの。これは、芥川龍之介の短篇「杜子春」のレビュー化だが、白井がこだわった「桃の花咲く丘」という歌は、葦原邦子がとても印象的に歌い、桃の花咲く田舎の感じがよく出ていて、とても和やかな雰囲気を与えたという。

桃の花咲く故郷の丘
甘き夢は今も残る
桃の花咲く下に立ちて
思ひを馳せぬ小さき頃に
懐かしやあの日の頃の
父の言葉、母の笑顔
桃の花咲く故郷の丘
甘き夢は今も残る(27)

白井は自伝に、「私は『桃花春』の主人公に、浜松の会社を辞めて東京へ出るときの気持ちと同じようなせりふを言わせた[28]」と書いているが、それは「こんな田舎に居たって先の見込みがある訳ぢゃなし、俺は京へ行って金持ちになるんだ、こんな田舎で何も知らずに朽ち果てるのも一生なら、京へ出て楽しく暮らすのも同じ一生さ[29]」というせりふのことである。白井は、この主人公に自分を重ね合わせ、「桃の花咲く丘」の歌詞に故郷への思いを乗せた。この歌には、子供の頃に過ごした懐かしい「犬居村」の風景があるのだろう。中学校の歌碑に刻むにふさわしい内容の歌詞だった。

写真18　犬居すみれ通り（2014年10月、春野町で著者撮影）

いつの頃からか、「すみれの花咲く頃」は、白井が故郷の春野町で可憐に咲く日本人になじみやすいスミレをイメージして訳詞した、というのが定説のようになっている。今回の調査で、白井がスミレに乗せた思いは憧れのパリであり、しかもパリの街角で売られていたいい香りの可憐なスミレだとわかった。確かに、初の外遊からパリ土産を持ち帰るのに必死だった当時の白井には、故郷・犬居を思い、そこに咲くスミレに思いを馳せる余裕はなかったはずである。帰国後にパリの夢を見たくらい、当時の白井は、パリへのノスタルジアでいっぱいだったのである。「すみれの花咲く頃」は恋の歌だから、中学校の校庭にふさわしいとはいえない。それよりも実は「すみれはパリへの憧れの花」だったから、よけいに「桃の花咲く丘」にこだわったのではないだろうか。

一九八七年にスミレが春野町の草花に制定され、九〇年からすみれ草花愛好会が発足、十四種類から十七種類のスミレを育てている。そして、愛好会メンバーはスミレを歌劇団に届けて歌劇を観劇することが恒例になった。

　宝塚歌劇のお膝元の兵庫県宝塚市でも、市民アンケートによって一九六八年三月一日、スミレの花を市花にした。スミレの花を「市・区の花」に制定している自治体は全国に多く見られるが、宝塚歌劇にちなんで「すみれ」を制定しているのは宝塚市と春野町だけである。白井生誕百周年にあたる二〇〇〇年に、伊藤は、宝塚市長から「スミレが市花になっているが何もない、「スミレ百年目の里帰り」をしてくれないか」と相談を受けた。それからというもの、愛好会メンバーが市にスミレを贈り、春野町の中学生は歌劇団への「スミレの使者」となったのである。歌劇団側は、スミレの受け取りに四人を用意してくれる。組長、副組長、男女トップの二人である。いつも誰が誰に渡すのか校内で話題になるのだが、何よりも舞台に上がってスターたちと記念撮影することで、「十四歳の春」の感激が心に刻

写真19　白井が常宿としていた松本屋旅館と著者（2014年10月）

写真20　白井鐵造記念館（2014年10月、著者撮影）

まれる。白井が残した粋な計らいである。

宝塚市には春野町が精魂込めて栽培したスミレの苗が届き、市役所中庭や大劇場前の「花の道」に植栽されている。白井鐵造が持ち帰った一葉の楽譜が、長い年月を経て、春野町と宝塚市を結んだのである。

二〇一四年の十月初旬に、私は春野町を訪れた。白井が母親に見送られて旅立った道にはバスが通り、そこは「犬居すみれ通り」と呼ばれる。一九八七年に完成した白井鐵造記念館にはスミレが植えられ、「すみれの花咲く頃」が流れる。先に述べた「すみれの花咲く頃」の歌碑がある春野南中は、過疎化のために二〇〇五年に廃校になったが、そして、四十四回卒業生が主力となって歌碑を守っている。春野町では「すみれの花咲く頃」が一日三回、時を知らせる。夕方の五時に流れる「すみれの花咲く頃」を、シーンと静まり返った松本屋旅館で聞いた。

伊藤たちは、白井の人柄をしのんで没後も白井を顕彰し続けているが、その理由を次のように話した。「歌碑は作りっぱなしじゃいかん、守らないかん」と、十人が発起人となって犬居すみれ会を発足させていたのだ。「二〇一三年、歌碑三十周年をやったが、節目節目のイベントなど、いろいろ理由をつけて盛り上げないと、白井先生を覚えている人が減ってくる。難しい」と伊藤は言う。しかし、二〇一四年、長年にわたり白井鐵造を顕彰し続けた功績が認められて、宝塚市制六十周年に宝塚市長から「まちづくり功労」賞が贈られ、浜松市長賞も受賞した。みんなで育ててきた「すみれ」は、宝塚の花として、そして白井の故郷・春野町の花としても、いまもしっかりと根を下ろしている。

注

(1) 前掲『宝塚と私』一七七ページ
(2) 小林一三「おもひつ記」「歌劇」一九五一年九月号、宝塚歌劇団出版部、三八ページ
(3) 小林一三「おもひつ記」「歌劇」一九五五年四月号、宝塚歌劇団出版部、四〇ページ
(4) 同誌四〇ページ
(5) 小林一三「序」、宝塚歌劇団『宝塚歌劇四十年史』所収、宝塚歌劇団出版部、一九五四年
(6) 『宝塚歌劇脚本集』宝塚歌劇団出版部、一九五一年、九ページ
(7) 同書九ページ
(8) 同書一二、一六ページ

(9) 歌唱指導について「虞美人楽の日見たまゝの記」(「歌劇」一九五一年十月号、宝塚歌劇団出版部、三五ページ)に次のように書かれている。「一部の休憩が終わると静かに緞帳が上がります。舞台にはスクリーンが降ろされ、主題歌の指導です。歌詞はスクリーンに写され、歌手は竹園まり子さん」

(10) 前掲『宝塚歌劇脚本集』、一九五一年、一二三ページ

(11) 同書一二三ページ

(12) 長與善郎「『虞美人』を観て」「歌劇」一九五五年五月号、宝塚歌劇団出版部、四一ページ

(13) 前掲『宝塚ぼくのメモランダム』一四ページ

(14) 前掲『宝塚と私』一四ページ

(15) 同書一八六ページ

(16) 小林米三「見たこと聞いたこと感じたこと」「歌劇」一九六二年九月号、宝塚歌劇団出版部、四六ページ

(17) 千波静はのちに東宝社長・松岡功と結婚し、松岡修造の母となった人である。

(18) 白井鐵造「モン・パリ再上演、演出について」、『宝塚歌劇脚本集』所収、宝塚歌劇団出版部、一九四七年、一二ページ

(19) 小林一三「おもひつ記」「歌劇」一九四七年十月号、宝塚歌劇団出版部、一二一ページ

(20) 岸田は、初演の『モン・パリ』では、小林一三の長男の冨佐雄・富士子が結婚したばかりだったということで、夫妻をモデルにした新婚の太田新吉と房子を登場させた。パリに新婚旅行をするという設定にしたが、再演ではその太田役を南悠子が演じた。

(21)「朝日新聞」一九五七年十一月十三日付
(22)「東京新聞」一九五七年十一月六日付
(23)「東京タイムズ」一九五七年十一月六日付
(24)「座談会　二月星組公演花詩集」「歌劇」一九五八年二月号、宝塚歌劇団出版部、三二ページ
(25)『宝塚歌劇脚本集』宝塚歌劇団出版部、一九五八年、三〇ページ
(26)白井鐵造「花詩集一九六三年について」、『宝塚歌劇 脚本と配役』所収、宝塚歌劇団出版部、一九六三年、一八ページ
(27)『宝塚少女歌劇脚本集』宝塚少女歌劇団、一九三九年、四二ページ
(28)前掲『宝塚と私』二八ページ
(29)『宝塚少女歌劇脚本集』宝塚少女歌劇団、一九三九年、四二ページ

第6章　白井鐵造を語る――インタビューでつづるその姿

白井鐵造は、戦後の宝塚で、華やかでまさに宝塚らしい作品を生み出し、次々とヒットを飛ばしたが、その陰で生徒の演技力のレベルアップに尽力したことでも有名だ。一言のせりふにこだわり、気に入らなければ同じ場面を一日中練習させるほどの厳しい指導を徹底したという逸話が伝わっている。白井作品の振り付けを担当していた歌劇団演出・振付家の渡辺武雄からも同じ話を聞いたことがある。まんざら、でたらめな話でもないだろう。

実際に指導を受けた宝塚ＯＧから、貴重な話を聞くことができた。池田文庫在職中に結んだ縁を頼って、白井についてのインタビューを申し込んだところみんな快く応じてくれた。当時宝塚随一の大型プリマドンナといわれた加茂さくら、コロラチュラのソプラノで歌える、純情可憐な宝塚を代表する娘役の一人、八汐路まり。初風諄は内海重典の『絢爛たる休日』（雪組、一九六二年）で大

写真21　加茂さくら
（提供：加茂さくら）

抜擢されて男役から娘役に転向し、誰もが知る初代マリー・アントワネットとして大輪の花を咲かせた。鳳蘭や汀夏子を輩出した花の五十期生からは但馬久美と竹生沙由里にインタビューした。竹生はダンスが得意で、中学のときに白井と縁を結んだ人であり、但馬はいわば神代錦を彷彿とさせる存在で鳳蘭を支え、宝塚随一といわれるほどダイナミックに踊れるダンサーとして定評があった。瀬戸内美八は再演時の『虞美人』（星組／花組、一九七四年）で韓信を演じたが、当時すでに巨匠として君臨していた白井とのつながりはあまりなかったという。瀬戸内は、白井門下の菅沼潤の作・演出による『心中・恋の大和路』（星組、一九七九年）で、宝塚の理想の男役とはほど遠い忠兵衛役を演じきり、退団後には近松物の一人芝居を演じるようになった。彼女は宝塚の卒業生としては異色の経歴をもち、新たな境地を開いた人物である。

1　加茂さくらと『黒船』から『微笑の国』——一九五五年初舞台

加茂さくらは、宝塚歌劇百周年記念の舞台で「すみれの花咲く頃」を熱唱し、観客は昔と変わらぬその歌声に酔いしれた。いつまでも美声を保ち、いまなお活躍できることは驚嘆に値する。

加茂の初舞台は、一九五五年（昭和三十年）四月の花組公演グランド・レビュー『春の踊り――レインボー宝塚』（白井鐵造作・演出）である。舞妓役と白い星のロケットで舞台に立ったが、初日の公演後に花組担当の先生に呼び出され、「きみ、なんで笑わないんだ。こういう仕事はね、人様を楽しませる商売なんだからね」と注意されたという。「この当時、ロケットを間違ったら自己申告の決まりがあったので、とにかく間違えないように一生懸命だった。一人笑っていなかったので目についたんでしょうね。歯が見えるようにしたら笑って見えるだろうか？　結構苦労したんですよ」。そのことと直接には関係がないかもしれないが、加茂は五五年の春、「歯の女王」京都代表で東京で開かれた全国大会に出場し、全国二位になっている。

一九五七年十月、阪急電車創立五十周年記念公演として上演された『秋の踊り――三都アルバム』（白井鐵造構成・演出、月組）で、加茂は初めてエトワールの座を射止めた。宝塚でのこの役は歌える花形スターに与えられる。入団して二年目の晴れ舞台だった。第二十場のフィナーレで、加茂と大倉玉子の二人のエトワールが五十段の階段から登場し、淑女たちに囲まれて歌ったのは、「いつか夢にみた美わしのパラダイス」[1]で始まる「宝塚心のふるさと」だった。次いで、ヴァレンシアの曲に合わせてパラソルを手に六十人のガールズが階段を下りて、六十人のラインダンスとなった。

「嘘でしょと思いましたよ、公演が終わって誰もいない三階客席の階段を使って、舞台の槙克巳さんを見ながら大階段を下りる練習を十五日間したのよ」

ミュージカル・ロマンス『恋人よ我に帰れ』（星組、一九五八年）では、初主役を射止め、新人の加茂が春日野八千代の相手役としてライトを浴びた。大抜擢だった。そして、そのときに初めて、自身のブロマイドが発売された。「誰も口をきいてくれない。以後ずっと食事は必ず一人だった」というから、やっかみを買うほどの大役だったのだろう。大ベテラン陣に交じってプレッシャーに苦しんだだろう、と思いもしたが、本人の話を聞いてそんな考えも吹き飛んだ。加茂もなかなかの根性の持ち主である。

「白井先生は中国物のときに、こうやって手を広げて立っとけとおっしゃる。衣装着たらわかる。なるほどと思うのです。お稽古場ではこんな無理なことをと思っても、舞台で衣装を着けてみると、そうしないと絵にならない。最初の最初に教わったことですね。

怒られるのは平気ですし、言ってくれてありがたい。よく先生はお疲れにならないでいられるなと思ったことしか印象にないんです。私は平気でした。受け止めた人はいいですが、いびり倒されたと思う人もいる。できないことはできないですよ。先生の教え方をそのまま聞いているだけではだめなんです。なぜ、ということがわかってないと。

同期生が先生に捕まったら、一言で一時間。でもやっぱり先生のおかげですね。いまでも宝塚はすごいところだと思います、宝塚の加茂さくらといってもらえて本当に幸せですから」

ひたむきにがんばる加茂を白井は、きっちりと受け止めた。白井作品で、加茂は、抜擢に次ぐ抜擢を受け、一躍娘役のスターダムに躍り出たのである。

ピアノを習っていたため、歌のほうも何とか歌えたというが、声楽は宝塚の先生以外からは指導を受けていなかった。以下は入学して二年くらいたった頃の話である。

「山田耕筰先生の奥様が、ボイストレーナーで宝塚へ来られました。「真梨子先生がいらっしゃるので、みなさん先生の授業に出てください」って、選ばれる。全員男役。私たちは下級生で、娘役は全員聴講生で聞きにいくだけなんです。スターが優先ですから。私は一人京都から一番電車に乗ってきました。でも十時になっても誰も来ない。あれは運命でしたね。あそこでみんなが来ていたら違っていたでしょうね。私しかいないから、ちょっとあんたみたいなことで発声したら先生がそれから教えだしてくれた。ボイストレーナーっていちばん大事なんですが、自分の体を触らせてこうやって吸うってことを教わりました。私と淀かほるさんは一番弟子といわれるけど、私は聴講生の一人でしたからそれはそれはラッキーでしたね。その先生の発表会があって、私も出してくれた。往年の大スターと組んで、私はソロでしたけど。このとき母が用意してくれたクリスチャン・ディオールの真っ赤なイブニングドレスを着ました。宝塚音楽学校受験のときは、赤いヒール、ブルーのコートに白のワンピースをそろえてくれました。いろいろと支えてくれた母には感謝してもしきれません」

山田耕筰夫人の真梨子との縁のおかげで、加茂はさらなる幸運に恵まれる。一九六〇年度大阪国際フェスティバルで山田耕筰の歌劇『黒船』が上演されたとき、加茂は真梨子の推薦でこの作品に出演したのだ。白井は山田からの依頼で、この作品の演出を引き受けた。絵巻物のような大舞台を豪華に作り上げ、白井は宝塚で磨き上げた舞台作りの腕を見せつけたのだった。『黒船』の初演は

写真22　真っ赤なイブニングドレスで歌う加茂さくら。山田真梨子の発表会で（1958年9月）（提供：加茂さくら）

一九四〇年で、『唐人お吉』（十一谷義三郎作）の物語に興味をもった日米外交史研究家のパーシー・ノエル（元AP通信記者）が、英文で書いた劇作を山田自身が翻訳して曲を付けたものである。日本の創作オペラ運動の口火を切ったといわれるこの歴史的な作品は、関西での上演はこのときが初めてだった。

ストーリーは、異人に身売りしたという一般的に知られるお吉の物語ではなく、反幕府派の浪人の陰謀によってアメリカ領事暗殺の役目を負わされたお吉が、再三領事に救われて人間愛に目覚める、というものである。初日は、楽壇生活六十年を迎えた山田自らがオーケストラボックスで指揮棒を振り、真梨子のお吉、アリゴ・ポーラの領事、柴田睦陸の書記官、立川澄人の勤王党の浪人吉田らの達者な歌手に交じって、宝塚のホープ加茂さくらが売れっ子芸者のお松役に外部出演し、新鮮な彩りを添えた。このほか、朝比奈隆の指揮（二日目と三日目）で、関西交響楽団、関西歌劇団、宝塚歌劇団、地元の音楽学校や合唱団など、大阪国際フェスティバルの総出演者は五百人にも及んだという。これが四月十五日から十七日のたった三日間だけの公演だったというのはいささかもったいない気もする。

写真23　『黒船』（1960年4月）芸者お松（加茂さくら）
（提供：加茂さくら）

加茂は、「宝塚からの歌い手は私一人だった。白井先生の演出だったから踊り手は何人か出たんです。立川澄人さんは音楽学校を卒業したばかりで初めての公演でした。二回と三回が朝比奈隆さん、初日は山田耕筰さんが指揮者でした。真梨子さんは山田耕筰先生の曲では右に出る人はいないといわれるほどオペラ界ではすごい人です。私三日間とも出ましたね。真梨子先生のご縁だから、これもすごい体験でした。曲は、イタリアのグランド・オペラ風だったように記憶していますが、「からたちの花」のような名歌曲でなじみがある山田メロディーもいっぱい出てきたように思う」と、当時を振り返る。

加茂の話を聞いていると、白井が師事した声楽家・高折寿美子を彷彿させる。自らの思いを貫いた、まれに見る根性の持ち主が宝塚にいることを白井は誇りに思ったことだろう。白井は自伝に、次のように書いている。「加茂さくらは、山田真梨子先生によって才能を引き出され、教えを受けて宝塚のプリマドンナになった生徒で、その時新人だった加茂さくらは日本一の声楽家に伍して「芸者お松」を堂々と歌って好評を得た」[2]

加茂の実力は認められ、その年の七月、歌える生徒という条件でオペレット・ロマンティック『微笑の国』（月組、一九六〇年）に出演した。白井は、その作者言で次のように書いている。

オペレットの主役は歌えなくてはならない。（略）その中でも今度は特に歌うことに主眼をおいて、真木弥生、加茂さくら、穂波しのぶ等を起用した。この中、加茂さくらは今春大阪フェスチバル・ホールで、日本一流のオペラ歌手の方と一緒に、山田耕筰のグランドオペラ『黒船』に出て歌ったり、今や宝塚の第一線級の歌える娘役と定評がある。[3]

加茂にとっては、『黒船』出演がスターへの登竜門だったことにまちがいないが、それまでの加茂自身の努力があったことも忘れてはならない。『微笑の国』第十六場は、フランツ・レハールのオペレットに基づいた場面で、美しいヨーロッパ貴族の令嬢リーザ（加茂）が、東洋の王子スウ・チャン（真木弥生）の神秘的なほほ笑みに引かれ、王子の国・支那へやってくる。しかし、リーザは、支那という古い伝統にしばられた国で西洋と東洋の超えがたい隔たりに苦しみ、立ち去ろうとする。一人寂しく優しいほほ笑みを浮かべながらスウ・チャン王子は、リーザの立ち去る姿を静かに見守るのだった。
「歌劇」のファン投稿欄「高声低声」には、宝塚らしい甘さ、美しさ、夢がある白井作品を応援する声が寄せられた。『『微笑の国』は、宝塚はいつも宝塚でなくては……と御大白井先生らしいオペレッタの登場。ファンにとってこの上なく面白い企画。フィナーレは流石白井レビューの醍醐味充分。（略）加茂、歌手としての風格充分で、うたうような台詞はオペレッタにピタリ。迫力ある歌が素晴らしい(4)」

この作品が上演された一九六〇年頃といえば、オペレットがアメリカ、イギリスではミュージカルという名称になって、演出も新しくなり、芝居の題材も、ロマンチックな時代物よりも現代物をリアルに演じる作品のほうがヒットしていた。宝塚でも、オペレットからミュージカルに進まなければならないと考えられていた時期で、高木史朗は、「世界各国とも、自国のミュージカルを作りつゝある時、宝塚という大きな存在が、今までのあり方で満足していてはいけないように思われる(5)」と考え、白井作品から離れた新しいもの、現代物レビューの創作に乗り出した。そして、高木はミュージカル・プレイ『東京の空の下』（花組、一九六〇年）を演出したのである。この実験的作品では男役の不自然さが残り、女性ばかりの劇団であることを特徴とする宝塚では、この点に関して『微笑の国』に軍配が上がった。しかし、オペレットからミュージカルへという新しい時代の波に押されて、白井レビューにも変革期が近づいていたことは確かである。このような時代背景のなかで、『微笑の国』が成功を収めたのは、歌唱力がある加茂の存在があったからであり、白井の厳しい指導が功を奏した結果だった、といえる。

時を経て、『ほほえみの国』（このときのタイトルは平がな）は、博品館劇場が開場した一九七八年、開場第一回公演として上演された。このときも、加茂さくらは令嬢リーザを演じた。これには、ちょっとしたエピソードがある。

『微笑の国』が藤原義江によって一九三八年（昭和十三年）に有楽座で初演された際、藤原は、宝塚のプリマドンナ草笛美子をリーザ役に借りたいと申し出た。しかし、当時は宝塚の生徒の外部出演ができない時代だったので、その実現にはいたらなかった。戦後になって再び、草笛に匹敵する美人でかつソプラノの大プリマドンナとして貫禄がある加茂と藤原歌劇団との『ほほえみの国』上演の話が持ち上がった。この頃には宝塚の外部出演も可能だったので、かなり進んだようだが、結局実現しなかった。その後、宝塚歌劇で上演されたことは前述のとおりである。

それが、再び白井の手で上演されることになり、リーザ役は加茂をおいてほかにない、と白井は考えた。ロココ風の衣装が似合い、花のようなムードをもっている加茂こそ、博品館初公演の女主人公にふさわしいと、宝塚を退団していた加茂に白羽の矢を立てたのだ。タイトルは平がなで『ほほえみの国』、オペレットではなくミュージカル・ロマンスとうたい、スピーディーでテンポがあるアメリカ風のミュージカル作品となった。演劇評論家の戸板康二は、加茂についての評を次のように書いている。

女主人公のリーザは、加茂さくらである。宝塚出身の女優の中で、声のいいことでは定評のあるひとが、近年、舞台や映画やテレビで演じたどの役よりも、これはいいものだった。何しろ、タップリ歌って聞かせるのだから、本領を久し振りに発揮したといえるのだ。(6)

このような好評価を受けていたことをインタビュー中に加茂に伝えると、「褒められていたことはまったく耳に入ってこないし、知らなかった」という。「私は、宝塚を知らずに入ったから。必死でしたし、ほかのことを考えなかった。だから六十年近くもやれたのかな。妙に器用だったらまた違っていたかもしれない。私は不器用でしたから。なにごとも一生懸命やって、宝塚を辞めて『シカゴ』というミュージカルに出たとき、鳳蘭と麻実れいとのデュエットがあった。歌に関しては、譜面をもらったら自分で覚えるんだけれど、彼女たちは元男役だし声が低いでしょう。でも人間やればやれるもので、低音が五音伸びた。重々しく歌えるように毎日稽古したらちゃんと声が出るようになったんです」

このように、加茂は持ち前の根性で苦難の道を切り開き、並々ならぬ努力と、その場を読み取って自分のものにできる能力とをあわせもった人物なのである。

「以前、『雨の中の十三人のジュリエット』という舞台があって、淡島千景さん、久慈あさみさん、それから甲にしきさん、それから宝塚を退団して結婚していても、何をやっててもいいからと募集があって。私も出ているんですが、そのときやっぱり宝塚の人は違うって言われて、なんでって言ったら、宝塚以外の人はみんなできないっていう。歩き方にしても、何でも。宝塚がすごいのはミュージカルにしたって、スーッと歩ける、音楽に合わせて自然に歩ける、それは白井先生のおかげだと思います。退団しても生かせるっていうことがすばらしいことですよ。私は不器用の最たるものだった。宝塚は、先生と生徒の関係で作られていて、宝塚ではこうしなさいと言われて育ったんです。宝塚は入ったとき、何もわからない子がせりふを言うわけだから、まずは先生から初歩的なことを教わって、それから自分で考える。よそは最初から自分で役作りをしていくわけですが、蜷川幸雄さんは見た目がよかったらオッケーとか、そういう人なんですよ。こっちが作ってもっていったことに対して何かリアクションがある人で、ダメならダメ、そうじゃなければ通ってしまう。

少しずつ段階を踏んでやらせてもらうようになりましたね。同じところから、同じプロデューサーから呼ばれるのはありがたい話です。一年の半分が舞台で、四分の一が自分の歌とか、そうやって何十年もやってきているから、私はものすごく幸せです。日本の復興期、いちばんいい時期に生きたこと、それって運命ですものね。宝塚百周年も、私は生きてますというのも出せてよかったし、いい時期にこの世の中を通ったなって。ありがたいです。悔いはない」

ミュージカル・ロマンス『トリスタンとイゾルデ』（雪組、一九六八年）は、真帆志ぶき（トリスタン）と加茂さくら（イゾルデ）という宝塚きっての名コンビのために白井が書き下ろした作品である。王とイゾルデの結婚式の場は、両花道までいっぱいにろうそくを並べ、何十という数のシャンデリアで飾り立て、大コーラスを響かせるという華やかな演出で観客の目を見張らせた。舞台装置も衣装も豪華絢爛で、宝塚ならではの風格を感じさせる作品だった。「階段の上から三分の一くらいのところに立って、下までトレインが下がってたのを覚えています。衣装がすごかったですね。あの頃までですね、衣装にお金をかけていたのは。そのあと衣装が軽くなった。本物のビロードを使っているときと、いまふうなものと、私は両方知ってますから」

このときの稽古について、「宝塚グラフ」誌上で、真帆と加茂が白井と興味深い話をしている。雑誌の対談ということもあってか、表向きの会話ではあるが、ここでは白井の指導法が垣間見えてくる。

真帆「楽しい中にもやっぱりキビシクお稽古をしていただいて皆うまくなりました。出番が少ない人でも文句をいう人はいないんです。皆、叱られても一生懸命にやっていました」
加茂「本当、その点はとてもなごやかなムードのお稽古場でしたね。自分の出番じゃなくても、みんな一生懸命で他の人のお稽古みていましたもの」
白井「今度の舞台は皆台詞がはっきり聞こえて良い、って書いてあったよ」
真帆「今月は出演者がみんな一言台詞の人でも一生懸命やっています」
加茂「若い人みんなが、気付いたことをいって下さい。どうですか、なんて聞きにくるんですよ。白井先生のお芝居にはじめて出た下級生が帽子のことまで細かく注意して下さるっていって感激していました。先生に声をかけてもらうってことが下級生には嬉しいのです」
白井「そんなことは、演出者としては当然なことで、それで皆、時代や風俗を習得するんだよ」(7)

白井の厳しい指導は、生徒一人ひとりに浸透していた。白井伝説は本当だった。加茂も白井の厳しい指導を勝ち抜いて、歌える役者として見事な花を咲かせたのだ。こうした一つひとつの積み重ねが、百周年を迎える現在につながってきたのだろう。女性だけの劇団でも重厚な芸術作品が生まれるゆえんであるだろう。

2　八汐路まりと『忘れじの歌』から『オクラホマ!』——一九五九年初舞台

八汐路まりは、コロラチュラ・ソプラノという女声の最高音域を出せる声の持ち主で、そのうえ、エキゾチックな顔立ちが魅力的だ。すぐに白井の目に留まって、娘役トップにまで上り詰めプリマドンナとして活躍した。

八汐路が宝塚と出合ったのは、父親の会社の慰安のための観劇会だった。八汐路は小学六年生のとき、宝塚大劇場の二階席からオペレット『聯隊の娘』(白井鐵造作・演出、花組、一九五六年)を観た。ヅカファン(宝塚ファン)の友人がいて、宝塚を受けようと誘われた。受験の三カ月くらい前から高校の音楽教師にピアノと声楽を習い始めたのだが、その教師からは大学受験を勧められたという。結局、友達は受験を断念し、「私、受かることないから大丈夫」と受験した八汐路まりは宝塚に合格した。

写真24　八汐路まりと白井鐵造。伊丹空港で（1969年2月27日）
（提供：八汐路まり）

そして、一九五九年（昭和三十四年）に入団して、ミュージカル・ファンタジー『天守物語』（泉鏡花原作、月組、一九六一年）の東京公演では、舞台袖から陰歌を担当した。「この頃宝塚大劇場には、舞台に向かって左側の花道の横の壁に二畳くらいの陰歌ボックスがありました。そこには格子が取り付けられていたので、なかから舞台も指揮者もよく見えます。東京宝塚劇場にはそんな設備がないので、客席からは見えない舞台横から歌いました。亀姫役の天津さんが私のソロ歌から入るんですが、スポットが当たってもう始まっている。私は、そのときまだ三階の楽屋にいて、とても間に合わないと思ったら、下級生が歌ってくれていた。あとで天津さんに平謝りしました」。そんな失敗もあったが、声楽賞をもらった。

歌が上手な八汐路は、新人ながら『サルタンバンク』では可憐な娘役のルイズを、『三銃士――A・デュマ原作より』（月組、一九六一年）では王妃アンヌを演じてその実力を発揮した。『スペードの女王』（月組、一九六五年）のリーザ役については、「歌えて、純情可憐な、宝塚の代表娘役。今度も美しく歌って主人公ヘルマンを引立たせ、自身も大いに売出すことと楽しみである」[8]と白井も期待を寄せた。リーザはプリマドンナのいい役だった。それなのに、「声の調子が悪くなってうまく歌えなかったのは、いまも後悔が残る。

本科生（音楽学校に入学して二年目）の頃から、作曲家の竹内平吉先生のご自宅に、毎日のように通って歌のレッスンを受けました。もちろん、役がつくようになってからも変わることなくレッスンを続けました。私の声に合うイタリア歌曲などを教えてくださった。自然発声法で自然に歌う歌い方も教わりました。そのうえ悩み相談にも乗ってもらって」。

ミュージカル・ロマンス『あゝそは彼の人か』（花組、一九六六年）は、淡い色彩のツバキの花籠を飾った幕開きの、甘く悲しく美しい物語で、久しぶりの宝塚らしい作品だった。のどの回復が十分でなく心配されたが、白井は歌って芝居ができる八汐路をヒロインのリタ役にあてた。八汐路は白井の期待どおりに『椿姫』（ジュゼッペ・ヴェルディ作曲）の名曲をすべて歌い、好演した。白井は八汐路を抜擢した理由について次のように書いている。

ヒロインの八汐路まりは、宝塚有数の歌い手の娘役で、月組のスターなのだが、彼女はこの間ちょっと病気をして月組公演を休んでいたので、今月特別出演をして貰った。彼女は宝塚のエトワール的な大きさを持った歌い手だが、今では可憐な娘役だから、今度のような、人物の性格も、大人の大きさを持ったものは初めてだと思う役だから、これに依って、これからの彼女の役柄は拡がり、大きさを持つ娘役になってくれることと思う[9]

ファンからは、「久し振りに充実した純宝塚的なものを見せられ満足した。最近の殺したり殺されたりという夢のない劇にはヘキヘキしてた折から、原曲の良さを上手く用いた音楽の美しさ。白井先生のセリフはこれ又、味がある。主役二人の歌える強味は素晴しいもので適材適所にいいカップルである。八汐路は演技に更に磨きがかかり、麻鳥もいつの間にこんな大人の芝居を身につけたのかと驚くばかり」[10]と絶賛の声が寄せられている。

この作品の舞台稽古を、下級生だった但馬久美が見ている。「昔から、娘役は髪飾りなどの飾り物は、自分で作るんですが、白井先生が客席から走って舞台に上がって、八汐路さんがカツラに付けていた花飾りをパパパッと取ってしまった。八汐路さんが「先生、わかりました」って。それで生徒はどうすればいいか考える。本番はばっちりでしたね」

この話を八汐路に伝えてみた。「先生の指導は厳しいけれど、叱られているという意識はない。それでやめる子もいるけれど。イントネーションが違っても一つひとつ注意を受けていたから、『椿姫』のときに限らず、指導してくださっていると素直に聞き入れました。私は素直な田舎の子だから。

初めての主役は研三のときの『サルタンバンク』のルイズ役でした。「あなたのために歌えないのよ、かわいそう、道化師さん!!」というせりふがあるんですが、何度も何度もやり直しさせられた。先生は宝塚の舞台で女中なら女中、王妃なら王妃、その型のきちっとしたイメージをもっていらっしゃる。歩くのも座るのもすべて先生の役のイメージ。先生の頭の中のイメージに近づけたいからと厳しくなさるんです。私たちがそれに近づけばいいものができる。先生は怖いけどあったかいんです」。

案外、注意を受けていた者より、見ている者や様子を伝え聞いた者のほうが心が痛んだのかもしれない。八汐路をはじめ宝塚の生徒は、どんなに先生に叱られても、その叱咤を受け止める力をもてば、いい作品ができあがることを知っている。こうした生徒のひたむきさが、宝塚でなくてはなしえない本格的な舞台を仕上げてきたのだろう。結果としてファンにも喜んでもらえる。ファンからの声援は何よりの励みだったことだろう。

八汐路まりといえば、ミュージカル・ロマンス『忘れじの歌』（雪組、一九六七年）のジェーン役を忘れてはならない。初演時は、葦原邦子と櫻緋紗子のコンビで「泣かせる宝塚歌劇」として大評判になったことは、前述のとおりである。その再演の企画は、コマ・スタジアム社長・松岡達郎が、『忘れじの歌』に涙した若き日のことが忘れられず提案したと、当時の阪急電鉄社長・小林米三が「見たこと聞いたこと感じたこと」[11]に書いている。だからこの作品は、新宿コマ劇場創立十周年記念公演として宝塚大劇場より先に新宿コマ劇場で上演されたのだった。

物語は、次のようなものである。ジェーン（八汐路）は画家のダルメン（真帆）と愛し合っていたのに、彼と歌姫メルバ（加茂さくら）の仲を誤解して別れてしまう。その後ダルメンは戦傷で失明し、ジェーンは自らの浅はかな誤解から愛する人を不幸にしたことを悔い、名前を変えて彼の秘書となり、献身的に尽くすという、初演と同じ甘く美しいロマンス物だ。

「現代に入った頃のお芝居だったので、洋服は阪急百貨店で仕立ててもらいました。薄いピンクのスーツで仮縫いもあって誂え物でしたね。バッグとかも、小道具などではなく本物を使ったんです。

米三社長が初日に東京まで観にきてくださった。最後のところでは涙が出て、幕が下りてもすぐに廊下に出られずに困ってしまったと、そんなことを「見たこと聞いたこと感じたこと」に書いてくださいましたね。

それから、新聞社の取材で櫻緋紗子さんのところにごあいさつにうかがった。記者と白井先生と私と、電車で向かい合わせになって座ったんですが、ドキドキしました」

このときのことを調べてみると、櫻緋紗子が小笠原英法の筆名で次のように書いている。

時代が移っても変りなく人の心を打つ物語りなればこそ、二三年前の一月にはこの『忘れじの歌』が新宿コマで上演され、また宝塚でも再演されるとのことで、白井先生が、私の演じたジエイン役を演じる八汐路まりさんと近江八幡のお寺までお訪ね下さった。全く思いがけぬ嬉しいことであった。(12)

櫻緋紗子は一九四〇年三月、十二年在籍した宝塚を退団し、石志井寛の新生新派入りをした。ところが四十九歳のとき、思い切って緑の黒髪をプッツリと切り、鎌倉の長勝寺で仏門に入った。その後の六八年六月、櫻は日英尼公として村雲御所瑞龍寺門跡寺院を継承した。瑞龍寺は御陽成天皇からの寺号を賜り、三百七十五年の歴史をもつ日蓮宗ただ一つの門跡寺院であり、京都・今出川にあったものが現在の滋賀県近江八幡山へ移築された。白井と八汐路はそこへ訪ねたのである。

八汐路は、「『忘れじの歌』の公演中に櫻緋紗子さんが葦原さんと観にきてくださった。これがご縁でお食事をしたり、お付き合いがありました。だから、お亡くなりになったとき、近江八幡まで行こうかということになって、渡辺先生から電話がかかってきた。竹生沙由里さんや但馬久美さんらと二十人ほどで「すみれの花咲く頃」を歌いましたよ」と話してくれた。渡辺武雄には以前から聞き書きをさせてもらったり、池田文庫時代にいろいろと教えてもらっていたので、私自身もこの話は聞いていた。

『忘れじの歌』は、葦原邦子から真帆へ、櫻緋紗子から八汐路へと引き継がれた。白井は、作者言に「真帆志ぶきは、まったく葦原邦子に似た芸風で、歌えて魅力的な二枚目の雰囲気を持っていて、そのうえ重厚な渋さももっている芝居上手な人です。八汐路まりも、歌えて櫻緋紗子に似た可憐な憂愁を持った美しい娘役ですから、稽古していて、また葦原や櫻と一緒に稽古しているような気持ちになったほどでした」(13)と書いている。三十年前の作品でも、それほど古さを感じさせずに見事に復活させられるのは白井のアレンジ力に負うところが大きいが、先輩の演技に負けないだけの成長をみせた生徒たちの努力も、忘れてはならない。

最も宝塚調といわれた『忘れじの歌』の四カ月後、宝塚史上最も冒険的な作品とされるミュージカル・プレイ『オクラホマ!』(月組/星組、一九六七年)が上演された。西部の荒くれ男を中心にした物語が、女性ばかりの劇団の宝塚に移入されたのだから、かつて『モン・パリ』が宝塚に初めて移入されたときと同様に、野心的で、勇気と決断を要する試みだったといわなければならない。しかし、生徒一人ひとりの演技力の向上もあり、歌って踊れて芝居ができる力がついてきた宝塚にとって、本格的ミュージカルに取り組むということは、宝塚内部でもファンの間でも、長年実現してほしい夢だったにちがいない。上月晃や古城都、八汐路まり、初風諄らが好演し、女性だけというマイナス面が出なかったことが成功につながったといわれている。

次に選ばれたブロードウェーミュージカルは『ウエストサイド物語』(月組/雪組、一九六八年)だった。振り付けはサミー・ベイスで、トニー役の古城都、マリア役の八汐路まりは実力からぴったりのキャスティングだとの評価を得た。こうした男性劇的なミュージカルも宝塚の路線の一つにちがいないが、宝塚の伝統にのっとった、絢爛豪華な舞台や、現代感覚風の軽快なショー、甘く美しいドラマなどもまた大切な路線として守っていかなければならない。守ってきたからこそ、いまの宝塚があるのだ。伝統と進化が絡み合う宝塚の過渡期に、八汐路まりも悩んだという。

「特に白井先生の作品の色彩、衣装や舞台装置は宝塚がもつべきイメージです。若い人もオールドファンの方でも、いい夢を見たいと思って宝塚へ行く。白井先生の色は宝塚の原点だと思う。色と歌がいいんです。それぞれの役柄に合わせたせりふの言い方、それも指導してくれる。それでも、白井先生の演出は古いのだ、そんな空気が流れたときがありましたね。若手の演出家からしたら、型にはまった宝塚調で……、新聞でも宝塚調が批判されたことがあった。いったい舞台の演技って何なんだろうと悩みましたよ。白井先生のように一つの型があって、それに近づけていくのか、新劇みたいにリアルに客席を意識せずにやっていくのが演技なのか、すごい悩んでいる時期もありました。そんな悩んでいるときに、『オクラホマ!』や『ウエストサイド物語』が、私にはいいきっかけになったんだけど。『オクラホマ!』はすごい野心的作品で、男役は、顔を茶褐色に塗って、衣装もリアルで、娘役もつけまつげ・アイシャドーはだめ、薄いお化粧でないとだめだった。デ・

ラップ女史の指導は厳しかったけれどすばらしく、娘役は美しかった。でも結局、デ・ラップ女史が言っていることは白井先生と一緒で、べつに変わらないんです。白井作品は古いオペレッタといってしまえばそれまでなんですが、お芝居はブロードウェーの演出家だろうと白井先生だろうと一緒なんだと気づいて、悩むことはないわと吹っ切れた。

白井先生の演出は古いという人は、きっちりと先生の考えを消化できてないか、うわべだけを見ているかなのでしょう。私は、宝塚の夢がある舞台の基本は、白井先生の演出だと思います。いわゆる歌舞伎と一緒なので型があるんです。大きな舞台での見せ方に、先生流のやり方がある。それがオーバーに見えるのは役を消化していないからなんですよ。白井先生は宝塚にとって偉大な演出家です。

百年は通過点。宝塚として守るべきものは、守らないといけない。タカラヅカは宝塚の魅力を引き継いでいかないといけない。白井先生は晩年は恵まれなかった。大切にされてなかったように、私は感じます」

白井や八汐路だけでなく、スタッフや生徒全員が、総合芸術としての宝塚に命をかけている。そして、女性だけでも立派に演じきれるという、それぞれが葛藤の末につかみとった自信が、今日の宝塚歌劇を築き上げてきたのだと、強く感じる。

3　初風諄と『三つのワルツ』から『ベルサイユのばら』――一九六二年初舞台

初風諄は、子供の頃から芸事に長けていた。母親が宝塚ファンで、鼻歌は「すみれの花咲く頃」だったというから、そんな影響を受けたのかもしれない。初風は小学校から日舞に長唄、三味線も習っており、その後、タップダンスやバレエも習っている。そんな初風が宝塚を受験しようと決意したのは、白井の『三つのワルツ』を観たのがきっかけだった。「宝塚グラフ」の白井・初風対談で初風は次のように話している。

私ね、白井先生の『三つのワルツ』が好きで好きであれで宝塚へ入る決心をしたんです。東京と宝塚で都合三十回も同じものをみたんですもの、今でもセリフを覚えています。大好きなセリフなんです。第一話でオクターグ中尉がファンニ・グリンプレに『待った』『ええ』『長く？…』『ええ、千秋の思いで』というあのやりとりのイイ台詞。あのセリフにポーとなっちゃって入ったんですもの、一生忘れられません(14)

そして、宝塚を受験した。「試験のときにね、白井先生に顔が青いよと言われたの。内海先生が「きのうは緊張して眠れなかったんだろう」と助け船を出してくださった」

初風の初舞台は、ミュージカル・ロマンス『サルタンバンク』(白井鐵造作・演出、月組、一九六一年)の士官役だった。「似合わないから私は女役になりたいと言ったら、白井先生は「きみは男役だろう」って、どこを見ておっしゃったんだろう。次についた役が山伏。菅沼潤先生の舞踊劇『清姫』(月組、一九六一年)だったんだけれど、内重のぼるさんが清姫でした」

宝塚に入って二年目に、内海重典のグランド・ミュージカル『絢爛たる休日』で主役のパトリシア姫に初風は大抜擢された。その後に娘役へと転向したことはいうまでもない。

グランド・ミュージカル『皇帝と魔女』(雪組、一九六二年)では、本役は萱妃役だったが、主役の妲己代役にも決まっていたため、妲己のせりふや馬に乗る練習もおこなった。「結局、主役が休まれなかったから、代役は回ってこなかった。でも、これが勉強になった。『皇帝と魔女』のお稽古は夏場におこなわれましたが、白井先生は冷房がお嫌いで大劇場の舞台稽古中は冷房を止めてしまわれる。先生はやせていらっしゃったから。一方、男役の人は、よろいのような衣装を着けていたから暑さで失神しそうになっていた。先生はねぇ、お稽古場の真ん中でホットミルクと砂糖トーストをおいしそうに召し上がっていて、うらやましかった……」

初風が白井の厳しい指導を受けたのが、グランド・ミュージカル『スペードの女王』(月組、一九六五年)である。

「八汐路まりさんが主役でした。二人で抱き合うシーンがありますが、白井先生に「地下食堂で抱き合っているのじゃありません」と注意され何度もやり直しをさせられた。

それから、「私うれしい」と言って、ぐるっと回って椅子に座る場面がある。大きな衣装で、すそさばきがうまくできなくて、一時間くらい同じ動作を繰り返した。そのおかげで『ベルサイユのばら』のときの衣装の流れが身について、それが、退団後の『エリザベート』（二〇〇〇年）のゾフィーの役につながったんです」

宝塚歌劇団が海外で初めて洋物を上演して成功を収めたのが、一九六五年（昭和四十年）、パリのアルハンブラ劇場での特別公演だった。その翌年、宝塚は将来の欧米進出に備えて、目先を変えて海外向け試作品の制作に乗り出した。一九六六年一月公演が『日本の祭』（内海重典作・演出、星組）、二月が『日本の幻想』（高木史朗作・演出、花組）、三月が日本民俗舞踊第八集『藍と白と紅』（渡辺武雄演出・振付、雪組）、そして四月が『日本の四季』（白井鐵造作・演出、月組）だった。この作品で、白井はアンナ・パヴロヴァのバレエ『瀕死の白鳥』を宝塚風にアレンジした「雪に白鳥」の場をこしらえて、天津乙女に踊らせたが、これに初風が出演している。

「『日本の四季』では、内重のぼるさんが太郎で私がお花、『ウエストサイド』みたいな日舞があったんです。白井先生にすごくしごかれた。私は、パリ公演に参加して振付家のパディ・ストーンの厳しい指導を受けている。これで宝塚のダンス能力が向上したといわれているんだけど、白井先生も厳しかったわ」

初風は、コメディー・ミュージカル『僕は君』（星組、一九七〇年）について、面白い話をしてくれた。『僕は君』は喜劇的な作品で、ツレちゃん（鳳）とおとみ（安奈淳）が売り出し中だったんです。私は鳳さんの相手役で農園の娘だからちょっと黒塗りで、安奈さんの相手役の大原さんは令嬢だから白くする。二人で言い合うところを白井先生にさんざん注意されて、難しかった。練習で捕まって大変だった。先生はその場その場のイメージをおもちで、生徒にかける期待も大きい。気に入らなければ、一日中でも同じ場面だけの稽古が繰り返される。白井先生の徹底した指導は、歌劇団内では有名だった。夏の公演のお稽古は教室の窓を開けてするので、「半日くらいやってるわ、まだやってる」と廊下を通った人が思うのです。それにね、開演中にも先生が劇場にみえるの。出番前でも「ちょっと君」と言って注意される。先生の姿が見えたら大原さんと二人で早替わり室に隠れたこともあったわ」

白井の厳しさは、娘役の二人に非常な期待を寄せていたからで、能力を発揮して精進してほしい、という親心にほかならなかったのだろう。白井は、作者言で次のように書いている。

初風諄は今や宝塚の立娘役で、役所は令嬢役の人なのだが、今度は野性的な、男の子のような農園の娘のマリグーサの役を演じるが、芝居上手になった彼女だからきっとこの新しい役柄を自分のものとすることと期待しているし、総督令嬢の大原ますみも今迄の可憐な娘役と異って、気高く、わがままな現代娘の貴族令嬢の役を自分のものにして、芸の幅を広げて大きくなってくれることと思う。(15)

私がこの記事のことを初風に伝えると、白井の気持ちを知って、驚いたように彼女は言った。

「知らなかった。先生ごめんなさい。隠れたりして」

白井は、特に娘役に厳しい。大きな期待をかけているからなおさらのことだ。そして、この期待に応えようと励む生徒の努力は、並々ならぬものだった。華やかで夢を描く舞台の陰に、血がにじむような猛稽古があったことは、記憶にとどめておくべきだろう。

初風諄は、ミュージカル・プレイ『ドン・ホセの一生——メリメ原作「カルメン」より』(月組、一九七一年)で、主役のカルメンを演じた。白井は、演技も歌も上達し宝塚第一級の娘役に成長した初風に大役を与えて期待を寄せ、初風もそれにしっかりと応えた。ファンからは、「カルメンの初風諄。野生の女を演らせたらこの人の右に出る人はいない。宝塚の女役がこういった役を演じる場合、変に凄んでしまうので不自然さが感じられるのだが、そういった無理が全然感じられず適役、好演で大成功[16]」と称賛の声があがった。

「宝塚は男役の世界だから、タイトルは『カルメン』ではなく『ドン・ホセの一生』でした。ジョルジュ・ビゼーのオペラの名曲がいっぱい使われて、私は「ハバネラ」を歌った。メゾソプラノだから自分の音域でしたね。白井先生が歌い方を教えてくださった。このときはあまり注意されなかったですね。いままでに教えてもらったことがすべて役立っている。でも、この作品を地方公演にもっていくことになったときは大変だった。ホセの故郷の踊りだったと思いますが、ホセが故郷を出るときに花の輪を持って踊るのだけど、ピンクと白とか、三色くらいあったかな、踊りの振りに色が決まっている。ところが、地方公演は人数が減るので、色がばらばらになってしまう。白井先生が二時間かかって振り付け直したわ。こだわりがあるんですよ、先生って。それで、なかなか私たちのお稽古が始められなかった。

白井先生の演出はある種の様式美だから、大劇場に向く衣装をどのように美しく見せて大きくす

写真25　白井と初風諄（「宝塚グラフ」での対談のとき）
（提供：初風諄）

るかというのを徹底的に教えてくださる。本当に立ち向かっていかないとダメ、萎縮しちゃうとよけいにできなくなって。大きい舞台に立っても絶対に自分で立ち方がわかるのは、白井先生に教えていただいていたのが、体に染み込んでるからなんです。

外部へ行くと指揮者も演出家も「ぼく、先生じゃありません」と言う。宝塚は絶対、先生と生徒なんですよね。昨年（二〇一四年）、ブロードウェーミュージカルのOG公演『CHICAGO』で、ゲーリーさんて方がいらっしゃって、本当に研一の気持ちになって教えてもらおうという気持ちになっていた。食らいついていったから、舞台ができてると感じている」

宝塚で芸を極めて、そののちに本物の役者になるのは、非常に難しいといわれる。しかし、そんな苦難の道を切り開いた初風諄は、白井に褒めてもらっている。二人のやりとりが興味を引く。

白井「『ミルテの花』〔菅沼潤作・演出、全組合同、一九七二年：引用者注〕今日観て、初風諄は役者になった！……と思った。クララのお母さんのバルギール夫人の出場《でば》はほんの一、二分だけど、それでバチッと芝居を引き締めてお客さんに強い印象を与えてサッと入っちゃう」
初風「セリフは二言だけです」
白井「だから、〝役〟というものは主役をやるとか長く舞台に出るのが必ずしもいい役だというものではないね。たとえちょっとしか出てなくても芸のある人は立派に自分をみせ、芝居の厚味をつける。今日観たカンチャン（初風諄）はまさにそれだ。大した大物になったナーとつくづく感心したんだ」
初風諄「やっと私は今になって、白井先生に教えて頂いた『役を作る』ということが分かってきたのです。例えば先生は、娘役でも地の女でやってはいけない、初風諄じゃなく役になってやらなきゃいけないといつもいわれてきたことが十年たった今頃理解できたことです。（笑）そして大きな役であれ小さな役であれ、役を作るということが俳優として大切であり楽しいことだと思うようになって…」
白井「全くカンチャン、クララのお母さんの役を作れて立派に大きくみせていたよ」
初風諄「それから先生は出入りのときの、とくに出を大切になさっていたことが、十、十一月と帝劇の『海を渡る武士道』で外部に出てよく分かりました」
白井「それは僕の演出の基本なんだ、カンチャンがそれを分かってくれたのは嬉しいね。（笑）宝塚じゃ演出者が手とり足とりで演技指導してくれるけど外じゃ役者自身が考えて役をこしらえなきゃいけないから、下手だったら置いて行かれてしまう。宝塚のように〝そこで三歩下って目をムイて〟ナァーンて細かいことは教えてもらえないものね」

初風諄「そうですね。自分で会得しなければね」
白井「日劇の『春のおどり』の時は扮装やメイクがドギつくてカンチャンらしくなかった。向うのプロデューサーが宝塚の初風諄のキャラクターなりパーソナリティを希望して日劇の舞台に出してみたいという意図なのだろうと思うから、あの場合は宝塚の人だけが持っている品とか清楚とか、いわゆる宝塚の人だけがもっている清純な、初風諄そのままを見せるべきだと思ったね。『初風諄は歌が上手いね』それだけで成功だ。これが役の上だったら、どんなに汚れていても、凄い姐御でも構わないんだ。でも歌だけの場合は、地を見せた方がいいと思ったよ、これを一度カンチャンに言いたかったんだ」
初風諄「今はとってもよく分かります」(17)

とても心温まる対談である。白井は本当に生徒をよく見ている。ただ厳しいだけの演出家ではなかったのである。白井鐵造の人間性がここに表れているといえる。

ここまで加茂、八汐路、初風と、トップにいた娘役だけを取り上げてきたが、スターが変遷していっているさまがよくわかる。逆にいえば、宝塚とは、花のない季節を知らない、永遠の花園である。そしてまた、初風諄のあとにはすばらしい新人たちが控えている。この、魅力ある人材を常に輩出し続ける宝塚歌劇団を作った小林一三について、白井は対談の最後でこんなことを言っている。

小林先生の歌劇にたいする考えを体得して、僕が小林先生のやりたいということをやっちゃっていたので信頼されていた自信はある。だから何でもやらしてくれて、そのために僕の今日までの仕事は出来たので、小林先生がいらっしゃらなければ、今日の白井鐵造は存在しない(18)

やはり白井は、小林一三が考える「維持し得る歌劇」を常に念頭においていたのだ。白井は、どんな困難にもくじけないという強い心をもって宝塚を守ってきた。舞台がつまらなくても、それは生徒の責任ではないというのが、小林のもとで学んだことだった。だから、一人ひとりの生徒を輝

写真26　初風諄と白井。第3回ヨーロッパ公演（パリ）から帰国したとき。羽田空港で（1976年1月）（提供：初風諄）

かせるために、白井は厳しい訓練を課すのだ。そして、その厳しい指導に耐えた生徒が、スターの座に上り詰めて立派な花を咲かせるのである。自然に咲く花などは存在しないのだ。

4 花の五十期生、但馬久美と竹生沙由里——一九六四年初舞台

宝塚歌劇が五十周年を迎えた一九六四年（昭和三十九年）四月、恒例となった春の踊り『花のふるさと物語』（白井鐵造作・演出、雪組）で、五十八人が初舞台を踏んだ。このなかから鳳蘭、汀夏子、大原ますみ、但馬久美、竹生沙由里といった優秀な人材が輩出された。これがいわゆる花の五十期生である。彼女たちの初舞台は、中国の『杜子春伝』の翻案作品で、かつて白井が葦原邦子主演で中国を舞台に上演した『桃花春』の日本版である。白井は『桃花春』のときと同様、ふるさとへの思慕を描いたと述べているが、華やかでテンポのある楽しいミュージカル作品に仕上げられた。まずは但馬に初舞台について質問した。彼女は、まるで直近の出来事のようによく覚えているという。

「スータン（真帆）さんと加茂さんが主役の日本物でしたが、私を含め初舞台を踏んだ生徒たちは、フィナーレのロケットだけが出番でした。喜多弘先生が振り付けてくださったのですが、口上もありましたよ。白井先生の作品は、日本物でやっていてもフィナーレで洋物になる。ドンデン返しのようにパッと幕にしてレビューに切り替える。そしてそのままフィナーレに入っていく。白井先生

流の独特の舞台作りだったと思いますが、上級生はお化粧を落とす時間がなく、白塗りに口紅、ブルーのアイシャドーを付けてらっしゃる。袖で見ていて、気持ち悪いってよく笑ってましたね。

ある日、先輩が休まれて私に代役が付きました。なにしろ白塗りにアイシャドーだから、顔がお客さんに見えないよう大きな帽子をかぶっているけれど、私は相手役だからよく見える。相手役は葉山三千子さんでしたが、「やっぱりおかしい！」っておっしゃってましたね」

のちにたまたま葉山に会ったときに話を聞いてみると、その話はよく覚えていると言っていた。

但馬は、初舞台のことがよほど印象に残っていたのか、この話には続きがある。「香盤表に初舞台生四人の名前が書かれていたから、役が私たちだけ違うと気づきました。ツレちゃん（鳳蘭）と私に、背の高い男役が四人選ばれたんですね。それでいざお稽古に入ったら、「加茂さんを担ぐ御輿を持ってもらいます」ということでした」。それは、白井が作者言に、「加茂さくらの六条君は、美しく堂々と立派で、観音巫女に扮しての行列の場が楽しみ[19]」と書いている場を指していた。「私たちが担いだのは花道いっぱいの重たいお御輿でした。四人で担いだけど、乗るのが加茂さんで、豪華なお引きずりのような衣装を着けて、かつらをかぶってました。私たちはフラフラと出ていったんですが、最初は、緊張していましたね。千秋楽近くになると加茂さんとおしゃべりをしながら

写真27　但馬久美
（提供：但馬久美）

出られるようになりました。あのときは楽しかった」

但馬は、小学一年生からクラシックバレエを習い、さらに、宝塚予備校・別科で一九六一年から二年間、日舞とバレエと声楽を習っていた。

「別科というのは、昭和三十年代にあった歌劇団主催の予備校だったと思います。高校の授業を終えて毎日夕方六時から九時まで旧音楽学校（現・文化創造館）まで通いました。規律も厳しかったですね。私は昭和三十七年に宝塚音楽学校に入学しましたが、それからしばらくして別科はなくなったんです」

但馬久美は、男役だったため同期の竹生と比べて主役の付き方が遅かった。男役十年といわれるゆえんがここにある。但馬はいつも練習風景を眺めて勉強したというが、白井の指導法をよく見ている。但馬に聞いても、白井の伝説となっている指導方法というのは本当の話だと思った。以下が、但馬から聞いた演出家・白井の姿である。

「白井先生は自分のなかにはっきりしたイメージがある。感性と合わなかったら許さない。非常に細かいところまでごらんになっている。白井先生のお稽古は、厳しいんです。神経も張りつめている。先生の作品は総合芸術なんですね。音楽から衣装から照明から、すべてにおいて白井ワールドを作り上げなければならない。お稽古にものすごい時間がかかる。こんな話を聞いたことがあります。朝の八時過ぎからお稽古に入って、「きのうのこの場面がちょっと気に入らないから、もう一回そこをやろう」って。「あなたの御髪は黒くて……」と娘役の髪をとかしながら言うせりふの、

「あなたの「お」ぐし」の「お」が違うとおっしゃる。「お」が違う、違うと、何回もずっとやっていたそうです。「お」の音の高さが違うということなんですよ。気に入らなければ、同じ場面ばかりトコトンやっていたそうです」

やればできる生徒には、白井は厳しい。しかし同時に、それに応える生徒もすばらしい。宝塚百年への道程は一筋縄ではいかないことを改めて思い知らされた。こうした地道な努力のうえに宝塚の世界が成り立っていることは、後輩たちも知らなければならないことだろう。

「先生はいじめているわけではないんです。よかったら褒めてくれる。「ウン、いい」ってね。それがどんなにうれしいか。最高!」と但馬は付け加えた。

「男役がエンビ服やタキシードを着てビシッと立っている姿は、格好いい。この着こなしは、下級生の頃に白井先生から学んだんです。立ち振る舞いや歩き方、走って出てくるところ、あらゆる身のこなしは、自分で工夫してやってみる。先生は舞台全体の雰囲気を大切にされていましたから、乞食役でも品があってきれいなんです。

それから、先生は主役だけでなく、端っこに立っている男役まで、きちんと見てくれている。だから、私のこともよく見てくれていたんだと思いますね。再演の『虞美人』(星組/花組、一九七四年)では、ツレちゃん(鳳蘭)が項羽、麻月鞠緒と私がダブルキャストで劉邦役でした。いい役をいただいたと思います。四月公演だったから、二月三月の寒い時期に服部緑地の馬場で馬に乗る練習をしました。公演中は、小屋を作って馬を連れてきていたんです。毎日角砂糖とニンジンを持っていって馬にあげていました。馬は本番になると横を向いてしまうんですが、ライトが当たると興奮するんです、それでなのか、しっぽを上げて粗相をする。それでも悠々と舞台を歩みながらポタリ、ポタリ。客席で笑いが起こる。それで幕を閉めて、掃除をして、再び幕を開ける。劉邦役は、後半だったから前半は樊噲《はんかい》でした。私のこの役は劉邦を守る役だったので、項羽役のツレちゃんと戦う場面があるんですが、カツラに帽子を付けていてそれが取れて飛んでいった。ツレが笑って客席も笑う。二人とも引っ込んだこともありましたけど」

但馬が最後に「このときの樊噲役は、褒めてもらった」というので、少し調べてみた。これは「宝塚グラフ」に載っている記事のことだろう。

「樊噲の但馬久美は、そのたくましい体躯を生かして、骨太で、強力といった武将像を巧みにつくりあげ〝役者〟であることを示しました。こういう役どころにも粗野な感じがなく、温厚味と品位があるのは、但馬久美の人柄がにじむのでしょう(20)」とあった。

但馬は何でもよく記憶していたので、衣装の色彩についても聞いてみた。「項羽は、気性の激しい性格だから赤色、劉邦は落ち着いて温厚な性格だから茶色だったと思います。『虞美人』は極彩色の、目を見張るばかりの衣装が使われて、いわゆるコスチューム・プレイなどといわれましたが、場面によって色の使い方は変えてあったと思います。怒っている場面と、しっとりした場面では、色の使い方が違うんです。白井先生の色の使い方はすばらしかったですね」

誰もが歌って踊れる宝塚だが、但馬ほどダイナミックに踊れる人はいないといわれた。話を聞いていて、与えられた役柄にひたむきに取り組んだことがわかる。そんな情熱ある話を聞いていると、こちらはすがすがしい気持ちになる。但馬は与えられたパートに全力を尽くし、同期の誰よりも長く宝塚にいて一時代を築き、大作『戦争と平和』（植田紳爾脚本・演出、星組、一九八八年）で宝塚を去っている。

竹生沙由里は、開口一番、「私は、宝塚に入る前から白井先生を知っていました。中学二年のとき、京都の南座で白井先生の出し物に出演しているんですから。『妲己』という作品でした」と話した。松竹の重役の白井昌夫が白井作品の『白蓮記』を観てぜひ歌舞伎の演出をしてほしいと申し出て、實川延若・大谷友右衛門などの関西歌舞伎で『妲己』（一九五七年、白井鐵造作・演出、大阪歌舞伎座）を上演したのである。以前、この『妲己』を調査したことがあり、『歌舞伎と宝塚歌劇』という論集で、「宝塚歌劇資料研究の現在[21]」と題した拙論を発表した。だから、白井が竹生と私を結んでくれたように思えて不思議な縁を感じたのだった。『妲己』は、宝塚で上演された『皇帝と魔女』（白井鐵造作・演出、花組、一九六二年）の原型で、昔、中国殷の時代に九尾の妖狐がいて妲己という美女に化けて宮中に入り、皇帝・紂王はその美女に篭絡されて歴史に残る暴君になり、ついに国を滅ぼしてしまうという伝説に基づいた話である。『妲己』は、大阪の歌舞伎座で初日の幕を開けたが、歌舞伎のなかにレビューと京劇の手法を入れた白井の野心作は好評だったので、このあと、東京は新宿松竹座と歌舞伎座、京都では南座で上演された。この作品には幕開きに魔界の踊りの場面があるが、大阪と東京はＯＳＫ（松竹歌劇団）が出演し、京都南座では池田舞踊団がこの場に出た。竹生は「舞踊団の先生と市川寿海さんが知り合いだったので誘われていった」そうだが、「宝塚グラフ」誌上の対談で、南座公演『妲己』について次のように話している。

バレエは、右も左も分ンないぐらいの小さい時からやってました。お弟子サンの中でも一番のチビッコでしたから。（略）何しろ踊ることが好きで自分からやると言い出したのですから舞台に出るってことが嬉しくて南座に出る時もホイホイと出てました。（笑）あの時白井先生の作品というので宝塚の生徒サンが総見に来ましたね、その日に延若さんが〝今日は宝塚の人がいっぱい見に来ているんだよあれが春日野八千代さん、こっちが天津乙女さんだよ〟と花道で出を待っている時に教えて下さったんです。何てキレイなお姉様方だこと！　と思って眺めていました。（略）

あの『妲己』はとても豪華な舞台でしたね。宝塚のような華やかさがありましたもの。幕開きは〝魔の世界〟で、魔女になって飛んだりハネたりして踊ってましたし、そのあとは侍女の役で紂王の延若さんの後ろで大きな柄の長いウチワで王様をあをぐ役をやっていたんですよ(22)

この『妲己』の出演が、竹生の宝塚入団につながった。

「白井先生のことは、母が知っていたようです。「この子踊ってばかりで」と母が先生に相談したら、それなら宝塚へ入ったらどうですかということで、受験したんです。成績は一番で合格しました。大津出身だから琵琶湖の竹生島からというのが、両親の希望でした。それに合う字画から白井先生が沙由里と付けてくださいました」

もともと実力があったことに加え、幸運にも恵まれ竹生は数々の適役を演じることになった。研二のときには、新人公演で、宝塚ロマンス『海の花天女』（平岩弓枝作、春日野八千代演出、月組、一九六五年）の主役に抜擢されている。「パリ公演のときで上級生がいなかったから、研二の私にドーンと主役が回ってきたんです。本役は淀かほるさんが演じた亜矢の役。あの頃はただ淀さんのものまねで、必死になって同じようになるよう努力するだけで、亜矢の役を作るなんてとんでもないことでした。日本舞踊はできないですし。お化粧は、春日野八千代さんがしてくださいました」

そして、『海の花天女』と同時上演されたのが、グランド・ショー『レインボー・タカラヅカ』（高木史朗作・演出、月組、一九六五年）だった。

「この作品は赤い靴を履いた少女役で、短いスカートにトウシューズという格好で踊りました。でもその頃は最高に太っているときで、五十五キロあったんです。おまけにその太い足にピンクのタイツをはいていたからますます太く見えてしまって」

ミュージカル『ウエストサイド物語』（月組、一九六八年）の新人公演ではアニタの役となり、ダンスがメインのアメリカの場で、得意のダンスを披露している。一九六九年五月のミュージカル・コメディー『テ・キエロ――君を愛す』（白井鐵造作・演出、花組、一九六九年）では、甲にしきの相手役となるシルビアという令嬢の役を演じた。令嬢役に抜擢した理由について、白井は次のように書いている。

竹生沙由理は、今月月組から移籍したのだが、美しく可憐な彼女はそのままのシルビア役で、歌も歌えるし、これから花組の中心娘役として華やかな存在になる人である。花組は伝統的に人材豊富で華やかさを持った組である。二人の主役に続いて、薫邦子、郷ちぐさ、それに続く但馬久美、瀬戸内美八、そこへ今度抜擢した啓華世などの優秀な男役がいるし、花園とよみ、花里ゆかりの娘役も期待している。(23)

「テ・キエロ」はスペイン語で「君を愛す」という意味で、物語はスペインが舞台である。ペテン師のピサロ（麻鳥千穂）が、流れ者のベルナルド（甲にしき）を若く身分の高い貴公子に仕立てて、一儲けをたくらむ。しかし、やがて化けの皮がはがれ、てんやわんやの大騒ぎになる。恋あり歌あり踊りありの内容で、ベルナルドと成り金娘のシルビア（竹生沙由里）の恋だけは本物、というストーリーだった。竹生は純情で情熱的な、それまでにない役柄を演じて物語の中心として活躍した。ファンの評判もよかった。

レビューのまっとうな形式を型通り踏まえた展開はさすが白井先生。新しい主題歌は繰返し歌われて親しく耳に残る。美男美女、綺麗な色彩、それにダンスと、視覚的にこれぞ宝塚、といえるものを見せて頂けた満足感が大きい(24)

白井先生の御作だと久しぶりに宝塚のムードに酔わせていただいた。それに主題歌が素晴らしい。宝塚的で甘く、そのうえ覚えやすいので帰り道歌っている人が実に多かった(25)

『テ・キエロ』は宝塚らしい歌や踊りがいっぱいの、昔ながらのオーソドックスな作品だったのだろう。竹生は、「フィナーレがすばらしかった。それに、舞台は豪華絢爛で目もくらむほど美しかった。宝塚レビューはこれだ、というような作品だった」と語っている。ファンはいつでも、こんな甘くて華やかな、宝塚らしい作品を観て満足し、また観てみたいと思う。それは、ミュージカル『ウエストサイド物語』（月組／雪組、一九六九年）のような宝塚調とは正反対の作品やいろんなジャンルの作品群のなかにポンと出されるからだろう。

竹生の役作りや娘役の声の出し方や役作りについては、前掲の「宝塚グラフ」で、次のように話している。

白井「竹生沙由里は主役で花を咲かせる人だと思ってたから、令嬢のシルビアの役は僕としては是非やらせてこういう役が本命になってほしかったんだ。可憐な娘役としての清純なイメージに変えなきゃいけないし、当然そういう道を歩く人でもある、と思ってあの令嬢の役をしてもらったんだヨ」

竹生「今まで気の強い、ちょっと図々しい役みた

写真28　白井と竹生沙由里（「宝塚グラフ」の対談のとき）
（提供：竹生沙由里）

いなのが多かったので声も段々と太くなってしまったので、先生が、おっしゃったことは、〝可憐な声を出せ!〟でした」

白井「娘役は、声も顔と同じ位大切な条件だものね」

竹生「どうしたら可憐な声が出るのか分からへンし悩ンだ末、ウラ声を使ってみたら先生のおっしゃるのに近い声になるンですけど、それじゃ駄目だと言われるし」

白井「僕のいうのは、発声だけにとらわれないでセリフの言い方で娘は娘らしい人物を出さなくちゃいかんということ。コノミちゃん(竹生)は元々女の声なんだから少々太い声でもそれをもっと自然に使って言い方を娘らしく表現せよということだね。同じ娘でも身分によって物の言い方が異うんだからその話し方で人物を表現すれば少々声の太いことなどは気にしなくなるよ。いつもいうことだが、オジイサン、オバアサンの役でも必ずしわ枯れ声出さなくても性格さえ出しさえすれば役にみえるんだから」

竹生「その人物になりきることですね、もっと勉強しなけりゃ[26]」

役を作るために白井と対峙しさらなる高みを目指そうとするひたむきな竹生の姿もさわやかですがすがしいが、白井がこれまで艱難辛苦の道を歩み、研鑽を積んできたからこそ、厳しくそして優しく、的確な指導ができたのだと思う。

『テ・キエロ』のあと、竹生はグランド・レビュー『永遠のカトレア[27]』では甲にしきの相手役で気が強い女優テレーズの役を演じた。その次が元禄絵巻『炎[28]』のちょっとずうずうしい女小百合の役、王朝千一夜『扇源氏[29]』では活発なお姫様役を演じた。こうしてみると、白井の思いとは異なる役ばかりだったと思われる。

竹生沙由里は、最後にこんなことを付け加えた。

「退団の一つ前の作品が、『浜千鳥』(渡辺武雄構成・演出・振付、花組、一九七二年)でした。渡辺先生が沖縄に取材され、民話の『夕鶴』に似た沖縄民話の『浜千鳥』を素材に、ミュージカル風土記『浜千鳥』を作られました。沖縄の代表的な民謡「浜千鳥節」に「千鳥(ちじゅ)や千鳥(ちじゅ)、浜うて」という歌詞がありますが、私は甲にしきさんの太良と愛を誓うちじゅ役です。渡辺先生は、私の退団をご存じでしたので、みんなが去ったあと私一人を舞台に残し、退場ぎわにゆっくりと舞台を振り返って花道の袖から入る、千秋楽にそんな場面を作ってくださいました。この公演は一九七二年五月でしたので、時あたかも沖縄本土復帰の五月十五日をはさんだ、記念すべき作品でもあり、感無量でした」

竹生沙由里は、一九七二年九月花組公演宝塚ロマン『炎の天草灘』で、甲にしき(天草四郎)の相手役(夕月)を立派に演じ、宝塚を退団した。

5　瀬戸内美八と『心中・恋の大和路』から近松物の一人芝居へ——一九六六年初舞台

瀬戸内美八は、「さよなら聖セバスチャン、輝かしき青春の軌跡…ぼくはもう二度と、ここに戻ることはないであろう…」（『オルフェウスの窓』植田紳爾脚本・演出、星組、一九八三年）というせりふを残して宝塚を退団した人物である。

植田紳爾は、「宝塚グラフ」誌上の「新たな道を行く瀬戸内美八」で、次のようなメッセージを寄せている。

> 真夏の強烈な太陽に燦然と咲き続けるひまわりの花のように、明るさと華やかさを宝塚で咲かせていた瀬戸内美八は、反面、恥ずかしがりやで淋しがりやで、色んな人間的な魅力を一杯に持ったスターだった。そして、人一倍の根性の持ち主でもあった。四国から出て来て、何も知らない彼女が、本当に自分一人で悩み、考え、苦しみ生きて来たことが、今日の瀬戸内美八を築きあげたのだと思う(30)

瀬戸内がトップの座についたのは、一九七九年（昭和五十四年）、鳳蘭の退団後のことで、演じたのは『アンタレスの星』（植田紳爾脚本・演出、星組）のエドモン・ダンテスだった。六六年に初舞台を踏んで以来、十八年の舞台生活を才能と努力と恵まれた容姿によって彩り、男役としての完成形を示したことは多くの人々が認めるところである。

瀬戸内によれば、『心中・恋の大和路(31)』の忠兵衛役は、理想の男性像を描いた茂次(32)と並んで忘れられない役どころだという。瀬戸内の退団に際して、「宝塚グラフ」が瀬戸内美八特集を組んでいるが、そのなかに次の言葉がある。

最初はあまり忠兵衛さんっていう人を好きじゃなかったの。でも最終的に好きな役になったし、違う分野が開拓でき、自分の中での貯蓄ができた作品だと思うの。それに忘れてはならないのが、セットとか音楽とか照明とか総てが良かった作品だったから成功したのであって、私の力なんて微々たるものだったのよね[33]。

この発言からは、瀬戸内の人としての謙虚さがうかがわれる。だから、瀬戸内には、忠兵衛のような悲恋の主人公が似合うのだ。

近松物を宝塚での一つの型に作り上げた演出家の菅沼潤は、去りゆく瀬戸内に次のようなメッセージを寄せた。

写真29　瀬戸内美八
（提供：瀬戸内美八）

ルミ（瀬戸内）はどちらかと言えば目立たない存在であったように覚えています。ところが私は妙に彼女の存在が気になり、竹を割ったような無邪気で明るい表情に注目していました。はっきりこれはトップになると確信を持ったのが『虞美人』の韓信と劉邦で、スケールの大きさと爽やかさに打たれたものです。（略）勿論『心中・恋の大和路』の忠兵衛はルミの代表作の一つになっていますけれど、本当は彼女、あのようなダメ男は好きでない筈です。それはともかく、近松の男まで演れる程に成長したルミの根性には心から拍手を送りたい。研一の時に私が抱いたカンは間違っていなかった。(34)

瀬戸内が演じた男役は数多くあるが、本人が特に気に入っている役は、メルヘンの世界の純粋な心がたまらなく好きだったパピー(35)、瀬戸内には珍しく愛や恋を正面から語ったダニエル(36)、前述の忠兵衛、男の理想像の茂次、スケールの大きい男性の常長(37)ということだ。(38)

瀬戸内がインタビューで開口一番に語ったのは、「白井先生とのつながりは薄いんです。私が宝塚へ入ったときから、白井先生、内海先生、高木先生はすでに大御所でしたから。私たちには遠い存在で、特に白井先生は巨匠でしたし、関わりはあまりありませんでした。むしろ、菅沼先生に手取り足取り教わりましたね」と言ったのは本当だった。というのも、なかなか白井鐵造の話が出てこないのである。瀬戸内の退団特集のなかから一つだけ、白井に関する話が見つかった。『虞美人』で演じた大役について瀬戸内は次のように話している。

『虞美人』の四月は韓信という二枚目を、五月には劉邦という立役の大きな役をやらせて頂いたんだけど、この作品は、自分の思い出の中に大きくはまっているの。お芝居が面白くなり始めたのもこの作品からかな(39)

そのうえ菅沼も「『虞美人』の韓信と劉邦で、はっきりトップになると確信をもった」と言っているのだから、大きな転機だったことにはまちがいない。そこで、まずその話から切り出してみた。

「「韓信の股くぐり」は、白井先生のいちばん好きな場面だったらしくて。私はくぐり抜ける役だったんだけれど、くぐられる方に毎回だめ出しが出たのよ。違う、違うと、せりふを言う前から違うっておっしゃって。その場面だけで二、三時間も取られる、そんなことしていたら大変だということになったり……。その当時から白井先生はトーストにお砂糖がかかっているのが大好物だったんですが、それを召し上がっている間にダメ出しをされた場面をやってしまうとか、そんなふうにやりましたね。韓信がいい役、得な役、韓信を演じたら出世するといわれたけれど、当時から欲もなかったんです。こんなものかな、と思って稽古にのぞんでいた気がします。上級生がすごく引っ張ってくれましたし、わからなかったら上級生が教えてくださった。みなさんに助けられましたね。

柴田先生も時間をかけて稽古をつけてくれるんですが、この作品はもっと時間をかけていた気がします。たとえば三歩歩いて……と具体的に、手取り足取り親身になって教えてくださった。植田先生になってからは好きなようにやりなさい、といった感じで自由といえば自由な方針だったと思います。

続演は劉邦役で、馬に乗ったんです。でも思いのほか馬って背が高くて。項羽役の安奈淳さんが下手、私が上手花道から出て中央で交差して、「我は劉邦なり」と言って引っ込むだけ。でもあれはやっぱり、馬が出るというのが大きな宣伝になったと思います。

東京公演の初日、（『虞美人』は）中国物だからすごく大きい衣装を着けないといけないんですが、かがみ方が足りなくて、落馬してしまった。そのとき、私の妻の呂妃役の上原まりさんが思わず舞台に出てきてしまったりして。

馬なんて、踏み台がないと乗れないのに、何もなしにひょいと飛び乗りました。火事場の馬鹿力ではないけれど。白龍という馬に乗っていたんですが、毎朝おはようと言ってニンジンをあげに行きましたね。かわいくて白いいい馬だったんですよ」

「瀬戸内に内面的な演技力がプラスされた進境は大きい」(40)と新聞の劇評に書いてあったことを本人に伝えると、「あのとき、神代錦さんがいろんな注意をしてくださって、「劉邦は細かく動きすぎ。何かあるたびに動く、その必要はない。今晩は肉にしようかなと考えるくらいの気持ちで、どーんとしてたらいい」。とても印象的な助言をいただいたけれど、できなかったような気がする。でも、こまごまと動くと小さく見えるから、努力はしました。もしかしたら、あまり動かなかったことが何かをつかんだと思われたのかもしれない。実は、神代錦さんから教わった「いちいち反応しない」という大きく見せる一つの方法が、上級生になるとだんだんわかったような気がします。その助言は下級生にも教えましたね」と応えてくれた。

瀬戸内が宝塚に入ったきっかけは、「徳島新聞」に出ていた宝塚音楽学校の生徒募集の記事だった。受験資格が身長百五十七センチ以上と書いてあり、当時百六十二センチあった瀬戸内は宝塚を受験する気になったという話は宝塚ファンならたいていの人が知っていることだろう。それに加えて興味深い話として、徳島育ちの瀬戸内は入学するまで宝塚歌劇を一度も観たことがなかったというものがある。『虞美人』の公演よりも前、一九七二年三月号の「宝塚グラフ」誌上に白井との対談が載っているのだが、そこでは意外な素顔を覗かせている。

瀬戸内「試験場では、みんなきれいでパリッとしていて凄くいい声で発声しているでしょ、真っ黒な顔をしている田舎娘の自分をみて、〃もうダメだッ〃と思ったんです。ダンスの試験の時ゼンゼン踊れないでしょ、先生が可哀想だと思われたのか哀れんでか『あんた一体何ができるンや』と尋ねて下さったので学校時代体操をしてたもんで『トッテン返りがやれます』といったんです」

白井「逆立ちをしたんだね」

瀬戸内「そうなんです、ハリキッて三回ほどサカ立ちしたら三回めにペチャンとつぶれてしまって。それから、声楽もやっていないもんで、これも全然ダメでした！」

白井「よくそれで通れたね（笑）、あッそうだ、あの頃は丁度アクロバットとか体操なんかやれる特技を持った人をとろうといっていた年だったんだヨ、ゴンちゃん（上月晃）も八雲楊子も宝塚を見たこともないし、受験勉強もしないで来て、学校で体操の選手だったとかで受験の時トッテン返りしてうかっちゃった。それが不思議とトッテン返りが出来た人は皆偉くなっている。トッテン返りは根性に通じるのかな？」

瀬戸内「でも私、入ってからが大変でした」

白井「ルミも根性があるんだからもっと舞台で欲を出して欲しいね。今日花組公演みたけど『ラ・ロンド』〔花組、一九七二年：引用者注〕で亜矢ゆたかと一緒に女役で踊ってるね、ああいう時に美八は男もいいが女もいいナと言われなくちゃ、そして女役もこんなに立派にやれるという〝腕〟をみせるいいチャンスなのに、そんな欲が見えないいんだ。エンビ服の紳士の時の踊りと同じような踊りかたをしている。演出家が何のために男役のルミを女役に起用したのかその先生の意図を少しも理解してないね、演出家は男役が役として女を演じるスケールの大きな魅力ある女役を希望しているんだ、だからもう少し色気を出さなけりゃ、それに相手は亜矢ゆたかだ、それに対抗する、そういうところにも根性を出してほしいんだね」

瀬戸内「私、女をするということがもうすでにテレ臭くってテレ臭くって、色気どころじゃないんです」（笑）

白井「役に没頭すればテレ臭いの何のって風は入らないよ、役になりきっていない証拠だね、テレ臭いというのは、地でみせようとするからテレ臭いとか恥ずかしいと思うんだよ、芸でみせなきゃ。それからお化粧もね、『哀愁のナイル』〔花組、一九七二年：引用者注〕の時のメークアップと、ショーの時と同じ顔に見えるよ」

美八「あのうー、同じ化粧で出てるンです！」

白井「そんなズボラなことしないで化粧変えなさい。（笑）ことに女役の時などちょっと一筆入れただけで非常に魅力的な顔になるよ。ルミは目も小さくないイイ目をしているから簡単にその回りをエドっているだけでなくどういう風に目張りを入れたら良い顔になるかということを工夫して、もっと個性的にということを考えてごらん。エジプトの王子でもマユ毛と眼にそれらしい一筆を入れればきっとチャーミングな神秘的な東洋の王子になれて〝あれ誰、瀬戸内美八って素的ね〟ということになるんだけれど、ルミは根性とノンビリを両手にもっているんだ。もっと欲を持って反対に人のをとるくらいのファイトを出して。天性の役者としての花をもっているんだから、それを見事に開かせるように、大いに自覚してください(41)」

この対談の二年後に、瀬戸内は『虞美人』で韓信と劉邦を立派に演じる。白井のアドバイスは非常に的確だ。きっと瀬戸内は、白井の言葉を心に刻んで努力したにちがいない。なぜなら、そのあと実際に瀬戸内は宝塚の頂点に上り詰めたのだから。

宝塚時代に培ったものが、退団後も生きているか、という質問もした。

「私は受験勉強もしないで宝塚に入って、日本舞踊となるとまるでだめでした。初舞台は『日本の四季』(月組、一九六六年)で、腰元の役で歩くだけだったんですけど、うまく歩けなくて。お稽古のときできる人から座っていくんですが、いつも最後まで残った。それがわりと早くから新人公演の主役をさせてもらえるようになって、これは本役の方のお手本があるわけでしょ。新人公演を通していろいろ覚えていきました。役のうえでの日本物はわりとすんなり入っていけたので、トップになってからは和物のほうが演技を作りやすくなった。和物で男役というのは、まるで作れるから楽なんです。宝塚時代の自分の代表作が和物で、それは年齢を重ねてもできるというのはありがたいですね。

十年くらい前に、菅沼先生が、『近松幻想――ひとり芝居』を書いてくれました。二〇〇四年に初演され、老若男女、さまざまな役に扮して、歌や踊りを交え七役を演じました。でもその後に菅沼先生が亡くなられた。そのあとは山路洋平さんが、脚本書こうかと言って書いてくださいました。演出は酒井澄夫先生が、音楽は吉﨑憲治先生が、引き受けてくださった。自分がやりたいことを酒井先生に伝えたんですが、こちらの意見も取り入れてくれて、私が長年やりたいと思っていたことが現実になって、『瀬戸内美八 近松一人芝居 宿命の巡礼歌』ができあがったんです。手作り、でしたね。どこかの会社がスポンサーに入ってくれたわけでもなく、でもチケットを売らないといけない。すると、いままで身内のように付き合ってきてくれたファンの方がやってくれて。

決められたものに出てくださいというのもありますが、でもそのなかで一年に一回、二年に一回くらいは、自分がやりたいものをみんなで作ってやろうじゃないかと思ったんですよ。そうして、今年はこれ、来年はこれ、となっていった。この作品も、そんなふうにしてできた作品の一つじゃないかと思うんです。かなうものですね」

私は瀬戸内の一人芝居を二作品とも観た。『近松幻想――ひとり芝居』は、二〇〇四年に初演され、〇五年と〇七年、〇九年にも再演された。私は最後の公演のときに観ている。菅沼潤構成・演出に谷正純が演出に加わり、吉﨑憲治が音楽、振付は西川鯉右だった。瀬戸内演じる近松門左衛門が、物書きである自分の職業について語り、代表的な近松の三作品を紹介するというかたちをとっている。『松風村雨束帯鑑』『女殺油地獄』『心中天網島』から、歌や踊りを交えて、瀬戸内は全七役を演じた。

瀬戸内の一人芝居への思いは、まだ続きがある。徳島出身の彼女には、いつか『傾城阿波の鳴門』の人形浄瑠璃の世界を一人芝居で演じてみたいという強い願望があった。前作の初演から十年、ようやく夢がかない、『宿命の巡礼歌』（二〇一四年）として実現した。東京公演に次いで、一五年二月には大阪で再演された。「ととさんの名は阿波の十郎兵衛、かかさんの名はお弓と申します」という母子の対面の場は、私はなぜか小さい頃に祖母からよく聞かされた話である。徳島藩のお家騒動に絡む物語で、十郎兵衛とお弓夫婦は主君の盗まれた刀を探すため、娘のおつるを祖母に預け、大阪で盗賊になって役人に追われる日々を送っていた。両親を探して徳島からはるばる旅をしてきた巡礼姿の娘を、自分の娘と知りながらしかし親としての名乗りができない母の姿が印象的だった。こんな情感あふれる場面を、瀬戸内は浄瑠璃風に太竿の三味線で弾き語り、お弓に十郎兵衛、近松門左衛門と演じ分けた。とはいえさすがに娘のおつるには、かわいらしい日本人形が使われた。先ほどの有名なくだりには続きがあって、盗賊に身をやつしていた父が、金欲しさに我が子とは知らずに娘を手に掛けてしまうという結末だ。今回この場面までもが演じられて、私は、こんな悲しい結末であることを初めて知った。宝塚の卒業生のなかに、近松物の一人芝居という、異色の境地を切り開いた人は瀬戸内をおいてほかにはいない。

この一人芝居は、瀬戸内が宝塚時代に『心中・恋の大和路』で忠兵衛役を演じたことからつながる。近松門左衛門の世話物を宝塚で、それもロック音楽を伴奏に上演する異色の試みで、歌舞伎を

写真30　お弓

写真31　義太夫

写真30―33『宿命の巡礼歌』で四役を演じる瀬戸内美八
（提供：瀬戸内美八）

観たこともない、日舞も特に習っていなかった瀬戸内が主役を演じた。そのうえ、この作品の主人公忠兵衛は、お金を使い込む、頼りなくナヨナヨとした男で、宝塚のトップが演じる理想の男性像とは正反対の役だった。心の中に男役の理想を描いていた夢多き瀬戸内は大きなショックを受けたという。しかし、演出家の菅沼潤からせりふの一つひとつの言い回しや、義理と人情の世界を教わるうちに、瀬戸内は忠兵衛役にはまってしまった。ヒーローにはなりえないけれど、人間の弱さと優しさをもった忠兵衛に、観る人も心を打たれたことだろう。一九八二年に再演され、退団後の九五年にも忠兵衛役を演じている。二〇〇一年には東京でも公演があり、瀬戸内にとって忠兵衛

写真32　十郎兵衛

写真33　近松

との出会いは一生忘れがたいものになった。そして、〇四年には、念願の一人芝居『近松幻想――ひとり芝居』が菅沼潤構成・演出で完成した。

いくつになっても希望をもって努力すれば、いつかかなう。人生は捨てたものじゃない、と語る彼女の生来の明るさや人間性には感化されてしまう。前向きに生きる瀬戸内を支えてきたのは、宝塚時代からのファンであり、宝塚時代にお世話になった演出家や作曲家の先生たちである。宝塚で培った土台のうえにまた新たに違うジャンルの花が咲く。自身の表現力を追求し続け、「一人芝居」という独自の世界を築き上げたその心意気に、拍手を送りたい。

最後に、宝塚歌劇が百周年を迎えた感想や宝塚への思いを尋ねた。

「私が宝塚にいた頃は、『ベルばら』があったり、NHKや関西テレビも宝塚の公演を放送したりしていました。この頃はスカイステージができたりしましたしね。田舎の人間にとっては宝塚は遠い存在で、ブームは沈静化した頃、故郷の恩師から「ルミちゃん、宝塚ってなくなったんだね」と言われたりもしました。それが、宝塚の九十九周年から百周年にかけて、テレビでもこれから百周年を迎える、迎えたということで、また大きく取り上げられるようになった。宝塚が再認識されて、自分もそのなかにいたということで、また改めて、背筋が伸びる思いでしたね。うれしかったですよ。宝塚がもう一度よみがえってきて、田舎の人も宝塚を認識してくれましたから」

宝塚歌劇団の本体が盛り上がりを見せていれば、卒業生たちも胸を張れる。瀬戸内は、百周年の場に立ち会えたことが幸せだという。そして、これからの宝塚に寄せる思いを語ってくれた。

「やっぱり宝塚を本当に愛している人たちにとっての主流というのがある。昔の宝塚はきれいで美しいショーが多かった。一九九〇年代を過ぎた頃から方向性が少し変わってきているとは思います。最近の舞台は暗い感じがします。往年の宝塚ファンが喜ぶようなきれいなショーと、ちょっと心温まる芝居の両方があってもいいのじゃないかなと思いますね。

『サ・セ・パリ』(二〇一四年)という作品をやりましたが、美しい照明で、ピンク、白、ブルーといった色彩のもの、昔からのファンはこういうものを欲しているんだな、とやっていて感じましたね。悪くいえば古いかもしれないけれど、本当に宝塚のファンが観たいような作品になっていたと思います。常にはっきりした色で演出するのではなくて、昔ながらの宝塚らしいものもたまにはあっていいのではないかと思いますよ」

小林一三が、興味深いことを書いている。「歌舞伎役者には家代々の玄人がなるが、俳優にはその方の才能だけでなれる。したがって、宝塚にどんな名優が出て来ても、そこに素人くさいところがあるのは全くやむを得ない。だが、そこにまた宝塚の一つの特色があって、一般大衆にうける何ものかがあると、私は考えている。いわば宝塚の生命はそこにあると思う(42)」

瀬戸内といえば、引退公演千秋楽のその夜にアメリカへと旅立った話は有名で、宝塚が大好きだから宝塚を辞めるということが自分でも信じられなかったのだ、という。自分の席がもうここにはないと感じるのがとてもつらかった。アメリカ行きは、彼女にとってひとつの区切りをつけるための旅立ちだった。

トップに上り詰めると、多くのスターたちは退団の時期を考えるという。宝塚は新陳代謝が激しい、短い花の命を競い合うような集団であり、そのなかで多くのトップスターたちが紡いできた歴史がある。一方で、卒業後も夢を追い続け、「一人芝居」で見事な花を咲かせた瀬戸内美八という存在がある。この称賛すべき表現者の歩んだ道のりをたどることは、これからの宝塚のあり方を考えるためにも意義あることである。

注

(1)『宝塚歌劇脚本集』宝塚歌劇団出版部、一九五七年、三〇ページ

(2)前掲『宝塚と私』二四二ページ

(3)白井鐵造「「微笑の国」上演のことば」、『宝塚歌劇 脚本と配役』所収、宝塚歌劇団出版部、一九

六〇年、二八ページ
（4）宝塚之進「高声低声」「歌劇」一九六〇年八月号、宝塚歌劇団出版部、一五〇ページ
（5）高木史朗「『東京の空の下』作者のことば」、『宝塚歌劇 脚本と配役』所収、宝塚歌劇団出版部、一九六〇年、二三ページ
（6）「朝日新聞」一九七八年十一月二十六日付
（7）「スターとスタッフ 名コンビいかす名演出」「宝塚グラフ」一九六八年八月号、宝塚歌劇団出版部、五二―五四ページ
（8）白井鐵造「『スペードの女王』上演のことば」、『宝塚歌劇 脚本と配役』所収、宝塚歌劇団出版部、一九六五年、二六ページ
（9）白井鐵造「演出者のことば」、『宝塚歌劇 脚本と配役』所収、宝塚歌劇団出版部、一九六六年、二四ページ
（10）山川詩「高声低声」「歌劇」一九六六年三月号、宝塚歌劇団出版部、一四六ページ
（11）小林米三「見たこと聞いたこと感じたこと」「歌劇」一九六七年二月号、宝塚歌劇団出版部、三九ページ
（12）小笠原英法『愚女一心』白川書院、一九七一年、一一四ページ
（13）白井鐵造「『忘れじの歌』上演のことば」、『宝塚歌劇 脚本と配役』所収、宝塚歌劇団出版部、一九六七年、一九ページ
（14）「白井鐵造レインボー対談 ゲスト①初風諄」「宝塚グラフ」一九七三年一月号、宝塚歌劇団出版部、二七ページ

(15)白井鐵造「『僕は君』上演のことば」、『宝塚歌劇 脚本と配役』所収、宝塚歌劇団出版部、一九七〇年、二一ページ
(16)加志真志「高声低声」「歌劇」一九七一年四月号、宝塚歌劇団出版部、一五四ページ
(17)前掲「白井鐵造レインボー対談 ゲスト①初風諄」二四―二六ページ
(18)同誌二六ページ
(19)白井鐵造「『花のふるさと物語』について」、『宝塚歌劇 脚本と配役』所収、宝塚歌劇団出版部、一九六四年、二六ページ
(20)「'74年スター評 豪華ケンランの宝塚歌舞伎『虞美人』」「宝塚グラフ」一九七四年五月号、宝塚歌劇団出版部、五九ページ
(21)田畑きよ子「宝塚歌劇資料研究の現在――『妲己』と『皇帝と魔女』白井コレクションをめぐって」、吉田弥生編著『歌舞伎と宝塚歌劇――相反する、密なる百年』所収、開成出版、二〇一四年
(22)「白井鐵造と対談 ゲスト⑨竹生沙由里」「宝塚グラフ」一九七一年九月号、宝塚歌劇団出版部、四二ページ
(23)白井鐵造「『テ・キエロ』演出のことば」、『宝塚歌劇 脚本と配役』所収、宝塚歌劇団出版部、一九六九年、三三ページ
(24)大津椿亮子「高声低声」「歌劇」一九六九年六月号、宝塚歌劇団出版部、一四五ページ
(25)同誌一四七ページ
(26)前掲「白井鐵造と対談 ゲスト⑨竹生沙由里」四四ページ
(27)『永遠のカトレア』内海重典作・演出、花組、一九七〇年

(28)『炎』小原弘亘作・演出、花組、一九七〇年
(29)『扇源氏』柴田侑宏作・演出、花組、一九七〇年
(30)「新たな道を行く瀬戸内美八」「宝塚グラフ」一九八三年八月号、宝塚歌劇団、一四ページ
(31)『心中・恋の大和路』菅沼潤脚本・演出、星組、一九七九年、宝塚バウホール
(32)『小さな花がひらいた』柴田侑宏脚本・演出、星組、一九八一年
(33)「瀬戸内美八の〝あ〟から〝ん〟まで」、前掲「宝塚グラフ」一九八三年八月号、一八ページ
(34)前掲「新たな道を行く瀬戸内美八」一四ページ
(35)『ミル星人パピーの冒険』阿古健作・演出、星組、一九八二年
(36)『エーゲ海のブルース』柴田侑宏作・演出、星組、一九八二年
(37)『海鳴りにもののふの詩が』植田紳爾作・演出、星組、一九八一年
(38)「瀬戸内美八『さよなら対話』」、前掲「宝塚グラフ」一九八三年八月号、二二ページ
(39)前掲「瀬戸内美八の〝あ〟から〝ん〟まで」一八ページ
(40)「大阪日日新聞」一九七四年五月六日付
(41)「白井鐵造と対談 ゲスト⑮瀬戸内美八」「宝塚グラフ」一九七二年三月号、宝塚歌劇団出版部、三六―三七ページ
(42)小林一三「歌劇の男役と歌舞伎の女形」『宝塚漫筆』阪急電鉄、一九八〇年、三一ページ

第7章　海外公演と白井鐵造

宝塚初の海外公演は、一九三八年(昭和十三年)、戦時下の国際政治情勢のなか、「日独伊親善使節」として実現した。このときは、衣装や外見の華やかさばかりがもてはやされ、芸術面の評価は得られず、劇芸術の完成までにはいたらなかった。

戦後になって、一九五五年から三年連続でハワイ公演がおこなわれている。いずれもハワイの日系人青年商工会議所主催の「さくら祭り」に、選抜された二十人が招かれたものだ。そして五九年には、これまでで最大の規模となるカナダ・アメリカ公演があった。ニューヨークのギンス興行との契約によって、宝塚歌劇団は七月二十六日から十四週にわたってアメリカ本土を巡演した。これに次ぐ本格的な海外公演が、第二回ヨーロッパ公演(一九六五年九―十月)である。西ドイツのババリア・アテリエ社との契約によって、パリ・アルハンブラ劇場で一カ月の公演をおこなうと同時に、その模様をテレビフィルムに収めて、ヨーロッパ各地で放映することを目的としておこなわれた。歌劇団は、このとき海外で初となる洋物の上演を試みた。その成功は、かの「鬼のストーン」と呼ばれた振付家パディ・ストーンの大きな力添えがあってのことだった。エネルギッシュでダイナミック、パンチのきいた迫力がある群舞で、舞台には熱意がみなぎっていたといわれる。

次いで、第四回ハワイ公演、東南アジア公演と続き、一九七五年秋から翌年の一月にかけての第三回ヨーロッパ公演は、ソビエト連邦とパリでの四カ月に及ぶ長期海外公演となった。このときは「日本人の力だけで外国人に認めてもらい」、自力で和洋のレビューを作り上げた。

ここにあげた戦後の海外公演には、すべて白井が携わっている。そのなかからカナダ・アメリカ公演と第三回ヨーロッパ公演にスポットを当てて、世界に通じる舞台芸術に発展した宝塚歌劇を追ってみたい。

1 カナダ・アメリカ公演——辛口の批評に学ぶ

宝塚歌劇団は、ニューヨークのギンス興行と一九五九年度(昭和三十四年度)を第一年度とする四年間の連続契約を結んだ。渡米チーム一行は、「ザ・タカラヅカ・ダンス・シアター(The Takarazuka Dance Theater)」と名乗って、七月二十六日に日本郵船氷川丸で横浜を出帆した。八月七日にカナダのバンクーバーに到着すると、同地で開催中の太平洋地域第二回芸術祭に参加した。

その後アメリカに入り、シアトルのアクア劇場を皮切りにニューヨークのメトロポリタン・オペラハウス、ポートランド、ロサンゼルス、シカゴ、サンフランシスコなど三十数都市を巡演し、サンフランシスコから空路で十一月十九日に帰国した。出演者は天津乙女、打吹美砂、黒木ひかる、寿美花代ら四十二人、スタッフは十人で編成された。プログラムは三部構成の三十四場で、第一部『花の踊り』——①「花と虹のタカラヅカ」、②「美女と山賊」、③「岩戸神楽」、④「五ッ木の子守歌」、⑤「棒踊り」、⑥「京舞」、⑦「沖縄の踊り」、⑧「シャンシャン馬」、⑨「野球拳」、⑩「宮崎の臼太鼓踊り」。第二部は、日本の情緒豊かな四季を描いた『四つのファンタジア』——①「春の花」、②「夏の星」、③「秋の月」、④「冬の雪」、⑤「エピローグ」。第三部は、歌舞伎の名作舞踊集『宝塚踊り』——①「紅葉狩」、②「三つ面」、③「花笠」、④「獅子と蝶々」、⑤「阿国歌舞伎」、という内容だった。

メトロポリタン・オペラハウスの公演は九月十六日から十八日間、そのあとは旅から旅の強行軍となり、バス・キャラバンは一カ月にも及んだ。バンクーバーの劇場ではカーテンコールが六回という大成功を収めている。オハイオ州では大学構内にある三千人収容の劇場で公演し、前売り券は一週間で売り切れたという。ミシガン州立大学の構内にある劇場も四千人収容できるが、八割方埋まったようだ。このように、バス移動に五、六時間かけて回った西部海岸各都市での興行は好評だった。

問題は、全米のひのき舞台ともいうべきメトロポリタン・オペラハウスでの公演だった。初日を除いて、三千五百の客席はおよそ三分の一程度の入りしかなかった。その理由は、初日公演を観たニューヨークの一流記者が翌日の九月十七日に辛辣な公演評を載せたためで、各紙に批評が出るやその日から客の入りがバッタリと減ってしまったのだ。二の替わりのプログラムで民俗芸能シリーズの『花田植』（雪組、一九五九年）を用意していたが、これも上演できずじまいだった。公演に同行していた渡辺武雄によると、特に権威ある「ニューヨークタイムズ」のジョン・マルティン評は辛辣そのもので、カミソリのように鋭く感じられたそうだ。渡辺は、宝塚歌劇と同い年というのが口癖だったが、二〇〇八年に九十三歳で亡くなるまでの十年近くをご一緒した。宝塚歌劇の生き字引のような方で、宝塚の舞台化のために全国各地の民俗芸能を取材したときの話や、ほかにも実に多くのことを教わった。「カナダ・アメリカ公演」についても熱く語ってくださり、雑誌「芸能」一九五九年十二月号に載った各紙批評のコピーももらっていた。当時は公演評など気にも留めていなかったが、それは今回大いに参考にした貴重なものだったのだ。これらの資料に基づいて、なぜ宝塚歌劇がこのような痛烈な批評をこうむったのか、考えてみたい。

「歌劇」に「アメリカ興行界よりアルバート・B・ギーンス氏を迎えて」という記事がある。そこには、アルバート・B・ギンスが記者会見で、「「初めて宝塚歌劇を見た時の印象があまりに素晴しく、これならアメリカで公演すれば好評を博すると確信を得た」とその抱負を語り、特にニューヨークのメトロポリタン・オペラ・ハウスでの反響は世界的なものになるだろう(1)」と語ったとある。

高折周一・寿美子夫妻について調べていた際、メトロポリタン・オペラハウスがニューヨーク第一の歌劇場であり、寿美子がこのひのき舞台に上がるためにどれほどの苦労を重ねたかは、今回資料からも明白に感じられた。こうした由緒ある歌劇場で宝塚歌劇が公演できたのは本当にすごいことだ。時代も移り大衆的な娯楽演芸でも受け入れてもらえるようになったのだ、という感想を私はもった。だが実際には本格的なオペラ劇場で公演を打つ宝塚歌劇こそは、歌舞伎に並ぶ日本の伝統芸術と思われていたようだった。だから、ニューヨークの代表紙に君臨している演劇評の担当記者たちが、そろって宝塚の初日舞台を観劇したことはいうまでもない。翌日、各紙がいっせいに宝塚歌劇評を載せた[2]。

例として、「ニューヨークタイムズ」紙のジョン・マルティンがどのような批評を書いたのか、主要個所を選び出してみよう。

①ジャズ風の踊りだの、歌だの、芝居だのを並べた長い番組を繰り広げる。一方、オーケストラは古くさいスタイルのメロディーを奏でる。その結果は、芸術でもなし、ショービジネスでもなし、第一級のラジオ・ミュージック・ホールでもない妙なものになってしまった。

②なぜ女ばかりで公演するか知らないけれども、舞台の上での男装は、お色気も何もあったものではない。男のほうがはるかに力強いし、説得力があるだろうというものだ。

③衣装は非常にすばらしく、舞台装置も目を引くに足るものである。幻想的な小道具を使ったMoter Drum Dance（「宮崎臼太鼓」）は視覚的には非常に効果的であり、棒を使うMilitary Drill（「棒踊り」）も同様である。つまり、とるべき点があるとすれば、それは視覚的なものだというわけである。

④天津乙女は確かに優れた演技力をもつ第一人者である。

⑤このショーは東と西の薄っぺらな混交であって、そのどちらの最高の面をも見失ってしまってい

る。

⑥芸術的であろうと気取ったところが、どうやらいちばん不成功だったようである。全体としてみると、幸いなことに、われわれは豊かな芸術的な日本の演劇的伝統を認識しているから、こんなものであざむかれたりはしない。しかし、外国にこのような中途半端なものを作らせるような影響を与えて、それがいま、われわれのところに帰ってきたという、われわれの文化に対する不名誉の責任を思うと、いささか驚かざるをえない。

もともと宝塚歌劇は、日本古来の三味線や琴ではなく、当時としては珍しかった洋楽伴奏を使用することから始まっている。小林一三が広く海外に紹介しようとした日本の歌劇とは、洋楽伴奏による日本舞踊の大成であり歌舞伎のレビュー化だった。また、女性だけで演じる劇団であることは変えようがない真の姿だ。そのうえ、宝塚では新陳代謝がおこなわれ、いつも若いメンバーがそろっているシステムである以上、歌舞伎ほどの演劇としての伝統もない。こうした宝塚の本質がことごとく批判されたのだから、劇場当局やギンスの宝塚に対する認識不足がこのような事態を招いたと考えざるをえない。

他紙の批評家たちも、「価値あるものは天津乙女の芸だけであり、衣装や装置は豪華で目を見張るばかりに美しいが、宝塚は東洋舞踊の伝統と西洋音楽との奇妙な混合物だ」ということで意見が一致していた。このような酷評のなかで天津乙女の芸だけは認められた。長年宝塚にいて豊富な経験と円熟した芸をもち、洋楽伴奏で舞う第一人者とうたわれていたのだから、観衆を魅了し高い評価を受けたのは当然だろう。天津を除いて、宝塚歌劇が、なぜこのような手厳しい批判を受けたのか、その理由は「芸能」誌の「「ニューヨークメトロポリタン・オペラハウス」での宝塚歌劇」に、はっきりと書かれている。

> 宝塚歌劇は、元来がレビューなのであり、日本においても観客は大部分が女性であるし、女学生中心のいわゆる芸術といった、かたいものでないのである。そのつもりで見てくれればよかったものを、興行主側が、これを勝手に「日本の芸術」として宣伝したことに大きな誤解が生じたのである。（略）
>
> 結果としては、アメリカ側にも誤算と誤解があり、宝塚の方にも研究不足の点があったということだが、ここに日本ではとても想像できないような新聞批評の影響力というものが今度の問題でクローズ・アップされた。これは、アメリカ大衆には新聞批評というものがいかに絶対の権威を持っているかということで、これをウラからみれば、劇評家というものにより、俳優も演出家も作者も、活殺自在となるのである。[3]

日本の新聞報道は、「手きびしく批評された宝塚・ニューヨーク公演―米興行師が宣伝にミス」[4]や「宝塚歌劇ニューヨーク評は不評　新聞の酷評響く　誤解・研究不足に原因」[5]のような見出しで、海外公演そのものの成果よりもアメリカの新聞評を取り上げた。さらに、帰国した白井にはインタビューが集中した。新聞記事のいくつかに目を向けてみよう。

新聞評がよくなかったことは事実だが、ただメトロポリタンという古い伝統と格式に支えられ、オペラやバレエをやっている劇場では宝塚のカラーが合わなかったといえる。たとえばにぎやかな総踊りのプロローグのあとに「美女と山賊」のようなファースが入るというバラエティーにとむ構成に問題があったと思う。（略）各批評は、一つの見方としていい参考になった。構成の面からいえば、ギンス氏（今度の興行師）が来日して、これとこれをという風に品物を買っていって集めたという結果で、これからはもっと話し合って私達の意見も通すべきだと思った。何しろ戦後はじめてのことだし、向こうの嗜好もギンス氏にたよっていたわけだから。[6]

話題になった舞台は天津乙女の鷺娘、梓真弓の紅葉狩の鬼女、打吹美砂の牡丹と獅子など、これはプログラムにも大きくうたっているので注目されたのだろう。そういった意味から次回はもっとスターシステムを押し出したい。（略）

道成寺など、アメリカ人からみれば同じことの繰り返しにしかみえないらしい。たんなるコスチュームショーだといっている。[7]

宝塚歌劇は、日本独自の芸術として育てられ、発展してきた。そして、当初から国内向けには確固たる地位を保持していた。それが、言語、風俗が異なる国では、違和感として映る。結局、アメリカの新聞評は、「宝塚がいちばん賞讃を受けたのは、この西洋の影響がない部分だった」[8]「アメリカの観客はむしろ日本楽器で演奏する日本音楽の方が、よいと言うであろう。つまり純日本風の少女歌劇であってほしかったのだ[9]」という結論にいたっている。

渡辺の作品『花田植』は、もともとプログラムにはなかったが、ギンスが来日した際に観て大感激し、急遽、二の替わりとして上演が決まった。現地のポスターやプログラム、移動バスにもアメリカナイズされた早乙女が大きく描かれた。しかし、例の酷評のあおりで『花田植』は上演されなかったため、渡辺は残念だったにちがいない。『花田植』がメトロポリタン・オペラハウスで上演されていたなら、外国人はどのような感想をもったのかについて想像せずにはいられない。しかし、渡辺はこの件に関して失敗という言葉はいっさい使わなかった。演出家生命をかけて取り組む興行に、失敗など存在しないのである。宝塚の歴史をたどってきたいまなら、その意味は私にも理解できる。白井もこの酷評をしっかりと受け止めて前向きにとらえている。

女性だけで演じ、芸を引き継ぐこともない、アマチュアリズムが根底にある宝塚は、どうしても軽く見られてしまう。だから、演出家は生徒にいっそう厳しい訓練を課す。手厳しい批判から学び、今後の発展につなげていくのだ。その姿勢が、宝塚歌劇本来の姿を守るためにもなる。

アメリカ公演は興行成績が悪く、ギンス興行は相当の赤字をこうむった。結局、当初予定されていた四年連続公演は難しいと判断され、一回きりで終止符が打たれた。

この経験をふまえて、六年後のパリ公演（一九六五年九月―）では、外国人の振付家パディ・ストーンが招かれた。ダンス場面の出演者はすべてオーディションで決められ、女性が男役を演じていることがわかる衣装と振り付けが強調された。ラインダンスの衣装を工夫して脚を長く見せ、男役のリーゼントは前髪を少し垂らして女らしさを残した。いずれも、この公演に参加した初風諄から聞いた話である。

この公演での外国人の反応はすばらしかった。フランスでも、この洋物ショーが絶賛されたのである。そして、この公演を一つの転機として、豪華で華麗な演出のレビューに加え、ダイナミックで新しいショー作りが始まった。この公演での成功ぶりは、その後におこなわれた海外公演ばかりでなく、宝塚大劇場での各公演にも、非常に大きな影響を与えたのだった。

2　第三回ヨーロッパ公演——自力で和洋のレビューを作る

宝塚歌劇の海外公演の第一の目的は国際親善であり、第二は、こうした世界のひのき舞台に挑んで、タカラヅカの名を国内外に広めることにある。それはスタッフや生徒にとってのいい刺激にもなる。

第二回ヨーロッパ公演からちょうど十年目に、第三回ヨーロッパ公演がおこなわれた。公演地はソ連各地とフランスのパリである。出演者四十七人、スタッフ十四人の一行は、一九七五年九月二十九日から十二月四日までをかけてカウナス、ビリニウス、レニングラード、モスクワ、キエフの五カ所での七十二回の公演を終え、空路パリへ移り、念願のパリ公演を敢行した。しかも今回は、すべて日本人だけの力で作り上げた舞台だった。海外向けの和物と洋物の舞台を披露して、観客には二つの劇団が公演していると思わせた。このパリ公演の実現に向けて奔走したのが、元歌劇団常務理事・元阪急電鉄専務の松原徳一である。当時の歌劇団理事長小林公平の命を受けて、劇場をどこにするかを決め、パリのプロモーターを探すために松原はパリに飛んだ。

このソ連・パリ公演の組長は初風諄だった。公演に際しては参加者に、概要や日程、公演都市に加え、持ち物や通貨などについて事細かに記載された冊子を配っている。インタビューをしてわかったことだが、初風は冊子にカバーを掛けていまも大事に保存していた。なにしろ組長としての責任がズシリとのしかかっていた公演だったのだから、繰り返し読んだにちがいない。初風はインタビューで「松原さんはパリ公演が終わったとき髪の毛が真っ白になっていた」と話していたが、このとき、松原はマネージャーとして加わり、陰で公演を支えていた。松原は私の高校の大先輩にあたり、池田文庫時代にも少なからず縁はあった。海外公演について主催者側の話を聞けるなどということは、めったにあるものではない。インタビューを申し込んだところ、快く応じてもらえ、とても興味深い話をたくさん聞くことができた。松原の言葉で海外公演の一部始終をつづってみよう。

一九七三年、宝塚歌劇に、日本の大衆芸能の代表として、国際交流基金から海外公演の要請があった。東南アジア公演は、国際交流基金の援助によって、ビルマ（現・ミャンマー）、マレーシアおよびシンガポールを巡回して好評を博した。そうした縁が元となり、今度はソ連へ行くことになった。ソ連でも国際交流基金の援助で公演をおこなったが、フランスのパリでは宝塚初の海外自主公演だった。松原はこの自主公演にいたる苦労談を次のように話す。

「ソ連公演は、国会議員の原田憲さん、桜内義雄さんの後押しがあって実現したんです。当時お二人は愛宝会という宝塚を応援し激励する会の会長と副会長でした。常々、外国には特に若い人たちが楽しんで見てくれる舞台芸術をもっていくべきだとおっしゃっていました。その頃、外務省の外郭団体だった国際交流基金は、どちらかといえば日本の伝統文化を諸外国に紹介することが主だったんですが、お二人が宝塚がいいだろうと推してくださり、東南アジア公演が実現しました。公演はとても好評でした。次に、今度はソ連だということになりました。正直言って、ソ連には行きたくなかった。だいいちソ連は寒すぎるし、当時は鉄のカーテンというぐらいで情報も乏しい。生徒も行きたくはなかったと思いますよ。でも国際交流基金の強い勧めもあって、当時理事長だった小林公平さんから、ソ連公演の最終公演地のキエフはパリに近いじゃないか、思い切ってソ連とパリをセットに公演しよう、と相談をもちかけられた。小林さんは、パリに行くいいチャンスだと考えられたようです。文化先進国に行きたいときは、自主公演で自前で行けということだったので、キエフが終わって一週間後から約一カ月の公演期間ということで、パリのプロモーターを探して劇場をどこにするか決めなければならなかったのです。いろいろ手紙を出したが、当時、パリは郵便ストの真っ最中で、いまのようにファクスもない頃でなかなか返事がこなかった。それで急遽、私がパリに行ったんです。国際親善もいいけど、宝塚的にはパリやロンドン、ニューヨークで実力を試したいということは常にありましたしね」

一口に海外公演と言っても、生やさしいことではない。言語・風俗が異なる国で、その国のスタッフと協力しておこなう作業や準備など、松原の苦労は並大抵ではなかったはずだ。通常宝塚の海外公演には、国際交流基金のようなスポンサーが必ずつく。しかし、パリ公演は宝塚初の自主公演であり、宝塚が長い歴史を積み重ねてやっと得た成功の証しだった。松原は、当時を次のように振り返る。

「公演期間が先に決まっていて、決められた日程に合わせて宝塚が公演できる劇場はそう簡単に見つかるはずもないですよ。これはという立派な劇場は先の先まで公演日程が詰まっていて、通訳の女性と二人でいくつかの劇場を見て回りました。まさにお手上げ状態でした。そんなときカンチャン（初風諄）がパリに遊びにきたんですね。そこで、二人でパレ・ド・コングレという劇場を見にいったんです。この劇場は、パリ管弦楽団がホームステージにしている立派な劇場で、候補の一つだったんですが、あまりにも大きすぎて一人で決めかねていました。そんなときカンちゃんが、「松原さん、絶対大丈夫、ここで公演しましょう」と後押ししてくれたので、この劇場に決めたというわけです。

海外に認めてもらいたい。パリのまねをして発展してきたといわれたタカラヅカが、どこまでパリで通用するか。第一部『ファンタジー・タカラヅカ』は白井鐵造作・演出の和物、第二部『ビート・オン・タカラヅカ』は鴨川清作作・演出の洋物でした。外国人の手を借りずに日本人だけで作り上げたメイドインジャパンの作品。すべての舞台で満員とはいかなかったけれど、現地の人にとっても好評だった。ちょうど、日本製のトランジスタラジオが海外でもてはやされていた時期で、パリジャンからは日本からトランジスタガールがやってきたと言われました。

パリには「バラエテ」というプログラム冊子があるんですが、これはパリ中の劇場の公演案内が載っている薄い冊子で、そこの記者が宝塚を紹介したいから、宝塚をどのジャンルに入れましょうかと言ってきた。レビューといえば、それは白井先生が宝塚の舞台で演《や》ったんだけど、当時は半ば風刺的な意味をもっていたフランス語で、いまはストリップまがい。歌舞伎は歌舞伎というのだから、宝塚はタカラヅカで出したらどうですか、それで十分ですよ、と言ってくれました。それで、『ザ・タカラヅカ』としたんです。オペラとかと並んで、海外でも「TAKARAZUKA」と呼ばれる固有のジャンルの舞台芸術になった。

そこまで上り詰めるまでの先人たちの努力は大変だったと思います。白井先生は色彩、照明、セットなどはパステルカラーを好み、原色は好きではない。白井先生は、阪急グループから出張という名目で歌劇団がパリ公演に招待しました。久しぶりのパリということで大変喜んでおられましたね。先生はフランス語がしゃべれたんですよ」

実はこの海外公演に向けて、試演会がおこなわれている。海外公演試作『春の宝塚踊り』(白井鐵造作・演出、月組)は、一九七五年九月からのソ連・パリ公演に備えての試作だった。その作者言で、白井は次のように言っている。

ソ連でもパリでも「宝塚」を期待しているのだから、我々は「これが宝塚」という物を持って行くことだと思う。いつも宝塚が上演している、美しく華やかで、現代的な新しさとスピード

写真34　第3回ヨーロッパ公演（1975年9月－76年1月）　第1部『ファンタジー・タカラヅカ』
（提供：阪急文化財団）

のある日本物を持って行けば好いので、宝塚で日本人に好評を得たものは、必ず外国人にもアピールすることが出来ることと信ずる。（略）「三番叟」はマリオネットで、「紅葉狩」は歌舞伎で、言葉は分からなくても、筋は外国の人にも分かるし、これらは同時に外人が日本の風俗、生活を知って興味を持つものだと思う。
　音楽は特に、日本の代表的古曲や俗曲など日本の有名曲を使った。「さくらさくら」をはじめ「元禄花見踊り」「越後獅子」「越天楽」「さのさ」等々、いろいろな俗曲、民謡などを、宝塚の音楽スタッフが、現代的に新しいアレンジにして使ったが、私はこれが日本人の民俗音楽だと誇りを持って外国人に聞かせたいと思って取りあげたものである。(10)

白井はこれまでの海外公演の経験から、世界に二つとない、新しい時代の新しい宝塚の日本物『ファンタジー・タカラヅカ』を作った。日本の文化を理解してもらうには純日本的なものがいい、また洋楽にマッチするスピード感のある日本物が海外で受ける、この二つは先のカナダ・アメリカ公演から学んだことだった。六十年の歴史を積み重ねてきたというプライドにかけて、白井は作品作りに臨んだのだった。

一方の洋物については、日本人の演出で海外で公演するのは初めてだった。前回のパリ公演は外国人振付家ストーンの力を借りたが、今回はメイドインジャパンである。この『ビート・オン・タカラヅカ』の作・演出を担当した鴨川清作は、次のように語っている。

スタッフは視野を更に広げて、世界のどこにも見られない独自のスタイルと内容で仕上げました。(略)どうぞファンの皆様、これを機に、本来の宝塚歌劇のために、新しい路線を敷くことの出来得るこれからの若い作者の勇気ある作品には、特に温かいご支援をお願い申し上げます。

——でないと、白井・高木と受け継がれた宝塚歌劇が中断されてしまうことになります——(11)

パリからレビューを取り入れ、形を変えて発展してきたタカラヅカは、日本では確固たる地位を築いていた。しかし、洋物がそのままパリでも通用するかは、鴨川にとって大きな賭けだったにちがいない。代々築かれてきた宝塚の伝統を少しずつ破って、若い演出家が前進することは勇気がい

写真35　第3回ヨーロッパ公演　第2部『ビート・オン・タカラヅカ』（提供：阪急文化財団）

ることだ。しかし、こうした葛藤があって、宝塚歌劇は大きく成長してきたといえる。幸い、鴨川が果敢に挑戦した洋物は好評だった。和物を演じる劇団と洋物の劇団と二つの劇団が来ていると現地の人に思わせたのだから、その興行は大成功だった。

このパリ公演は、白井が宝塚に入って五十五年目のことであり、その年の十一月二十九日に白井夫妻は金婚式を迎えた。その間、日本のレビュー育ての親として、紫綬褒章、旭日小綬章、兵庫県文化賞など数多くの表彰を受けた。その褒美というわけでもなかったが、夫婦そろって招待され、二人はパリ公演を観劇した。

また、パリ公演は六十一周年を迎えた宝塚歌劇団の新しい第一歩でもあった。その前年は、宝塚歌劇六十周年で『ベルサイユのばら』が上演され、宝塚がよりいっそう注目されていた時期でもある。いつも表舞台にばかりライトが当たり、裏方の話が表に出ることは少ない。もう少し松原の話を聞いてみよう。松原は『ベルサイユのばら』とパリ公演について興味深い話を切り出した。

「パリ公演の一年前が『ベルサイユのばら』でしたから。「パリ公演を見ましょう」というツアーを阪急交通社が作ってくれて、ジャンボ機を三機も貸し切って、それに植田先生と榛名由梨と安奈淳が同行するというものでした。劇場で公演を観て、ベルサイユ宮殿に行って、パリを見学して、『ベルばら』ブームとパリ公演がうまく合ったんですね。

『ベルばら』がヒットした理由は、いろいろあると思いますが、歌、特に主題歌がよかった。その頃は、ビートルズがはやったり、あるいは黒人霊歌とか、タカラヅカも鴨川先生や高木先生がいち早くレコードをニューヨークやロンドンから仕入れて、それをタカラヅカで使っていた。オールドファンは「こんな難しい歌はいや」と言ってましたね。「いまの歌は、どこで終わったかわからない」と。そこで、『ベルばら』は、原点に戻った。小林公平さんがいつも言っていたことですが、「帰りがけに「花の道」で口ずさめるような歌を作ってくれ」とね。昔は、歌唱指導といって幕間に映画みたいにスクリーンを下ろして、歌詞を書いて歌の指導をする。要するに帰りがけに口ずさんでほしいということなんですよ。

植田さんの功績はもちろんですが、作曲家の寺田瀧雄さんの曲がいい。彼は作者に合わせて曲を変えるメロディーメーカーです。『ベルばら』の衣装は、小西松茂さんが担当されましたが、色彩感覚にすぐれ、ヨーロッパの歴史や風俗もよく研究しておられました。池田理代子さん原作の『ベルサイユのばら』は、当時多くの人に読まれた人気漫画ですが、初版本は白黒なんです。だから、初めてカラーになったのはタカラヅカの舞台だといえます。男装の麗人オスカルをブロンドの髪にしたのも小西さんのアイデアで、想像以上に小西さんの衣装がきれいだった。『ベルばら』のヒットにはいろんな要素があったんです。

海外公演は、舞台を通じて、各国の方々との文化交流の実をあげ、国際親善に少しでも寄与したいというのが第一の願いです。ほかにも、日本文化の紹介、生徒（劇団員）とスタッフの地位向上、さらにこうした世界のひのき舞台にチャレンジして、世界に通じる舞台芸術であることを「国内」に知らしめるためです。ソ連・パリ公演は、これらの目的を達成できたと思っています」

このときも、宝塚は六十一年目の新しい第一歩を踏み出したわけだが、挑戦と発展の歴史を繰り返してきた宝塚歌劇にとってはそれも単なる通過点にすぎず、百周年もまた次に向かうための通過点なのである。これからどんな作品が生まれ、そして海外へと発信されていくのだろう。歴史を背負って次代を担う若手の責任は重大である。こうして歴史を刻んできたタカラヅカについて、松原が言った言葉が心に響く。

「タカラヅカには宝塚音楽学校があるから「清く正しく美しく」の伝統は、守れる。宝塚の舞台は音楽学校の卒業生だけで作っている。そこがほかの劇団と違うんです。音楽学校が基本にある、その二年間の教育がすごいと思うわけです。タカラヅカを辞めても、八千草薫も越路吹雪も、扇千景もその名前を返さない。なぜなら、彼女らは宝塚出身ということを誇りにしているからです」

世界に通じる舞台芸術に発展してみせた宝塚だから、卒業生は古巣を誇りに思う。そして、退団後もタカラヅカ時代の芸名で活躍し、どこかに「清く正しく美しく」の伝統を背負っている。

注

(1)「アメリカ興行界よりアルバート・B・ギーンス氏を迎えて」「歌劇」一九五九年五月号、宝塚歌劇団出版部、六一ページ

(2) ニューヨークの代表紙に君臨していた七人の侍と呼ばれていた記者たちは以下のとおり。( )内は新聞名を示す。ジョン・マルティン(「ニューヨークタイムズ」)、ジョン・チャップマン(「デイリーニューズ」)、ロバート・ニールマン(「デイリー・ミラー」)、リチャード・ワッツ二世(「ニューヨーク・ポスト」)、ルイス・ビアンコリ(「ワールド・テレグラフ」)、ウォルター・カー(「ヘラルド・トリビューン」)、マイルズ・カステンディック(「ジャーナル・アメリカン」)。

(3)「「ニューヨーク メトロポリタン・オペラハウス」での宝塚歌劇」「芸能」一九五九年十二月号、芸能発行所、五五ページ

(4)「東京新聞」一九五九年九月三十日付夕刊

(5)「朝日新聞」一九五九年十月六日付夕刊

(6)「宝塚アメリカ公演 帰国した白井鐵造にきく」「産経新聞」一九五九年十月三十一日付夕刊

(7)「アメリカ公演を語る先に帰国した宝塚の白井氏――からい批評に学ぶ」「大阪日日新聞」一九五九年十一月一日付

(8) ルイス・ビアンコリ「Dance:Japanese Girl Troupe Mahes Debut at Met」「ワールド・テレグラム」一九五九年九月十七日付(前掲「芸能」一九五九年十二月号、五九ページ)

(9) マーガレット・ロイド「"Zukette" From Japan Visit New York」「クリスチャン・サイエンス・モニター」一九五九年九月十七日付(同誌六一ページ)

(10) 白井鐵造「海外公演試作品に対して」、『宝塚歌劇プログラム』所収、宝塚歌劇団出版部、一九七五年、二一ページ

(11) 鴨川清作「第三回ヨーロッパ公演 異国への憧れと不安と…」「宝塚グラフ」一九七五年十月号、宝塚歌劇団出版部、六二ページ

第8章　白井レビューは、次世代へ

1　白井レビューの集大成『ラ・ベルたからづか』――一九七九年六―八月

グランド・レビュー『ラ・ベルたからづか――美しき宝塚』(月組、一九七九年)は、白井鐵造の宝塚最後の作品である。しかも、グランド・レビューと銘打ったのは、一九六三年(昭和三十八年)四月公演『花詩集一九六三年』以来十六年ぶりのことだった。豪華絢爛な舞台や衣装で作品を盛り上げたレビュー時代は、六〇年を境にショー形式やポピュラーソングの要素を加えたミュージカル時代へと移っていた。白井作品にもミュージカル・ロマンス『サルタンバンク』(月組、一九六一年)やグランド・ミュージカル『皇帝と魔女』(花組、一九六二年)のように、時代の波に乗ってミュージカルという名称が付けられたが、白井は、ミュージカルとうたおうが、グランド・ロマンと呼ぼうが、結局、宝塚歌劇は一貫して美しく、楽しく、家族そろって観劇できるものという基本姿勢は崩さなかった。その集大成が『ラ・ベルたからづか』だったといえる。第一部は「宝塚の歌」として、「おお宝塚」「宝塚心のふるさと」「たからじぇんぬ」などの宝塚讃歌で構成、第三部は「パリの歌」で「モン・パリ」をはじめ「パリゼット」「ローズ・パリ」「サ・セ・パリ」など、かつて宝塚の舞台で主題歌として歌われたパリの歌が中心だった。そして、第二部は「すみれの花咲く頃」の歌をテーマとして、舞台構成の真ん中に据えて第一部と第三部をつなぐ役割を果たした。第一部、第三部はジャズダンスのショーで、「すみれの花咲く頃」はクラシックバレエでの演出となっている。

その作者言で白井は次のように書いている。

第一部の「宝塚の歌」も、第三部の「パリの歌」もかつての宝塚の舞台の主題歌の集大成だけれど、決して単なる歌のリバイバルではない。

今、宝塚の歴史に残っているそれらの歌を、現代の歌として甦えらせての、新しい作品である。(1)

舞台を通じて歌われる歌には、現代の新しい音楽に造詣が深い小原弘稔が演出に加わり、中元清純が全曲を新しく編曲、結果としてそれらの楽曲は若い観客にも楽しんでもらえる斬新な音楽に生まれ変わった。そして、大階段を十分に生かしたフランス風の楽しいレビューにしたいというのが白井のコンセプトだった。

実は、私は二〇〇〇年頃に、『ラ・ベルたからづか』の公演をビデオで観ている。電光色のハデさはないけれど、「宝塚の歌」はピンクとローズ、「すみれの花咲く頃」はバイオレット、「パリの歌」はブルーと白と赤のトリコロールカラーと、場面ごとに色を使い分け、目を十分に楽しませながら宝塚の主題歌をたっぷりと聞かせるような、淡く、美しく、絵のような舞台だったと記憶している。特に、淡いピンクの燕尾服にピンクのシルクハットで踊っていた大地真央の姿が目に焼き付いている。この作品が上演されたとき、白井は七十九歳だった。久しぶりの白井レビュー復活というのが呼び水となり、中高年の観客が詰めかけ、各紙が署名入りで次のような公演評を書いている。

歌の魅力を信じ切った構成で「すみれの花」がシャンソン、ディスコ・サウンドなど七回変わったアレンジで流れ、舞台では白を中心としたコールド・バレエ調。やや古めかしさを残し、そっと語りかけるようなやさしさが息づいている。舞台いっぱいに作った立体的な花のかき根、また踊り手が花になって、花かごにいっぱい詰まっている場面はかつての再現とはいえ、いま見ても楽しい。(2)

第二部「すみれの花咲く頃」にみる宝塚らしさはレビューの形式を超える気品と格調の高さで、ながく語りつがれる〝宝塚のバイブル〟となった。舞台は純白、バイオレットの色調でまとめられ、生徒の出し入れのみごとさ、衣裳、ライト、背景の清潔さは、いま失われている宝塚のよさをファンに訴えていた。(3)

レビューの醍醐味である豪華絢爛さが随所で見られる。(略)第六場では宝塚の花ともいわれているバラをアクセントにした場面——高さ六メートルのバラの花のかき根から、三十二人のバラの踊り子が歌につれて、かきから降りて踊るさまは、豪華そのものだ。(4)

白井鐵造のショー「ラ・ベルたからづか」は、絵面を波打つように、くりかえしてみせる。品よく豪華けんらんの白井レビューの一端がうかがわれる作品だ。

ショーは、トリコロールカラーにまとめられていて、ほのぼのと淡い。いずれにしても、六十余年前のレビュー誕生のころの作者であることを思いあわすと、その若々しい精神構造には脱帽のほかはない。(5)

今月は久しぶりの白井レビューが上演されている。宝塚の伝統的なムードにあふれ、しかも古めかしくないのが良い。

まず、宝塚讃歌集。色彩は紫や淡いピンク、衣裳はエンビ服、装置はシャンデリアやバラの花かごなど、これぞ宝塚レビューという雰囲気に誘い込まれる。(略)単なる回顧調でなく、現代的なアレンジもある。こういう豪華で優雅な、正統派レビューの本領を発揮した作品も、

時にはいいものだ。(6)

これらの記事を書いた各紙の記者は、おそらく白井作品とともに記者人生を送ってきた人たちだろう。なかには宝塚歌劇についての著書を出している人もいるような知る人ぞ知る演劇のベテラン記者たちだった。最後の白井作品になると思ったのか、各紙が注目したのは何よりも巨匠・白井レビューの復活についてだった。タイトルどおりの、よきタカラヅカがこの作品に息づいていると報じている。大勢のコーラスを従えたエトワールが、羽根の衣装に包まれて大階段を歌いながら下りてくる、あのまばゆいばかりのフィナーレこそ、宝塚ならではの別天地である。『ラ・ベルたからづか』は、グランド・レビューの楽しさ、すばらしさを心ゆくまで堪能できる、そんな作品だった。宝塚が宝塚たるゆえんは、なんといっても豪華絢爛のグランド・レビューにある。そんな宝塚を実現し、維持するために演出家生命をかけたのが白井鐵造その人なのである。

宝塚歌劇がブロードウェーミュージカルなど外国の影響を受けて多くの名作ショーを生んでも、『ベルサイユのばら』が上演されて宝塚ブームが起こっても、白井は自分のカラーを守り、その美学を徹底させた。そして、「ああ、きれい」とため息がもれるような、理屈抜きで楽しめる宝塚調を貫いた。しかし、白井調だけでは宝塚の百年の長い歴史は築けなかったはずである。白井調を脱し、さまざまな挑戦を繰り返し発展させてきた後輩たちがいてこその百年である。

ここまで、白井の作者言や「歌劇」に執筆した文章を数多く見てきたが、白井の最後の作者言には、未来に向かって模索しながら作品を作っていた時分の勢いは感じられない。もう自分の時代が終わったことを知っていた白井にとって、最後の役目は、レビューの原点に戻った作品を演出して、宝塚の未来を次世代に託すことだった。『ラ・ベルたからづか』には、新時代へ向けての白井からの多くのメッセージが込められていたにちがいない。

2　次世代へと引き継がれていった白井レビュー――演出家に聞く

白井が戦後になって宝塚へ復帰してきたときにはすでに、演出と舞踊の振り付けが分業になっていたが、演出助手はまだいなかった。だから演出をおこなう者は一人で駆けずり回らなければならなかった。そこで、白井は、宝塚でも次代の作者、演出者の用意をしておく必要を当時の理事長・引田一郎に進言して、演出助手制度を作っている。そして、宝塚の明日を担う若手が白井に続いた。(7) 演出助手時代に白井の演出を目の当たりにした酒井澄夫と岡田敬二は、白井調の伝統を引き継ぎながら、それとはまた別の独自の作品を作り出して宝塚の発展に一役買った。ここでは、この二人の演出家へのインタビューを中心に構成する。

●岡田敬二に聞く――ロマンチック・レビューの創作

岡田敬二は、早稲田大学時代に映画研究会に所属して、卒業後は映画監督になりたいと思っていた。ところが一九六〇年、大学二年のときに白井鐵造のオペレッタ『微笑の国』を観て大感激し、自作の脚本を白井に送り始めて、三本目を送った頃に白井から返事がきたという。そのとき岡田は大学三年になっていた。舞台稽古を見にくるか?と声を掛けてもらい、初めて白井に会った。そこで、「宝塚に入りますか?」という話になったが、そのときは映画かテレビか、それとも宝塚なのか、進路をはっきりとは決めていなかった。それでも、その後も台本を送ったり、宝塚に行って舞台稽古を見たりして、そのつながりは切れなかった。大学四年生の夏休みには、『皇帝と魔女』という作品の舞台稽古を見て、岡田は衝撃を受ける。「白井先生は冷房がお嫌いで、舞台稽古は冷房を止めておこなっていました。みんな汗だくでした。大変な大作で、舞台稽古を夜の十二時頃までやっていて、初日はフィナーレができなかったんです。白井先生って巨匠としての大きな力をもっているなと思いましたよ」

岡田は大学卒業後、宝塚の助手制度がどういうものかも全くわからないまま、白井の推薦で一九六三年に宝塚歌劇団に入団した。当時の宝塚は、白井鐵造、高木史朗、内海重典、渡辺武雄の四人が大御所で、その下に横澤秀雄、鴨川清作、菅沼潤という若手がいて、さらにその下に大関弘政に阿古健、酒井澄夫がついているという構図だった。岡田はその下の下だったという。

「演出助手といっても雑用係。宝塚では何年も助手を採用していなかったので、私が使い走りの役目でした。もういろんな作品につかされました。音楽の訳詞もしましたが、先生方はどうしてお作りになるのかな、先生の手法を盗んで、どのように自分のものにするか、いろんな先生から学びましたね。

白井作品はスペキュタクラーで、オペレッタの香りがする宝塚そのもの。高木先生は時代を先取りして現代ミュージカルをおやりになっていて、構成などが面白い。鴨川先生は、天才肌の人で、『シャンゴ』を観たときは本当に鳥肌が立ちました。

白井先生がNHKの『黄金の椅子』（一九五二―六六年）という番組に出演されたとき、番組の小道具に使っているリボンのピンク色が違うとおっしゃって、全部取り替えさせた。先生は、ピンクでも優しく上品な系統色しか使わなかった。レビュー作家として色彩の感覚は重要ですが、白井先生のピンクは感触としてさわやかな色彩でした。

衣装デザインの小西松茂さんは自己研鑽を怠らない方でしたが、白井先生と小西さんが色彩について話し合っていたあるとき、小西先生は泣きながらデザイン画を破って描き直した。小西さんは芸術家肌の人でしたから、芸術家同士のぶつかり合いを見た気がします。葛藤があったことでしょう。

白井先生は、ご自分で振り付けができるタイプで、自分でできるからなんでもやっちゃうんですよ。花柳寛（五代目花柳芳次郎）さんとおっしゃって、日本物の振り付けをなさっていた日舞の先生がいるんですが、かわいがってましたね。それが、白井先生は本番になるとすごいだめ出しをする。気に入らなければ自分でおやりになるし、メロディーも大切にする。色彩はこだわりがある。イントネーションにもこだわる。白井先生の厳しい指導は、歴代スターが経験している。がんばればいい作品ができるという確信があるから、生徒も誰も文句は言わない。要は根性です。仲良しクラブではないんですから。

高木先生の『星の牧場』（星組、一九七一年）での鳳蘭の泣き方は、一週間かかってやっとOKが

写真36　宝塚歌劇団演出家・岡田敬二（提供：岡田敬二）

出た。白井先生も高木先生も、菊田先生も厳しい方ですが、愛情もって教えてくださったし、そうやって歴代のスターを育ててこられた。だからこそ名作、いい作品ができたんだと思います。
やはり、レビューの土台をお作りになったのが白井先生、そこに宝塚の百年がある。色彩、音楽、壮大な舞台感覚をもった作品の土台は白井先生その人である、みんなそれをよくわかっています」

岡田のデビュー作品は、音楽的にはフォークソングであり、テーマは古代から歴史をたどる作品だったという。何よりも「先輩方がやらないやり方」ということを第一義においた。思い出深い作品は、第三作の『青春のプレリュード』（月組、一九七〇年）だ。これもフォークソングで、「ギンガムチェックのワイシャツ」だったり、「石けんの匂いのするハンカチ」という歌詞がある。岡田は、その作品に乗せた思いを『岡田敬二ロマンチック・レビュー』のなかで次のように書いている。

つまり宝塚というときらびやかなロココ調であったりフランス革命であったりというイメージがあるのですが、僕の場合ショーを作っていて、一番若い作家だからいかに時代を切り取るか？　セットでも衣裳でも音楽でも内容でも、そういうことが大事なわけです。だから、第三作目は「華麗なだけが宝塚じゃない」というものだったと思いますよ。（略）パンは差し上げられないけれども、明日への希望・糧・夢を持って帰っていただく。それがわれわれエンターテインメントの作家、大衆演劇の作家の役目かな？と思って毎回作っています。

宝塚にいて宝塚の限界と良さが当然あるわけで、見終わった後に僕達がナニを残せるか？ただすぐ消えていくだけでなくて、ということをテーマにしていますよ。(8)

岡田の初期の作品は、金属をあしらったセットに、衣装もギラギラと光るようなものが多く、ロックンロールに乗せて未来の宇宙のようなシーンにあふれたショーばかりやっていたという。歌も「太陽に向かって進んでいこう」「未来に向かって進んでいこう」といった調子で、色彩も黄色などのブライトカラーばかりだった。転機となったのは、振付の喜多弘から言われた一言だった。「ただ健康色の太陽の下で踊るだけでなくて、ときにはその少し妖しげな、紫とかラベンダーといった、人工ライトのなかで踊るようなものも必要なんだ(9)」

この一言がきっかけとなり、岡田の作品にも変化が現れた。その経緯を岡田は自身の著書で次のように語っている。

穏やかで豊かな、「生きる事の素晴らしさ」を訴えるような作品作りをしたらどうかなと思って作ったのが、『魅惑』だったんです。（略）つまり、宝塚のレビュー作家として自分を再認識したときに、「宝塚でなければ出来ないもの」「宝塚の特性を生かしたもの」を、フランスでも、ブロードウエイでも、ウエストエンドでもない、宝塚らしい、日本人の心の琴線に触れるようなレビューを作り、宝塚らしい清潔で華やかなレビュー作りをすべきだと。

白井先生、高木先生から受け継いだ伝統のレビュー作りがしたいということで、ロマンチック・レビュー＝宝塚のオリジナル・レビューを作ろうと思ったわけです。(10)

『魅惑』（星組、一九八二年）の次作『ジュテーム』（花組、一九八四年）から「ロマンティック・レビュー」と銘打ったこのシリーズは、全部で十八本になる。そのなかの一作『ダンディズム！』（花組、一九九五年）は、真矢みきのトップお披露目作品だった。「真矢はセンスがいい生徒で、初舞台の頃からすごく注目されていた。コメディーもできるし、芝居もとてもうまい。とにかくエンターテイナーとしての感性にとても優れていた」ため、岡田は真矢みきで「男の美学」を作り上げた。オープニングは、真っ赤な衣装の真矢を天井からセットに乗せて下ろし、髪形はリーゼントからオールバックに早替わり、白と黒の太いストライプの衣装が舞台ではしっかりと決まった。

さらに岡田は、真矢から次に続く生徒について次のように書いている。

踊りも実にまあ…二階席の奥まで目を配るような、真矢みきはほんとうにエンターティナーぶりを発揮してくれたので、後世にのこるようなシーンが出来たと思います。『ダンディズム！』というのは、花組と真矢みきにぴったり合ったかな？と思います。その当時の花組には紫吹淳もいたし、匠ひびきもいたし、この二人が踊りの名手だったので、黒と白の染め分けのストライプの衣裳で、踊りと音楽がマッチしていましたね。宝塚のレビューはスター・システムで、「スターを立たせる」ということが、まず最初に来ると思います。「次はこの子をきわ立たせて、この子の特徴はこうだ」ということを考えながら登場人物延べ四五〇人ぐらいの人々の動きを緻密に考えた設計図を作らないといけない。(11)

岡田の指導法はまさに、白井がやってきたことにほかならない。座付き作家の腕の見せどころが、しっかりと受け継がれている。そして、それぞれの時代に即したスターが現れては輝き、作品を盛り上げてくれるのである。まさに、白井レビューは時を経て脈々と息づいているように思われる。

岡田は『ネオ・ダンディズム――男の美学』（星組、二〇〇六年）で、男役の美学を強調して湖月わたるを世に送り出した。

『Amour それは…』（宙組、二〇〇九年）は、大和悠河と陽月華のサヨナラ公演だった。「ラモーナ幻想」では、『パリゼット』で白井が使った「ラモーナ」の曲に乗り、アールデコ風のセットのなかで白いドレスの淑女と白いエンビ服の紳士が幻想的に歌い踊った。

「「ラモーナ」の楽譜はすばらしいですね。上品で、まるで風がささやくようなものになっている。現代に持ち込んでもまったく問題ない。白井レビューは選曲がいいのです」と岡田は語った。私もこの作品は観ているが、確かに白井レビューは華やかで清潔感がある。何より、パリの香りがある。『パリゼット』上演から七十年以上がたっているのに、岡田が言うように現代に持ち込んでも何ら違和感がない。

「いまの世代は宝塚の歴史も知らないし、別の方向へいっているのが残念ですね。レビューも白井作品の原点に戻らなければならない。酒井先生がシャンソンを継承し、岡田はロマンチックなものを追求して、自分たちの個性を生かしながら温故知新でやっていく。そういうものがないと小林一三先生の理念は続かないんですね。夢の世界を作り出すために、引き継がれたものは守らなければならない。その基本は守られていくべきです。そのうえでさらに発展してほしいと思う。宝塚のレビューは白井にあり、もう少し勉強して、レビューを続けてほしいと思います」

岡田は百周年を迎えてこんなふうに思ったという。次代を担う若い人は、実際に、白井レビューを観ていないし、白井の存在さえ知らないかもしれない。この世代にバトンを渡すための役割を、岡田は担っている。

●――酒井澄夫に聞く――宝塚の伝統は次世代へ

酒井澄夫は、葦原邦子の紹介で一九五九年（昭和三十四年）に宝塚入り、デビュー作品は『おやゆび姫』（花組、一九六五年）だった。その上演にいたる経緯を酒井は次のように話した。

「三十歳までに演出をやらせてくれと言いました。三十歳を超すと物事を知りませんで通らない、二十代なら許される、そんな気持ちで出した作品です。新芸劇場での公演でした」

それからは、「少しでも何か温かいものを感じて頂ける作品創り」(12)を心がけ、舞台での美しい夢と愛を「清く正しく美しく」という宝塚の理念に乗せ、宝塚の守るべき伝統を引き継いできた。

叔母や母親に連れられて宝塚を観たのが酒井の宝塚体験の始まりで、『虞美人』の初演（一九五一年）に感動して宝塚に入りたいと思ったという。早稲田大学時代にはミュージカル研究会に所属し、上級生の植田紳爾らと手作りの作品を上演したり、アルバイトでシャンソン歌手の芦野宏のコンサートを手伝ったりしていたが、そうした活動がきっかけで葦原邦子とも知り合った。酒井は言う。「芦野さんがヤマハホールでコンサートをやるというので、演出を葦原邦子さん、私も葦原さんの助手みたいなかたちで手伝ったのが始まりなんですよ。大学を卒業するにあたって、葦原さんと芦野さんに相談したんです。劇作家になろうと思っていたこともあって、東京に残って夢を実現するか、それとも関西へ帰ったほうがいいのか。いくつかの選択肢がありましたが、大阪の家に帰って母親と一緒に暮らすのも人生、関西へ帰るんだったら宝塚かなということで、葦原さんに白井先生を紹介してもらいました」

酒井は、入団前に白井作品をよく観ていた。舞台のこともはっきりと覚えている。

「『項羽と劉邦』は知ってたんです。だけどスケールが大きすぎて、歌舞伎でも芝居でも、とうてい日本ではできないような台本ですよね。それを宝塚がやったということ、それから項羽なんて荒っぽい武将を春日野八千代で演じさせたのはすごいことです。とうてい宝塚に合わないと思っていただけに、余計に感動しました。もちろん白井先生のことですから、宝塚ではちょっと結末は変えているんですけどね。初演の『虞美人』のようなスケールの大舞台が、この世の中にあるのだという感動はありましたね。二十分ほどの中詰めがありますが、白井先生は「鴻門の会」を一部の最後におき、中詰めの見せ場にしています。人物の配列や出し入れはうまいもので、花道を逃げていく

写真37　酒井澄夫
（提供：酒井澄夫）

劉邦の姿はいまでも覚えていますよ。印象的だったのはパッと場面が切り替わって兵隊が全部殺されるというような演出法です。それでも史実はちゃんとふまえたうえでね。先生の色彩感覚はすばらしいですけど、宝塚は音楽と色彩が大切だと、よくおっしゃっていました。それから、虞妃の幻想の場面で、虞妃（南悠子）、呂妃（東郷晴子）と桃娘（梓真弓）の三人の美女が絡み合う迫力はいまも強く印象に残っています。タイトルが『虞美人』ということなので、白井先生は虞美人の見せ場も作っています。最後に舞台中央にセットされた大きな赤いケシの花から虞美人を出したんです。南悠子さんきれいでしたね。それからフィナーレになり、ビニールでできた五枚の赤、白、黄、青、緑のカーテンがあって赤のカーテン前では赤のラインダンス、白のカーテンは白でね、カーテンが順に開くとその色のラインダンスが出る。最後のカーテンが開くと大階段が現れ、まさに豪華絢爛という表現がぴったりの作品でした」。酒井が一気に話す言葉を聞いていて色彩や舞台が思い浮かぶ。いい作品が出ると宝塚音楽学校の受験生が増えるといわれるが、演出家も同じなのだ。

さらに酒井は『源氏物語』も観ている。

「（観たのは）全部絵巻物です。それに白井先生は、大きな舞台で大きな御簾を付けて源氏を通す。御簾の向こう側に、正面から見て斜めにしつらえた道があって、そこを源氏が通っていくんですが、そのときの春日野八千代さんの美しさはあまりにすてきで忘れらない。『源氏物語』は歌舞伎や映画もやっていますが、宝塚は絵巻物として作って、それは絢爛豪華なものでした。ほかの演出家の作品ではそこまでいかなかったですね。

白井作品であれば、できるかぎり観にいこうと思っていました。最近、白井作品も少ないから宝塚を観るのやめようか、なんて思ったりしました。それだけのものを白井先生はやっぱり作っていましたよ」

酒井は宝塚に入って演出助手として鴨川についたが、ときには白井作品にも関わった。白井は三歩進んで二歩下がるというような、ある種の宝塚の様式美を大切にした。小道具の位置にもこだわりがあって、「その花びんもう少し右へ五センチ、その机、後ろへ十五センチ、いやいきすぎた三センチ前へ⑬って」ということも多かったらしい。舞台稽古は基本的に演出助手に任されるが、白井の場合は違っていた。

「大劇場では白井先生は物の位置に強いこだわりを見せられました。だから、舞台に椅子があれば、先生どっちにするんですか、先生、決めてくださいってやってましたね。

白井先生はイメージ、その瞬間に絵ができあがる。演出家は個々の場面を頭に思い描き、生徒がそのイメージに合った演技や表現をしてくれることを願う。ところが、イメージに合わないと、「違う」となるのです。その場だけがクローズアップされてほかのところは見えなくなる。ほかの人からみると、ほかにも直さなくてはいけないもっとひどい場面もあるのに、そこの場面しか見えなくなるんですね。わかっていても直らない。私も演出家になってはじめて、わかりました。やっぱり演出家は想像してイメージを描くからイメージどおりでないそこのところだけが気になってしまうのです。

また、白井先生はファンの声をものすごく気にされる。デリケートな性格です。あした千秋楽という日に、衣装を作り替えたことがありました。中日ならまだしもなんですが、それを白井先生はやってしまう。白井先生はプロローグはちゃんとやって、「清く正しく美しく」の正統派です。でも、高木先生は、プロローグはなくてもフィナーレを三回やってしまう。歌劇団は白井先生にはやりたいことをやらせていたし、当時はやりたいことがすべてやれた時代です。いまは決められたことはそのとおりにおこなわれますし、現在の演出家はそこまで気にしていないかもしれない一面もありますが、難しいところです」

作品で酒井が使う言葉や歌詞は美しく感じられるのだが、言葉の選び方のポイントについて、「言葉は非常に重要ですから大切にしています。特に日本語は美しいので、その美しさを損なわないように心掛けています。そのテーマをどういう風に歌い上げるか、どういう風に表現するかをまず考え、音楽と情景に合った言葉を選ぶんです。しかし、詞に書くと綺麗だけど歌うと伝わらない言葉も沢山ありますから…、気を遣いますね」(14)と書いている。

酒井が生徒に言わせるせりふの特徴としてどんなものがあるだろうか。瀬戸内美八の退団に際して、『Sing,Sing,Sing——タンタン物語』(一九八一年)から酒井は次のような言葉を贈っている。

タンタン「僕はうれしいよ。ここで、君との友情を見つけたんだもの…これで充分さ。…お別れに、ひとつ秘密を教えようか」
若者「うん、教えておくれよ」
タンタン「なんでもないことなんだ。…物事は総て、心で見なきゃ、よく見えないってことさ」
若者「大切なこと、肝心なことは目じゃなく、心で見るってことだね」
タンタン「この大事なことを、みな忘れているんだよ。…さあ、もう行かなくちゃ…僕、何処にいても、いつでも、君のことを見ているから…、僕のことも忘れないでね。サヨナラ…」(15)

こんな何げないせりふが心に響く。トップスターが言えばなおさらのことで、女の子は胸をときめかせる。酒井は、言葉だけでなく男役の見せ方を白井の舞台から学んだのである。

「男役は、単にきれいなだけじゃなくて、何かあるから観にくるんです。女性から見て理想的な色気が漂う。どこか色気に訴えるところがあるんです。

再演『花詩集』（一九五八年）の「赤いケシ」の幻想的な場面は、いまでも忘れられません。僧院の回廊に一つのケシの花が咲いている。若い僧（寿美花代）がグレーの衣を脱いだら白いズボン姿、ケシの花の踊り子が太ももあらわに登場して若い僧を悩ます場面は、色彩も赤く彩られエロチックな印象を与える。鐘がカーンと鳴って現実に戻る……。白井作品には色気も情緒もあったんです。

鴨川先生の思いつきとひらめきは独特で、そこに面白さと飛躍があるのです。芸術肌で天才的で、感覚的なショーをやった演出家です。時代時代に応じて新しくとらえていましたね。イメージが大きく一般の常識を超えて空想できる自由人でした。白井先生には一つの型があって、色彩や舞台運びにも基本型がある。先生はアールデコは宝塚には合わないと思っておられたから、そんな場面はいっさい使われない。羽を使ったり衣装を豪華にしたのは白井先生ですが、フィナーレはショーのままの衣装で出ていたので、みんな違う衣装でした。それが、鴨川先生がトップ一人を際立たせるフィナーレを考えたんです。衣装担当の静間潮太郎先生と鴨川先生が、フィナーレの衣装は全員が同じ、トップスター一人だけが衣装も羽の大きさも豪華にしたのです。『シャンゴ』あたりから一人のスター真帆志ぶきと雪組公演というやり方です。パディ・ストーンもリズム的な表現ができる真帆志ぶきに期待をかけたが、真帆にはそれだけショーとして見せる力があったんですよ。いずれにせよ、真帆は一つの時代を背負ったんです。

鳳蘭は星組の鳳蘭、それだけスターに力があるんです。スターは作者が作る。白井先生もそういうやり方です。葦原邦子がいたから白井先生もまたよかったわけです。葦原はちょっとはみ出しぎみで、決してすてきな顔ではないけれど、白井先生のヒット作品は全部葦原邦子が主役でした。『オクラホマ!』の上月晃は、もみあげを付けてあそこまで男くさく演じさせて、徹頭徹尾その男役というものに対して厳しく言って、それに上月晃が応えた。まさに男役が完成した例でした。上月晃はいままでにない何か大事なものを一つ作った。

内重のぼるのカールという役について言えば、いままでの「清く正しく美しく」から少しずつ、ちょっとずつ、はみ出していっているんです。それがまた魅力でいま見たらしようもなく見えるかもしれないけれど、当時としてはこれまでにないものを作り出している。少し破れるのがいいんですね。いつの時代でも破りきっちゃうと現実的になってしまうから、ちょっとだけ。そういうのが魅力なのです」

演出家ともなると、初舞台のときからスターになる生徒はわかるらしい。「それこそ直感ですね。何をどうとは言えないけれども、何かを感じる。自分で言うのも何ですが、大地真央さんの素質を最初に感じたのは僕だと自負しているんです。彼女にハッと何かを感じて劇団に言ったのですが、まだ何ができる訳でもないし…と認めて貰えませんでしたけど(16)」

そして、宝塚が『ブリガドーン――ラーナーおよびロウによる』（星組、一九七四年）以来十年ぶりにブロードウェーミュージカルの『ガイズ&ドールズ』（月組、一九八四年）を出すことになり、酒井が演出を担当した。翻訳は岩谷時子、脚色・演出が酒井澄夫、音楽が寺田瀧雄で、振付は山田卓、主演のスカイ役は大地真央が演じた。警察の目をかすめるインチキ賭博師と救世軍の女士官とのロマンスという、現実にはありえない物語を骨子にしたミュージカルコメディーである。

「スカイという役は宝塚的にはそれほどいい主役とはいえなかったので、大地真央がやるうえで場面を入れ替えて、ミュージカルなんだけど場面をレビューにしたんです。白井作品もミュージカルとうたっていますが、どちらかといえばレビューです。白井先生の基本があったからかもしれないけれど、例えば街で男が一人歩いていた場面で、街行く男女を付け加えて豪華にしたり、ときには物語で華麗にしたりと、レビュー的にしました。当時はいまのようにミュージカルにはあまりフィナーレがなかったんですが、私は初めてフィナーレを付けたんですよ。ショーでなくてフィナーレを作って結婚式にしたんです。

パリで、オペレッタ『微笑の国』のオリジナルを観たとき、ガス灯は二本しか立っていない。白井先生が宝塚でおやりになったときは、八本のガス灯でしたね。二十人くらいで演じている場面を五十人にする、階段が五段だったら二十段にして、すべて大劇場向けの舞台にしようと広げていく。そのガス灯のところに男が立つ、五人から十人、二十人と……白井先生はそういうふうに組まれました。宝塚に持ち込んだものはパリのオリジナルよりも発展させているんです」

この作品で大地真央の出番は決して多くはなかったが、登場するだけで華が感じられた。大人のメルヘンにも似た、楽しくスピーディーで明るい作品の『ガイズ&ドールズ』は、宝塚によく似合い、抜群のオーラと魅力をもった大地真央は輝いて見えた。

酒井は白井の最後の作品『ラ・ベルたからづか』を観ている。「『ラ・ベルたからづか』は、白井先生はある程度、最後と思ってやったのでしょう。とにかく、宝塚の教科書のようなレビューでした。舞台はいままで以上にシンメトリーの美しさが際立っていましたね。感心したのは、当時『サウンド・イン〝S〟』（TBS系）というテレビ番組でレギュラー振り付けを担当し、いつも新しいダンスを作っていた名倉加代子さんをダンスの振り付けに加えていることです。常に、新しい風を入れようとのお気持ちがあったのでしょうか。第三場あたりがパリの場面で、トリコロールを用いる。それから第二場が「すみれの花咲く頃」の場なんですが、三つの場面ほどしかなさらずに、宝塚のレビューとはこういうものだと思いなさいという意味で作られたのかな。何も話されなかったけれど、私たちに伝えたかったのでしょうかね」

二〇一五年の北翔海利のトップお披露目公演が『ガイズ&ドールズ』（星組、二〇一五年）である。

酒井澄夫の演出で、百一年目の宝塚の舞台によみがえる。酒井が白井から伝統を引き継いだように、宝塚の伝統はまた次世代へと引き継がれていく。そして、これからも時代に合った新しい作品が芽吹いていくにちがいない。

おわりに

白井鐵造は、決して天才肌ではない、努力し、精進して目的をなしとげた人である。宝塚歌劇の七十周年を目前にして一九八三年（昭和五十八年）十二月二十二日に白井は逝去したが、宝塚の絢爛たる開花を見届けたうえでの旅立ちだった。八四年一月十八日、宝塚歌劇一筋に八十三歳の生涯を閉じた白井鐵造の宝塚歌劇団葬が、音楽葬によって宝塚バウホールでとりおこなわれた。春日野八千代が歌劇団生徒を代表して哀悼の辞を述べている。春日野の弔辞は「先生、先生、白井先生」と呼びかけ、「私の青春も、亦白井先生の作品と共に生き、共に成長させて頂きました。殊に、戦後の荒廃した日本の演劇界に『虞美人』『源氏物語』を始めとする一連の白井レビューの華麗な舞台の数々は、私個人のみならず、宝塚を愛し見守り育てゝ下さる数多くの人達の心の中に、いつ迄も美しい思い出として生き続けてゆくことを信じて疑いません。（略）宝塚に「すみれの花咲く頃」の歌が唄い続けられる限り、白井先生は永遠に生き続けておられるのを信じております」とつづられている。宝塚の生活を白井作品とともに歩いた春日野だけに、その深い嘆きが伝わってくる。

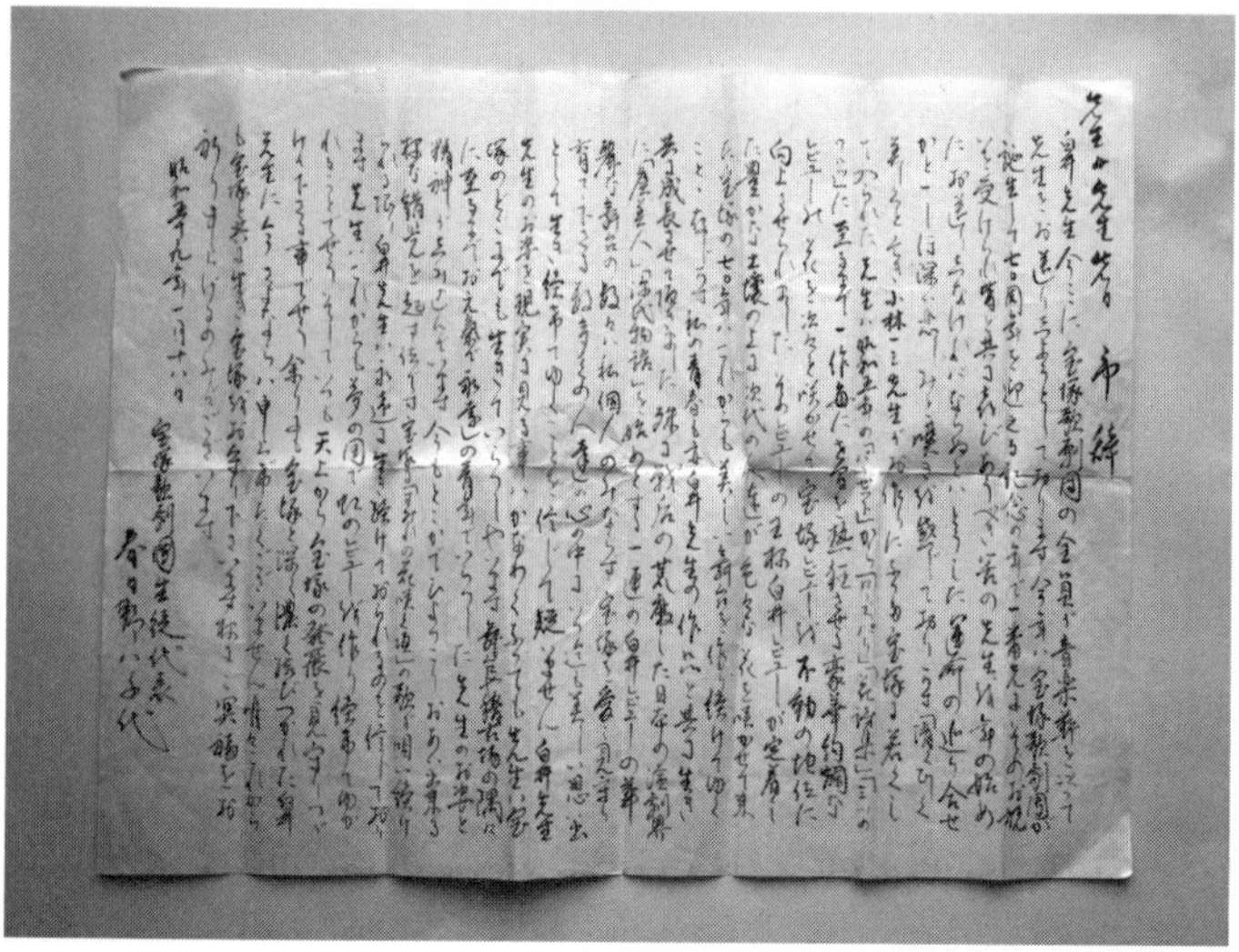

写真38　春日野八千代自筆の弔辞原稿（1984年1月16日付）。白井の宝塚歌劇団音楽葬で読まれたもの
（個人蔵）

春日野自身がしたためた弔辞のこの写真は、ご遺族の方からお借りしたものだ。掲載にあたり、ともに宝塚のために力を尽くしてきた二人がしのばれて、まことに感慨深い。

　白井鐵造を通して宝塚の歴史をたどってきたが、それは本当に長い苦難の道のりだった。ほとんど学歴らしいものもなく、苦学時代に学んだ根性と鋭い感性と努力によって、白井は宝塚レビューという一つの道を切り開いた。六十年間を「維持し得る歌劇」へ向けて突き進み、女性ばかりが演じる宝塚歌劇に最もふさわしい、美しい色彩で、歌あり、舞いあり、演技ありの、楽しく進行していく新時代の演劇を生み出したのである。宝塚音楽劇一筋で貫いてきたその息の長さと芸域の広さと深さを考えると、まさにレビューの王様の名に値する人物である。

宝塚には白井と同じように、その発展に向けて努力してきた優秀なスタッフがたくさんいる。宝塚情緒を生み出した久松一聲や新舞踊を世に問うた楳茂都陸平、白井の師匠格の岸田辰彌に坪内士行など名前をあげればきりがない。さらに、『オクラホマ！』や『ウエストサイド物語』のような野心的作品が生まれたそのなかにあってこそ、白井レビューが際立つのである。女性だけの劇団という特殊性をうまく生かすことができたために、白井レビューこそ宝塚レビューの本道のようにいわれるようになったが、ほかにも大勢の作者、演出家の努力があったことも決して忘れてはならない。

とはいえ、白井レビューを抜きにして宝塚歌劇の歴史は語れない。白井最後の作品は、まるでレビューの教科書のようだったと酒井は言うが、最後の作品に込められたエスプリの数々と、宝塚の伝統を維持・発展させていくことこそ、次世代に課せられた大きな責務だろう。きっと白井は、宝塚という大きな伝統と遺産を受け継いで、大きく羽ばたいてほしいと願っているにちがいない。

注

（１）白井鐵造「作者のことば」、『宝塚歌劇』所収、宝塚歌劇団、一九七九年、四〇ページ
（２）白石裕史「毎日新聞」一九七九年七月九日付
（３）山田格「報知新聞」一九七九年七月十日付
（４）佐「読売新聞」一九七九年七月十九日付

(5) 岡崎文「大阪日日新聞」一九七九年七月二十日付
(6) 宇「朝日新聞」一九七九年七月二十三日付
(7) 前掲『宝塚と私』一七六ページ
(8) 岡田敬二『岡田敬二ロマンチック・レビュー』阪急コミュニケーションズ、二〇〇九年、五九―六一ページ
(9) 同書六八ページ
(10) 同書六九ページ
(11) 同書八六―八七ページ
(12)「夢図を描く演出家達――その創意と精神 第三回 酒井澄夫」「歌劇」一九九六年十二月号、宝塚歌劇団、一二〇ページ
(13) 前掲「スターとスタッフ 名コンビいかす名演出」五四ページ
(14) 前掲「夢図を描く演出家達」一二〇ページ
(15) 前掲「新たな道を行く瀬戸内美八へ」一四ページ
(16) 前掲「夢図を描く演出家達」一二一ページ

あとがき

池田文庫在職中は、白井鐵造先生が遺した資料整理に携わり、その軌跡を調べていたが、いつかその業績を一本の線につないでみたいと考えるようになった。「レビューの巨匠」「宝塚の天皇」とも呼ばれた白井先生に迫ってみたかったというのが、本書執筆のきっかけである。事実関係を裏付けるために多くの資料に接し、調査を重ねて、三年の月日を費やした。白井先生と向き合って、その偉大さと業績の数々をここにつづることができたのは、池田文庫時代に縁をつないだ方々の力添えがあってこそ取り組めた仕事だと思っている。しかし、白井先生の過去の栄光にスポットを当てて、昔を懐かしむものではない。原点に戻って、「宝塚とは何か」と考えてもらえる機会になれば幸いである。

津金澤聰廣関西学院大学名誉教授の指導のもと現代文化研究会は、一九九六年三月にスタートし、宝塚の歴史的研究を主な目的として現在にいたっている。私もその一員だが、津金澤先生から、「月刊民放」のコピーが送られてきた。そこにとても興味深いことが書かれていた。

勝手な言い分だが、宝塚には世俗と交わることなく、いい意味で浮世離れしたままでいてほしい。夢の世界を見せる宝塚と現実は相容れないものだから、天然記念物トキを守るがごとく、「清く正しく美しく」の宝塚を守るようつとめてほしい。（ライター・桧山珠美「特集Ⅱ宝塚歌劇百年と民放「清く正しく美しく」スターの系譜――テレビを彩った宝塚ＯＧ」「月刊民放」二〇一四年八月号、日本民間放送連盟、三七ページ）

宝塚には「すみれコード」というものがある。「清く正しく美しく」の理念にそぐわないものは避ける。これは当然のこととして舞台作りにも生かされているが、小林一三翁は生徒たちの品性ということにいちばん気を配った。そして、白井の舞台作りの根底には、この理念に恥じないものを作りたいという思いが根付いている。

宝塚歌劇の音楽劇の基盤を作り上げたのは白井鐵造先生であり、伝統は引き継がなければならない――こんな熱い思いをもった宝塚ＯＧの加茂さくらさん、八汐路まりさん、初風諄さん、但馬久美さん、竹生沙由里さん、瀬戸内美八さんや、宝塚歌劇団演出家の酒井澄夫先生と岡田敬二先生、普段は表舞台に出ることが少ない元歌劇団常務理事・元阪急電鉄専務の松原徳一さんが、快くインタビューに応じてくださった。誰よりも宝塚への深い愛着を、歌劇団への愛情を持ち続けておられる方々である。そして、みなさんからは異口同音に、受け継いだものは守っていかなければという答えが返ってきた。次世代に託す夢は大きい。白井先生が生きていたらこの百周年をどう受け止めただろう、後輩たちにどんな言葉をかけるのだろうと、想像せずにはいられない。

本書は、多くの方々のご協力やご厚意によって上梓にいたった。深く感謝を申し上げる。また、資料提供で阪急文化財団には大変お世話になった。

そして、宝塚歌劇百周年という好機に乗って出版を目指していたが、仕事がどっと押し寄せ、あげくに体調を崩し、結局、百周年内の刊行は間に合わなかったことが残念である。出版に向けてご指導いただき温かく見守ってくださった青弓社の矢野恵二さんに心から感謝したい。

田畑きよ子

二〇一五年秋

[著者略歴]
田畑きよ子（たはた きよこ）
1945年、兵庫県生まれ
元阪急文化財団池田文庫司書・学芸員
共編著に『タカラヅカという夢』、共著に『追悼 春日野八千代』（ともに青弓社）、『近代日本の音楽文化とタカラヅカ』（世界思想社）、『タカラヅカ・ベルエポックII』（神戸新聞総合出版センター）ほか
『宝塚歌劇における民俗芸能と渡辺武雄』（阪急学園池田文庫）の制作に携わる

白《しら》井《い》鐵造《てつぞう》と宝塚《たからづか》歌《か》劇《げき》　「レビューの王様」の人と作品

発行………2016年2月20日　第1刷
定価………2800円＋税
著者………田畑きよ子
発行者……矢野恵二
発行所……株式会社青弓社
〒101-0061 東京都千代田区三崎町3-3-4
電話 03-3265-8548（代）
http://www.seikyusha.co.jp
印刷所……三松堂
製本所……三松堂

ISBN978-4-7872-7386-4 C0074

田畑きよ子／津金澤聰廣／名取千里／戸ノ下達也 ほか

タカラヅカという夢

1914—2014

小林一三による音楽学校の創設、新たな試みで発展した戦前、戦中—戦後の実像、歌舞伎との比較、ＯＧインタビューなどを通して、タカラヅカ100年の歩みと輝く未来を照らし出す。 定価2000円＋税

田畑きよ子／浜村 淳／田中マリコ／鶴岡英理子 ほか

追悼 春日野八千代

永遠の白バラのプリンスに捧ぐ

宝塚の地に咲き誇る一輪の白バラ。多くのファンを魅了した永遠の男役・春日野八千代。歌劇団に身を尽くした生涯を数々のエピソードとともに振り返り、感謝と哀悼の意を捧げる。 定価1600円＋税

東 園子／稲増龍夫／大越アイコ／石田美紀 ほか

宝塚という装置

物語、男役という存在、音楽・オペラ、ファンなどの視点から宝塚という文化の社会的な意義を提示し、その甘美な世界へと誘惑して魅力をあますところなくレクチャーする。 定価2000円＋税

宮本直美

宝塚ファンの社会学

スターは劇場の外で作られる

ファン同士の駆け引きやスター・生徒への距離感。非合理に見えるファンの行動が非常に合理的に、ある「秩序」を形成していることを明らかにし、ファンがスターを作る過程に迫る。定価1600円＋税